사후세계의 비망록
II

태양계의 각 행성을 방문하는 숙영매의 영체

사후세계의 비망록 II
태양계의 각 행성을 방문하는 숙영매의 영체

초판 1쇄 발행 2025년 1월 5일

지은이 한병대
펴낸이 장현수
펴낸곳 메이킹북스
출판등록 제 2019-000010호

디자인 윤목화
편집 윤목화
교정 안지은
마케팅 김소형

주소 서울특별시 구로구 경인로 661, 핀포인트타워 912-914호
전화 02-2135-5086
팩스 02-2135-5087
이메일 making_books@naver.com
홈페이지 www.makingbooks.co.kr

ISBN 979-11-6791-640-2(04180)
세트 ISBN 979-11-6791-638-9(04180)
값 20,000원

ⓒ 한병대 2024 Printed in Korea

잘못된 책은 구입하신 곳에서 바꾸어 드립니다.
이 책의 전부 또는 일부 내용을 재사용하려면 사전에 저작권자와 펴낸곳의 동의를 받아야 합니다.

메이킹북스는 저자님의 소중한 투고 원고를 기다립니다.
출간에 대한 관심이 있으신 분은 making_books@naver.com으로 보내 주세요.

사후세계의 비망록 II

태양계의 각 행성을 방문하는 숙영매의 영체

한병대 지음

메이킹북스

서문

영혼일기 3권과 4권을 정리하여 《사후세계의 비망록 II》으로 만들었다. 《사후세계의 비망록 II》에서는 영혼에 이어 산신들 더 나아가 태양계에 존재하는 신들의 문명을 숙영매를 통해 설명하고 있다.

고문서나 성경에서 어떤 존재가 하늘에서 내려오는 것을 보고 사람들은 그들을 신이라고 지칭했다. 지금은 하늘에서 무언가가 내려오면 우리는 UFO 외계인이라고 지칭한다. 시대가 바뀌어서 단어만 달라졌을 뿐 신과 외계인은 동일어다.

이 책에서는 고대 인류의 역사와 종교를 신을 중심으로 설명하고 지구상에 존재하는 악령들이 얼마나 인간들에게 악영향을 끼치는지 그리고 우리는 사회악을 어떻게 이겨낼 수 있는지 고민하고 있다.

《사후세계의 비망록》 시리즈는 아기 영혼이 나타나면서 숙영매에게 영안이 생기고, 수많은 영혼들과의 인터뷰와 그들의 활동 그리고 북한산신과 7차원 천왕성에서 온 쿠엘리스신 그리고 숙영매가 우주신광을 받고 인간의 영이 오를 수 있는 최고 정점에까지 오르는 과정을 기록했다. 모든 이야기는 허구가 아닌 숙영매가 실제로 겪은 사실을 일기로 기록한 책이다. 또한 태양 항성과 태양계 행성들의 신들의 문명을 인류 최초로 기록한 책이다. 책에서 내가 신과 대화하는 내용은 항상 숙영매를 통해서 하는 것임을 분명히 해둔다.

목차

50. 재천령과 귀례령의 첫 퇴마기   8
51. 천도의 의미   16
52. 숙영매의 이모부 영혼   21
53. 재천령의 카르마   28
54. 미국의 달 착륙 사기극   33
55. 전국의 산신들   51
56. 최미숙 영혼의 환생   63
57. 영혼들의 프로필   65
58. 정원이와 나의 전생 인연   78
59. 저승 그리고 삼신할매   82
60. 어머니 제사 3   89
61. 7차원 천왕성의 외계인 쿠옐리스   105
62. 삼풍 백화점 영혼들 천도   135
63. 백기완 영혼과 박원순 영혼의 만남   144
64. 천도와 빙의 실제 사례들   152
65. 내담자의 전생을 통해서 본 윤회와 카르마   171
66. 지구에 정착한 쿠옐리스신 그리고 천왕성   176
67. 수성에서 온 신, 모세와 예수   187
68. 난관에 봉착한 박 시장령   195
69. 고통이 시작되는 숙영매   202
70. 보수 쪽 산신들의 선거 개입   205
71. 심령 현상에 대한 이해   208
72. 각 행성으로 쫓겨 가는 보수 쪽 산신들   217
73. 노무현 대통령 영혼   222
74. 어느 노스님의 임종 그리고 49재   228

75. 오거돈 시장의 성추행 사건 　　　　　　　　　　237
76. 별자리의 기원 　　　　　　　　　　　　　　　240
77. 무속인의 천도 방법 　　　　　　　　　　　　　249
78. 우리 몸속에 있는 주인 영혼 　　　　　　　　　255
79. 김건희의 전생 　　　　　　　　　　　　　　　261
80. 전두환의 죽음과 저승사자들 　　　　　　　　270
81. 간소하게 치른 어머니 제사 　　　　　　　　　276
82. 고통 끝에 마침내 우주의 영
　　 (우주신광)을 받은 숙영매 　　　　　　　　　279
83. 둘로 분리되는 숙영매의 영체 　　　　　　　　283
84. 태양계 신들의 방문 그리고
　　 숙영매 영체의 행성 탐사 　　　　　　　　　　289
85. 토성 그리고 미스터리 서클의 비밀 　　　　　301
86. 태양 진입에 도전하는 숙영매 그리고
　　 보수 쪽 산신들의 소멸 　　　　　　　　　　　320
87. 나와 산신들의 정치 개입 　　　　　　　　　　321

　　 부록 　　　　　　　　　　　　　　　　　　　352

50. 재천령과 귀례령의 첫 퇴마기

2020년 8월 26일 수요일

오늘은 오후 1시에 이름이 신민아(가명)라고 하는 전생 내담자가 있었는데 그녀는 이야기를 하다가 남편이 3일 전부터 이상한 소리를 하고 자꾸 혼자서 알 수 없는 말로 웅얼거리며 미친 사람처럼 행동한다고 했다. 전생보다는 우선 빙의가 의심되어 재천령과 귀례령을 그 집에 보내 알아보니 빙의된 것이 맞았다. 재천령은 남편의 몸에 여자 영혼 세 명이 들어가 있는데 그들을 끄집어 낼 것이라고 했다.

오후 5시경

재천령, 귀례령, 민재령 셋이 다시 신민아 내담자의 집에 갔다. 그리고 그 빙의령들과 사투를 벌이는데 쉽질 않다. 숙영매는 신민아와 계속 통화를 하는데 그녀가 다음과 같이 말했다.

"선생님 말이 맞아요."
"그이가 손을 막 휘저으며 몸부림쳐요."
"남편이 '안 나가! 안 나가!' 하면서 소리치고 있어요."

재천령, 귀례령, 민재령은 빙의 영혼을 끄집어내는 일을 처음 한다. 일 처리가 쉽게 되질 않는다.

밤 10시쯤

사투를 벌인 지 5시간 정도 되자 기어코 그들 모두를 끄집어내서 산신령을 통해 저승으로 보냈다. 숙영매도 에너지를 그쪽으로 보내 힘을 보탰고 지금은 체력이 많이 소진된 상태다. 재천령은 처음 하는 일이기도 하고 그들이 악령들이라 힘들었지만 앞으로는 요령이 생겨 좀 더 일을 일찍 끝낼 수 있을 것이라 한다. 그래서 숙영타로는 전생, 천도 이외에 빙의 퇴마도 추가하여 영업을 하기로 했다.

2020년 8월 28일 금요일

빙의되었다가 퇴마가 되어 잠자기 시작하던 민아 남편이 오늘 점심 때 깨어났다. 그저께 밤 10시에 재천령 등 영혼들이 악령들을 퇴치한 후 남편은 바로 쓰러져 잠이 들었는데 그때부터 계속 잤고 거의 40시간이 지난 지금에야 깨어난 것이다. 내담자는 그동안 혹시 무슨 일이 일어나는 것은 아닐까 염려가 되어 숙영매에게 몇 번 전화하여 물어봤지만 숙영매는 다음과 같이만 말했다.

"악령이 퇴치된 후에 일어나는 현상이니까 염려하지 말아요. 아무 일 없이 깨어날 거예요."

한 번 빙의가 되는 사람은 수호령이 약하기 때문에 다시 다른 악령이 침투할 수 있다. 빙의는 주로 그 집에 거주하는 영혼이 집주인의 몸에 들어가는 경우가 많기 때문에 그 집에 착한 영혼을 보내 지키게 할 필요가 있다.

2020년 9월 1일 화요일

재천령에게 물었다.

"살아 있는 만물에는 영혼이 깃드는데 식물이나 세균 또는 바이러스에도 영혼이 있나?"

"예, 있지요."

"무생물은 어떤가?"

"무생물이라도 산에 있는 큰 바위 이를 테면 흔들바위나 어떤 상징적인 물체에는 영혼이 있습니다. 그러나 사람이 만든 물건이라든지 땅바닥의 흙이라든지 의미 없는 것들에는 없습니다."

"그러면 사람이 만든 물건이라도 신주나 부처상 성모상 같은 곳에 영혼이 깃드나?"

"그런 경우도 있고 아닌 경우도 있습니다."

결국은 하찮은 물건이라도 기도의 힘으로 정령이 깃들 수 있다는 말이다.

의학계에서는 의식 논쟁이 한창이다. 의식이 과연 무엇인가? 물론 내 입장에서는 생체 육신이라는 기계에 의식 즉 영혼이 깃든다고 말할 수 있다. 그러나 의학계 대다수는 의식과 감정이 뇌에서 나온다고 말한다.

좋은 음악을 듣거나 칭찬하는 말을 들으면 우리는 기분이 좋아진다.
욕을 먹거나 손해를 보거나 하면 기분이 안 좋다.
우리는 생명의 위협을 느낄 때 공포심을 느낀다.
그것들 모두가 뇌의 작용인가?
좀 더 정확히 말하면 영혼에서 혼은 의식이고 영은 우리가 말하는 잠

재의식이다

　미국에는 임사체험을 연구하고 발표하는 의사들이 있다. 임사체험에서 자신의 영혼이 공중에 떠서 수술실 내부를 보고 나중에 깨어나서 그 사실을 묘사하는 경우가 있다. 심지어는 태어날 때부터 시각 장애로 태어나 살았던 장님의 임사체험에서도 공중에 떠서 사물을 봤다고 하는 놀라운 증언도 있다. 그는 장님으로 태어나 살았기 때문에 자신의 얼굴을 모른다. 그러나 영혼이 되어 죽어 있는 사람의 머릿결 등 외형을 보고 '저 사람은 나인 것 같은데 내가 죽었나'를 생각했다고 한다. 그러나 믿지 않는 사람들에게는 뇌가 일으키는 착시 현상이라는 등 갖은 논리로 영혼의 존재를 부정한다. 대다수의 사람들이 그런 것처럼 자신이 한 번 습득한 지식이나 신념을 어떠한 경우에도 바꾸지 않는 인간들의 전형이다. 이것은 동서고금을 막론하고 사람들의 머릿속에 미신이라는 관념이 깊이 박혀 있기 때문이다. 그러나 임사체험이라 해도 그것 전부가 영혼이 빠져나와 경험한 것이라고 단정 짓기는 힘들다. 왜냐하면 죽어서 몸에서 빠져나오면 그 경험이 모두가 일치해야 한다. 임사체험의 경험이 다양한 것은 죽음이라는 극한 상황 속에서 평소에 자신이 갖고 있던 사후에 대한 관념이 잠재의식 속에서 꿈으로 형상화된 것일 수도 있기 때문이다.

2020년 9월 7일 월요일
　집 안에 있는 영혼들의 인터뷰는 다 끝났는데 지하실 영혼들은 아무도 인터뷰를 안 했다. 24명 정도 있는 것으로 알고 있고 얼마 전 숙영매가 빙의가 됐을 때 그녀의 몸에 있는 영혼을 끄집어내려는 과정에서 알게 된 특이한 영혼이 한 명 있었다. 오늘은 일단 그와 인터뷰를 했고 나머지는 시간 나는 대로 할 생각이다.

· 김겸령: 남자. 1981년 4월 27일생, 충남, 50세.
겸이라는 외자 이름이고 1990년 10세 되던 해 충남 서천에서 차에 치어 숨졌는데 나이부터가 특이하다. 81년생이면 40세가 되어야 하는데 50세다. 이런 경우는 대영령의 경우와 같다. 그는 죽고 나서 10년 후 20세가 되어야 하지만 지 맘대로 50세가 되었다. 그는 그렇게 해야만 영이 높아지는 줄 알았는데 오히려 영을 깎아먹는 결과가 됐던 것이다. 대영령도 실제로는 14세이지만 지금 19세까지 먹고 오히려 영을 깎아먹은 것과 같은 이치다.

겸령에게 물었다.
"그러면 나이를 먹는 것은 가능하고 나이를 제자리로 돌려놓는 것은 불가능한가?"
"예, 그건 안 됩니다."
결국은 실제 나이가 될 때까지 더 이상 나이를 안 먹는 게 최선의 방법이다. 그리고 집 안에 있는 영혼들 중 재천령, 귀례령, 대영령만이 전생을 기억하는데 겸령은 조선 시대 때 중인으로 살았던 전생을 뚜렷이 기억하고 있다. 며칠 전 숙영매가 빙의됐을 때 영혼들과 잠깐씩 얘기를 하는 과정에서 이름을 말하며 조선 시대 때 중인 출신이었다고 해서 당시에는 그때 죽었다가 영혼인 상태로 지금까지 살고 있는 것으로 생각했는데 그것은 아니었다. 겸령의 전생 당시는 조선 시대 15세기였으며 부모 형제 친구들 모두 기억하고 70세까지 만수를 누리며 살았다고 한다. 비단을 팔거나 여자들 액세서리를 만들어 팔며 돈도 많이 벌었고 여자들한테 인기도 많았고 그때가 너무 행복하고 즐거웠다고 이야기했다. 특히 인터뷰 중에 여성들이 자신을 좋아했다는 것을 강조하는 것으로 보아 여색을 즐겼던 사람으로 보인다. 그래서 숙영매는 웃으면서 말했다.

"얼굴이 잘생긴 걸로 봐서 그럴 만도 하겠네."

그리고 그때 죽은 후 현생에 출생할 때까지는 중간에 태어난 적이 있었는지 계속 저승에 있었는지 그것은 기억이 안 난다고 했다.

진리를 찾아 헤매는 사람들이 많다. 현대를 살아가는 우리들에게는 석가, 예수, 모하메드, 무속, 그 외의 수많은 종교와 철학들이 들어와 있다. 세계적으로 가장 크고 영향력 있는 종교라면 단연코 기독교를 들 수 있다. 다음으로 이슬람교, 무속, 힌두교 순이다. 우리나라에서 많이 믿는 불교는 힌두교 다음이다. 기독교 인구가 많은 것은 종교 자체가 위대해서라기보다 그 종교를 믿는 국가들이 잘사는 선진국이라서 그럴 것이다. 종교를 비판하는 것은 금물이다. 내 생각에 종교는 나름의 수행 방식이 있고 그 수행을 통해서 구원을 받고 행복을 찾고 어려움을 이겨내는 원동력이 된다면 그것으로 충분하다. 그러나 너무도 많은 성직자들이 타락해 있다. 즉 가짜 성직자들이 많은 것이다. 올바른 마음으로 살아가는 목사, 신부, 스님 등 성직자들도 분명 많지만 어느 분야든 기생충 같은 존재가 있다.

세계 4대 성인이라고 불리는 예수, 석가, 공자, 소크라테스는 현재 세계 인류에 많은 영향을 끼치고 있다. 그분들은 그때 당시에는 메시아였고 큰 스승으로 민중들에게 많은 가르침을 주었을 것은 분명하다. 종교는 그분들의 사후에 제자들이 만든 것이다. 그분들은 2천여 년 전에 생존했던 분들이고 그때 생존했던 민중들에게 가르침을 주었다. 그러나 현대를 살아가는 우리들에게 어울리지 않는다. 그때 생존했던 민중들의 수준이 어떠했는지 생각해보자. 우리는 언제까지 그분들의 바짓가랑이를 붙들고 있을 것인가? 앞으로 몇천 년이 지나도, 이대로 영영 그 분들의 영역에서 벗어나지 못할 것인지 한번쯤 생각해 봐야 한다. 그렇다고 그 분들의 가르침까지 무시해서는 안 된다. 소크라테스도 당시에 아테네 젊은이들에게 큰 스승이었고 공자도 당시의 제자들에게 큰 가르침을 주었다. 지금도 그분들의 가르침은 진리이고 아직도 유용하다. 예수나 싯다르타도 당시에는 메시아이며 큰 스승이었다. 그러나 그들도 소크라테스나 공자처럼 역사의 스승으로 기억하는 것이 바람직하다.

종교와 철학은 사후 세계와 인간의 의식세계를 설명하는 것이고 그것은 하나가 되어야 하지만 현실은 그렇지 못하다. 진실이 수백 가지가 있다면 그것은 이미 진실이 아니다.

현대 물리학의 스승이라면 단연코 뉴턴이다. 뉴턴 이후 아인슈타인이 나왔고 많은 물리학자들에 의해서 양자역학이 나왔고 초끈 이론이 나왔다. 뉴턴은 당시에는 큰 스승이었고 지금도 역사적으로 크게 인정받고 있는 인물이다. 그러나 그 이후로 물리학이 크게 발전하였는데도 뉴턴을 메시아라고 부르며 뉴턴교에 매달리는 사람은 없다. 그럴 이유가 없었던 것이다. 여러 갈래로 나뉜 종교와 철학도 발전을 하여 하나의 진리로 통합되는 것이 바람직하다. 그 어려운 물리학 방정식도 대중들에게는 알기 쉬운 상식으로 다가간다. 철학이 어려운 것이라면 그것은 이미 철학이 아니고 말장난이다. 어린아이도 일자무식 촌로도 고개를 끄덕이며 알 수 있어야 진정한 철학이다. 2,000여 년 동안 수많은 불교학자와 성경학자들이 한 마디씩 한다. 현재 예수와 싯다르타는 없다. 그분들을 빙자하고 이용하는 가짜 성직자들이 있을 뿐이다. 또한 지들이 신인 양 행세하는 가짜 성직자들이 판을 친다. 가짜 성직자들에게 더 이상 놀아나지 않도록 올바르고 진실된 인생의 가치가 무엇인지 먼저 생각해 봐야 할 시기다.

51. 천도의 의미

2020년 9월 10일 목요일

 개업해서 첫 천도 내담자가 왔다. 일주일 전에 죽은 열 살짜리 아들이 자기 곁에 있는 느낌이 든다는 것이다. 먼저 내담자의 집에 아들 영혼이 있는지 확인해야 한다. 만약 보이지 않으면 저승에 있는지 명부를 확인하면 된다. 이 정도 일은 굳이 북한산신의 도움이 없어도 재천령이 할 수 있다. 우리 집에서는 현재 귀례령과 재천령만이 할 수 있다. 알아본 결과 아들 영혼은 무사히 저승에 간 것으로 확인되었고 저승에서 명부도 확인했다. 그래서 숙영매는 내담자에게 이렇게 말했다.
 "무사히 잘 간 것이 확인됐어요. 있는 것 같은 느낌이 드는 것은 상상임신과 같은 거예요."
 '혹시 내 옆에 있지 않을까'라는 느낌이 들기 시작하면 그런 생각이 꼬리에 꼬리를 물면서 끊임없이 계속 떠오른다. 그러면서 결국은 있다는 확신을 갖게 된다. 그래서 그 내담자는 인터넷에서 천도를 하는 곳을 알아보니 비용이 쓰여 있는 곳이 없다. 그래서 여기저기에 전화를 걸어 문의를 하니 모두들 이렇게 대답들을 했다 한다.
 "그런 느낌이 들면 가지 않은 게 맞아요. 천도재를 지내야 해요."
 영혼도 볼 줄 모르는 사람이 음식만 잔뜩 차려놓고 재를 지내고 돈만 받으려고 한다. 스님들도 천도재를 많이 지내는데 그들은 스스로 좋은 일을 한다고 생각할지 모른다. 그리고 그렇게 해준 대가로 얼마간의 돈을 받는 것을 당연하게 생각할지도 모른다. 그러나 자기 자신이 무슨 일을 하고 있는지 돌아봐야 하고, 모르고 한 일도 죄가 될 수 있다는 것을 다시 한번 생각해 봐야 한다. 무책임하게 돈만 챙기는 일을 해도 되는지 깊이 반성하고 뉘우쳐야 하고, 진정으로 천도를 하려고 한다면 스님이든 무속인이든 열심히 명상 기도를 해서 진정한 영능력자로 다시 태어나는 노력이 필요하다.

사람들은 "영혼이 구천을 맴돈다."라고 말한다. 오늘 온 내담자도 아들이 구천을 맴도는 것 같다고 말했다. 이 문제에 대해서 재천령과 얘기했는데 구천이란 실체가 없다고 말한다. 구천의 사전적 의미는 불교 용어로 땅속 깊은 곳을 말하기도 하고 중국 고전에서는 9개의 하늘을 말하기도 하는데 실체가 없다. 저승을 오가며 일을 하는 재천령이 실체가 없다고 하는데 더 무슨 말이 필요할까…. 그러나 사람들은 구천을 떠돈다고 말하며 구천을 저승을 가지 못하는 영혼이 헤매는 장소 정도의 의미로 말한다. 그냥 영혼이 이승에 남아 있다고 표현하는 것이 정확할 것 같다.

2020년 9월 12일 토요일
오랜만에 귀례령과 대화를 했다.

나: 북한산신님께 올라가는 길이 험한가? 내가 올라갈 수 있나?
귀례령: 그쪽은 너무 험해서 등산객들이 올라가기 힘든 곳입니다.
나: 산신님을 옆에서 모시는 사람이 있다고 하는데 그분은 어떻게 하나?
귀례령: 그분은 거기에 계속 계시고 대신 음식물을 조달해주는 사람이 있

어서 거의 매일 지게를 지고 옵니다. 그분은 30년 전부터 그 일을 했고 북한산신님을 중심으로 모시는 사람입니다.

나: 산신님과 소통을 하는 사람들은 얼마나 되나?

귀례령: 약 2천 명 정도 됩니다.

나: 그 사람들이 전부 북한산신과 대화가 가능한 것은 아니겠지? 산신님과 직접 대화가 가능한 사람들이 얼마나 되는가?

귀례령: 10명 안쪽입니다.

나: 지금 말하는 것은 남북한 통틀어 얘기하는 건가?

귀례령: 예, 그리고 전국에 계신 산신님 중에서 북한산신님이 제일 영이 높습니다.

나: 북한산보다 더 크고 높은 산이 많이 있는데 이를테면 지리산, 한라산… 북한에 백두산도 있고…. 그 쪽 산신님이 더 높은 건 아닌가?

귀례령: 그쪽 산신님보다 훨씬 영이 높으십니다. 백두산신님보다 영이 높으십니다.

나: 그래? 나는 크고 높은 산에 계신 산신님이 영이 높은 줄 알았는데 아니구나. 결국 그것은 북한산이 수도 서울에 위치해 있기 때문이라고 생각할 수밖에 없네.

귀례령: 예, 맞습니다. 남북한 통틀어서 최고의 신이라 생각하면 됩니다.

나: 귀례령이 북한산신을 모시기 전에 다른 영혼이 그분을 모신 적이 있나?

귀례령: 그런 일은 없었습니다. 제가 살아생전 무속인 시절에 모시던 나쁜 신들에게 너무 괴롭힘을 당해서 제가 죽은 후 북한산신께서 저를 부른 겁니다.

나: 북한산신께서는 숙영매처럼 신기가 있는 사람들을 교육시키시나?

귀례령: 예, 그러나 숙영처럼 이렇게 나이가 많이 들어서 교육시키는 경우는 처음이고 이렇게 손수 방문하시며 신경 써주시는 경우도 전에는 전혀 없었습니다. 아주 특별한 경우입니다.
나: 북한산신께 이렇게 말대꾸하고 대드는 경우도 처음이었겠구나.
귀례령: 예, 물론이지요. 그런 일은 있을 수가 없습니다.

다시 산신령의 교육령이 떨어졌다. 앞으로는 운동을 하며 체력 관리에 힘쓰고 내일 일요일은 내담자가 없을 것이니 사무실 문을 닫고 20시간 잠을 자라고 해서 숙영매는 들어가 자고 있다.

나도 그녀에게 잠을 충분히 자라고 항상 말한다. 몸이 약하기 때문에 잠이 부족하면 기력이 없다. 전생 상담 한 번 해주고 나면 기진맥진할 정도로 탈진 상태가 된다. 순간적으로 깊은 명상 속으로 들어가 상대방의 영적 정보를 보는 것이 보통 어려운 일이 아니다. 그런 능력을 가진 사람은 현재로서는 전 세계적으로 박진여 선생과 숙영매뿐이다. 수많은 인터넷 검색과 책을 보았지만 현재는 그런 사람을 찾지 못했다. 과거 20세기 전후에 미국에 살았던 에드거 케이시와 같이 스스로 깊은 최면 상태로 들어가 전생을 말하고 미래를 예언한 경우는 있었다. 그러나 그는 최면에서 깨어나면 자신이 한 말을 기억하지 못했다. 너무 깊은 최면 상태에 빠졌기 때문이다. 이처럼 기억도 못할 정도로 깊은 최면 상태로 들어가야 볼 수 있는 것을 명상 상태에서는 얼마나 깊이 들어가야 되는지 감히 상상하기도 힘들다. 그만큼 체력 소모가 상당하다는 것을 의미하기도 한다. 박진여 선생은 젊은 나이이고 경험이 오래됐는데도 하루에 세 명 이상 전생을 보면 머리카락이 움큼움큼 빠질 정도로 힘들다고 한다.

애드거 케이시는 어디까지나 최면 상태에서만 전생을 볼 수 있었고 '잠자는 예언가'라고 하여 이름을 날리기는 했어도 능력 면에서 보면 박진여 선생이나 숙영매보다는 한 수 아래다. 결국 그가 전 세계적으로 이름을 남길 수 있었던 것은 미국이라는 강대국의 국민이기 때문에 가능했다. 아시아의 여러 나라 중 불교색이 짙은 나라에서 그런 능력이 가진 사람이 있는지 모르지만 있어도 이름이 알려지지 않은 것은 약소국의 국민이기 때문에 그럴 것이다.

산신령이 숙영매에게 이런 말을 한 적이 있었다.
"이 세상에 나왔으면 이름 석 자는 남기고 가야 할 것이 아닌가!"
그만큼 산신령은 숙영매의 능력을 높이 산다는 뜻이고 열심히 노력하면 세계적으로 명성을 떨칠 수도 있다는 의미다. 숙영매는 능력을 더 높이기 위해서 잠도 줄여가며 명상을 무리하게 하기보다는 체력 관리가 우선이라는 산신령의 충언을 귀담아 듣고 실천에 옮겨야 앞으로 더 큰일을 할 수 있을 것이다.

52. 숙영매의 이모부 영혼

2020년 9월 15일 화요일

　오늘 숙영매는 그녀의 이모부가 돌아가셨다며 나와 통화를 하며 울먹울먹했다. 산신령은 인생은 어차피 한 번은 죽게 되어 있는데 슬퍼할 것이 뭐가 있느냐 위로해 주었다. 이모부는 오랜 경찰 생활을 하다가 정년퇴직했고 현재 80세까지 살다가 당뇨병 합병증으로 죽었다. 아마도 당뇨병이 있는 상태에서도 과한 음주를 지속해왔던 것이 결정적 원인이 되었을 것이다. 그의 시신은 경찰병원 장례식장에 있고 숙영매는 코로나 때문에 문상객도 거의 받지를 못한다고 해서 가지 못했다. 숙영매는 재천령, 귀례령에게 부탁하여 이모부 영혼을 모셔오도록 했고 약 1분 정도 후에 이모부 영혼이 왔다. 이미 오기로 약속이 되어 있었기 때문에 시간은 거의 걸리지 않았다. 지난 번 숙모 때나 박원순 시장 때와는 달리 80세의 늙은 모습이고 화장한 모습과 수의를 입은 모습으로 왔다. 수의가 고급스럽고 예뻤다. 일단 우리는 이모부의 영혼 앞에서 큰 절을 두 번 올리고 숙영매부터 울먹거리는 목소리로 말을 시작했다.

　▶이모부님과의 대화
　숙영매: 전 울지 않을 거예요…. 착하게 사셨으니까 좋은 데 가실 거예요. 이승에 대한 미련은 남기지 마세요. 자식들 다 잘 되게 키워놓으시고 가시는 거니까 여한은 없으실 거예요.

이모부령: 그런데 어떻게 된 거냐? 어떻게 나를 볼 수 있지?

숙영매: 제가 그렇게 됐어요. 영혼도 볼 줄 알고 대화도 할 수 있어요.

이모부령: 그럼 장례식장에 와서 얘기하지 그랬냐?

숙영매: 그렇게는 못 하죠. 그러면 모두가 나를 미쳤다고 할 거예요.

나: 이모부님은 살아생전에 영혼을 믿으셨나요?

이모부령: 전혀 안 믿었고 생각도 해본 적이 없다.

나: 저승사자는 몇 분이나 오셨나요?

이모부령: 두 명이 와 있다.

나: (재천령에게)저승사자들의 복장은 어떠한가?

재천령: 흰 단복 차림에 목, 소매, 허리 부분에 검은 띠로 되어 있고요. 머리에 상투가 있는데 검은 띠를 둘렀습니다.

나: 그럼 옛날에 죽은 영혼들이지만 시대가 변하면서 복장이 변한 경우구나.

재천령: 예.

나: (이모부 영혼에게)내일 밤 12시에 가시나요?

이모부령: 그때 가기로 돼 있는데 경찰병원에 시신이 너무 몰려서 어떻게 되는지 모르겠다. 지금 너무 좋다. 이렇게 여기 와서 얘기할 수 있다는 것이 너무 좋구나.

나: 지금 편안하세요?

이모부령: 모든 걸 다 해놓고 가기 때문에 편하다.

나: 몸도 마음도 다 편하신가요? 살아계실 때 병 때문에 아프고 힘드셨을 텐데요.

이모부령: 지금은 몸이 가뿐하고 모든 게 다 편하다.

나: 술 한 잔 드시죠. 막걸리밖에 없네요.

난 술 한잔 따르고 숙영매는 포도 한 송이를 내놓자 이모부령은 빨대로 빨아들이듯이 술을 마셨다.

나: 처음에 몸에서 빠져나오실 때 놀라셨죠?
이모부령: 그때도 놀랐고 이렇게 죽고 나서 대화를 할 수 있는 것이 놀랍고 처음에 재천이가 와서 너희와 대면하게 주겠다고 했을 때도 놀라웠고 긴가민가했다. 모두가 고맙다.
숙영매: 저에 대해서 책을 쓴 것도 있는데 한 번 보세요.
이모부령: 진짜? 정말 신기하구나. 대충 봐도 내용을 알겠다.
이모부 영혼은 신기해하며 구《영혼일기》를 읽어내려 갔다. 그 읽는 속도가 무척 빨랐다.

나: (혼잣말로)영혼은 책 읽는 속도가 무척 빠르구나. 영혼들은 정말 살아있는 사람들보다 정신이 명료하구나. 그런데 기억을 못하는 영혼들은 왜 그럴까?
이모부령: 내가 좋은 데 갈 수 있을까?
숙영매: 그럼요. 이모부는 착하게 사셨기 때문에 좋은 데 가실 수 있을 거예요.
이모부령: 옛날 교통경찰 할 때 돈 받은 것이 있어서…
숙영매: 그런 카르마가 약간은 있겠지만 큰 죄가 되겠어요?
이모부령: 사실 처음엔 안 받으려고 했는데 돈을 구겨넣어 주는데 안 받을 수가 없었다. 그러다 보니 그것이 그렇게 습관처럼 흘러갔다. 지금은 많이 후회한다.

숙영매: 그래도 저승에 가셔서 열심히 기도 명상하면 카르마가 많이 해소 되실 거예요.

나: 뇌물이라고는 해도 남에게 상처를 주고 해한 일이 아니기 때문에 큰 죄가 되겠어요? 열심히 기도하시면 괜찮을 거예요.

이모부령: 가야 되겠다.

숙영매: 벌써요?

이모부령: 시간을 20분밖에 안 주니까….

우리는 잘 가시라는 인사를 마지막으로 짧은 인터뷰를 끝냈다. 숙영매는 안 울려고 했지만 또 울먹거리는 목소리로 인사를 했다.

숙영매: 내가 미쳤나 봐. 좋은 데 가시는데 왜 울어….

2020년 9월 17일 목요일

"귀례령, 재천이 요즘 수고가 많네."

지난번 숙영매 빙의사건 이후로 산신령의 명령으로 귀례령, 재천령, 대영령 이 세 명이 숙영매를 철저히 경호하고 있어서 내가 한 말이다. 현재도 이들 세 명은 숙영매가 잠 잘 때만 제외하고는 그녀 곁을 떠나지 않는다. 앞으로 완전한 영적 성장이 일어나기 전까지는 두 번 다시 그런 일이 일어나지 않도록 하기 위함이다. 당시에 나도 가슴이 무너질 정도로 충격을 받았지만 재천령 등 영혼들은 물론 산신령까지도 큰 충격을 받았다. 수백 명의 악령들을 이겨낸 숙영매인데 어찌하여 별 볼 일 없이 약한 영혼이 숙영매의 몸속에 들어가게 됐는지 이해할 수가 없다고 산신령도 이해가 안 간다고 말한다.

사람은 진실과 거짓을 판단하는 근거로 자신이 경험한 사실과 자신이 습득한 지식과 정보를 바탕으로 삼는다. 데카르트는 정말 흥미로운 철학자다. 그는 모든 사물을 의심의 눈초리로 본다. 내 앞에 있는 책상이 실제 존재하는 것일까? 저 건물이 실제 존재하는 것일까? 혹시 존재한다고 착각하는 것은 아닐까? 그러면 나는 실제로 존재하는 것일까? 이 모든 것이 의심스러워도 한 가지 의심 없는 실체가 있다고 그는 생각했다. 지금 의심하고 있는 바로 나 자신이다. 다른 모든 것이 의심스러워도 지금 의심하고 있는 나는 의심할 수 없는 실체다. 그래서 "나는 생각한다. 고로 나는 존재한다."라는 명언을 남겼다. 소크라테스는 자신은 아무것도 모르고 그 모른다는 것을 알기 때문에 아테네에서 가장 똑똑한 사람이라고 생각했다. 안다고 생각하고 스스로 많은 지식을 갖고 있다고 생각하는 사람이 가장 어리석다는 것이다. 그리고 죽어서야 신들이 사는 세상에 가서 지각 있는 생각을 할 수 있다고 믿었다. 어쩌면 데카르트와 소크라테스의 철학은 표현 방법은 달라도 의미는 같은 것인지 모른다. 우리는 아무것도 모르고 단지 안다고 착각하는 것이다. 우리가 가지고 있는 지식은 모두가 남의 것이고 내 것이라고 착각하고 있을 뿐이다. 소크라테스의 제자 플라톤은 우리가 사는 세상 너머 이데아의 세계, 즉 진짜 세계가 있다고 생각했다. 그의 주장은 우리가 감각으로 느낄 수 있는 세계는 진짜가 아니라는 것이다. 예수와 싯다르타도 마찬가지다. 불교에서는 극락정토를 말하고 기독교에서는 하나님이 계신 천국을 말한다. 즉 우리가 사는 세상 너머 진짜 세계를 암시한다. 동서양을 막론하고 종교를 넘어서 시대를 넘어서 많은 철학자들은 이 세계가 진짜가 아니라고 한 목소리로 말한다.

왜 그럴까?

"이 세상은 가상 세계다."

내가 누구인지, 왜 태어났는지, 왜 사는지, 왜 고생하는지, 왜 행복한지, 왜 죽는지, 어느 누구도 이런 질문에 답할 수 없다. 소크라테스가 맞다. 소크라테스는 적어도 위의 질문에 대답을 하지 못하는 자신이 현명하다고 생각했다. 이렇게 아무것도 모르는 상태에서 사는데 과연 이 세상이 진짜일까? 데카르트도 맞다. 이 세상 만물이 진짜인지 거짓인지 그는 확신을 갖지 못했다. 그리고 고민했다. 단지 의심을 하고 있는 그 상태만이 존재한다고 생각했다. 2천 5백 년 전에도 5백 년 전에도 사람들은 스스로 현명하고 똑똑하다고 생각했을 것이다. 2020년 현재 승용차를 운전하며 스마트폰을 만지작거리며 컴퓨터 앞에 앉아서 세계가 돌아가는 현상을 보며 사람들은 문명의 이기를 맘껏 누리는 자신이 현명하고 똑똑하다고 착각을 한다. 인간은 미개하다. 이 세상 만물은 데카르트의 의심대로 실제로는 존재하지 않는지도 모른다. 양자역학 이중 슬릿 실험에서 이 세상은 관측 당하기 전에는 존재하지 않는다는 것을 암시하고 있다. 과학계에서조차도 이 세상의 실제 존재 유무를 의심하기도 한다. 양자도약은 물질까지도 공간 이동을 할 수 있는 가능성을 암시한다. 양자의 세계는 신비의 세계다. 과학계에서 말하는 형이상학적인 세계다.

인간의 의식은 표면 의식과 잠재의식으로 되어 있다. 빙산에서 물 밖에 있는 작은 부분은 표면 의식이라 하고 잠재의식은 물속에 잠겨 있는 큰 부분이다. 사람들은 자기 능력의 10% 이하만 사용할 수 있다. 만약 사람이 잠재의식을 모두 끄집어내어 쓸 수 있다면 우리는 그를 초능력자라고 한다. 아니 신이라고 한다. 잠재의식을 모르고 표면 의식만 가지고 살아가는 지금 세계가 진짜라고 감히 말할 수가 있을까? 혹시 잠재의식을 맘껏 활용할 수 있다면 그것이 진짜 세계가 아닐까? 이렇듯 우리가 우리의 잠재의식을 전혀 알지 못하고 사는데 우리가 뭘 안다는 것인가? 소크라테스나 데카르트는 이런 것을 말하고 싶어 했는지도 모른다. 이 세상은 가상 세계지만 사람이 어떻게 살아야 하는지 경험하고 공부하기 위한 세계다.

53. 재천령의 카르마

2020년 9월 26일 토요일

아침에 재천령과 그가 조선 시대 임진왜란 때 겪었던 일에 대해서 대화했다. 2년여 전에 그가 임진왜란 때 살았다고 말한 적이 있었기 때문에 거기에 대해서 질문할 것이 있었다.

▶재천령과의 대화

나: 그때 당시에 재천이 계급은 뭐였었지?

재천령: 병사였습니다.

나: 나와 만났던 기억이 있나?

재천령: 예, 저와 이야기하면서 이순신에 대한 불만을 서로 나눴고 어떻게 하면 죽일 수 있나 의논하고 그랬습니다.

나: 지금의 나와 그때의 나와 모습이 비슷한가?

재천령: 얼굴 모습은 비슷하고요, 몸집은 지금보다 컸습니다.

나: 재천이는 당시 전쟁에서 살아서 돌아갔나 아니면 전사했나?

재천령: 그때 정유재란 때 죽었습니다.

나: 그러면 이순신이 암살당하는 걸 못 봤겠구나.

재천령: 예, 그게 아쉽고요 저도 이순신을 아주 싫어했습니다.

나: 다른 사병들도 그랬나?

재천령: 예, 모두가 싫어했습니다. 그때는 모두가 싫어했는데 지금은 영

웅이 되어 있고 역사가 너무 왜곡되어 있습니다.

늘상 이순신에 대해서 글을 쓸 때는 마음이 무겁다. 이순신에게 매료되어 있는 많은 진보 역사학자들, 그를 추앙하는 많은 사람들의 비난이 솔직히 두렵다. 내가 기억을 못한다고 해서 북한산신과 수호령, 영혼들의 그에 대한 증언을 무시할 수가 없다. 북한산신도 이순신에 대해서는 심한 말을 하면서 역사가 완전히 왜곡됐다고 말한 적이 있었다. 수호령은 전생의 나의 이름 이진과 전주 이씨 효령대군 후손이라는 것까지 분명하게 알려줬는데 수호령이 현장에서 본 역사적 사실을 부정하는 것은 말이 안 된다. 진실은 항상 숨겨져 있다.

나: 재천이는 항상 태어나서 짧은 생을 살다 갔고 이것에 대한 카르마가 있을 것 같은데 기억나는 전생이 있나?

재천령: 임진왜란 이전 생에서 망나니로 살았던 생이 있는데 그때 죄수들을 죽일 때 너무 오만하고 사람 죽이는 일을 즐기며 했기 때문에 그 업보를 받는 것입니다.

나: 그렇구나. 그런 일을 하게 된 데는 그 이전 생의 원인이 있을 것이겠지만 그런 일을 하게 되더라도 무거운 마음으로 그리고 명복을 비는 마음으로 기도를 하면서 해야 하는데 신이 된 듯이 착각을 하면 안 되겠지. 언제 그런 일을 했는지 기억하나?

재천령: 예종 임금 때로 기억합니다.

나: 사람으로 살았을 때를 기억하는 것처럼 영혼으로 살았을 때 그리고 저승생활도 모두 기억하나?

재천령: 모두 기억하고요 저는 죽어서 저승에 간 기억이 없습니다. 항상 지금과 같이 이승에 남아서 영을 높이는 데 노력하고 있습니다. 이번 생에서도 죽지만 않았다면 저는 법관이 될 것이었습니다.

▶귀례령과의 대화

나: 명절 때 가는 데가 있나?

귀례령: 없습니다.

나: 제사 지내주는 가족들도 없나?

귀례령: 살았을 때 제가 무속인이었기 때문에 가족들이 싫어했고 죽어서도 화장만 해주고 납골당에 놔둔 뒤 찾아오지도 않고 완전히 잊혀졌습니다.

나: 북한산에도 무속인들이 많이 찾아와 치성을 드리는 경우가 많은데 산신님은 그 사람들을 다 알고는 계신가? 그리고 도움을 주시나?

귀례령: 알고는 계시고 산신님의 영적 에너지와 본인의 영적 에너지가 그 사람들에게 많은 도움이 됩니다.

나: 산악회 같은 곳에서는 연초에 시산제를 지내는 경우가 많은데 그런 경우도 역시 실제로 산신님께 도움을 받을까?

귀례령: 예, 그런 행위가 산신님에게도 산악인들에게도 서로가 도움이 됩니다. 산신님의 영적 에너지가 가는 건 분명합니다.

나: 치성을 드리는 무속인이나 시산제를 지내는 산악인들은 결국 그런 행위를 함으로써 산신님의 영적 에너지에 더해서 스스로 영을 높이거나 조심하는 마음가짐을 갖게 된다는 의미가 있는 것이구나.

귀례령: 예, 맞습니다.

2020년 9월 28일 월요일

빙의 퇴마를 요청하는 여성 내담자가 왔다. 열세 살 난 그녀의 아들이 헛소리를 하고 뭔가 씌운 사람처럼 행동한다는 것이다. 숙영매는 즉시로 재천령과 귀례령을 보내서 알아보게 했다. 그러나 빙의된 것은 아니었고 아들 혼자서 "엄마는 계모야, 계모일 거야."라고 중얼거리는 소리를 들었다. 그래서 그의 행동과 말을 계속 주시하고 있자니 그 아이는 엄마가 너무 무심하게 자신을 대하기 때문에 관심을 받기 위해서 그런 연극을 한 것으로 보였다. 그래서 숙영매는 내담자한테 다음과 같이 말했다.

"아이가 빙의가 된 것이 아니고요, 관심을 받고 싶어서 그런 연극을 한 거예요. 그러니까 오늘 집에 가시면 아이를 꼭 껴안아 주며 미안하다고 하시고 엄마가 너무 바빠서 관심을 갖지 못했다고 설명해 주세요."

내담자는 숙영매가 시키는 대로 했더니 그 아이가 울면서 "엄마, 엄마는 새엄마가 아니지?" 하면서 말하고 화해를 했다고 한다. 숙영매는 이렇게 남의 자식의 일은 해결해 주었는데 정작 자신의 딸은 아직도 해결을 못하고 어떻게 하질 못한다고 한탄했다.

재천령과 참나에 대해서 이야기를 했다. 숙영매는 전생을 볼 때 흑백 영화를 보듯이 화면이 보인다. 그리고 음성이 들려오면서 그것을 듣고 상황 설명을 해준다. 전생은 결국 역사지만 숙영매는 역사학자가 아니다. 역사에 대해서 전혀 몰라도 그것을 듣고 내담자에게 설명해준다. 그러면 들려오는 음성은 누구의 음성인가? 그리고 전에 숙영매가 명상을 하면서 보였고 들렸던 조선 왕들, 그리스 신화의 왕들, 세계 역사들 등등 그것은 누구의 음성인가?

 아카식 레코드라는 말이 있다. 그것은 이 우주에 우주 도서관 또는 우주 저장소가 있어서 모든 정보가 거기에 저장되어 있다는 말이고 우리의 말과 행동이 모두 거기에 하나도 빠짐없이 보관되어 있다는 것이다. 여기 비추어 보면 숙영매가 명상을 통해서 과거와 전생의 상황을 볼 수 있다는 것은 우리가 말하고 행동하는 것이 비디오 카메라로 찍듯이 하나도 빠짐없이 찍히고 나중에 재생하듯이 보인다는 뜻이다. 그것도 수만 또는 수억 년 동안 아니 우주가 끝날 때까지 보관된다. 결국 아카식 레코드나 참나나 똑같은 개념이라고 말할 수 있다. 산신령은 그것을 천상의 목소리라고 하신 적이 있다. 우리의 개개인 속에 있는 참나 자체가 우주의 영적 보관소일지도 모른다. 인간은 소우주라는 말도 있는데 같은 개념일 수도 있다. 단어와 표현 방식만 다를 뿐 같은 의미일 것이다. 우리의 말과 행동이 우주 도서관에 완벽하게 보관된다면 영혼들의 말과 행동까지 보관되느냐 하는 문제에 대해서 재천령은 아니라고 말한다. 결국 우리가 물질세계에 있을 때만 모든 행적이 보관된다면 물질세계는 윤회와 카르마를 운영하는 장소이고 물질세계에 태어나서 겪고 경험해야만 자신의 카르마를 정화한다는 것이다. 즉 우리가 사는 세상은 가상의 세계이며 영을 높이기 위한 최적의 상태에 있는 장소다. 그리고 충분히 영이 높아지고 카르마가 해소되면 오랫동안 영적인 상태에 머물 수 있고 더 높은 세계 즉 극락정토라든지 기독교에서 말하는 하나님이 계신 천국에 갈 수 있다는 뜻이다. 어떤 종교가 옳다 그르다가 중요한 것이 아니다. 오로지 열심히만 살고 희생과 봉사 그리고 명상 등이 추가되면 물론 금상첨화다.

54. 미국의 달 착륙 사기극

2020년 10월 3일 토요일

귀례령과 대화했다.

나: 외계인과 채널링을 하나?

귀례령: 예, 합니다.

나: 산신님도 하시겠지?

귀례령: 물론입니다.

나: 북한산신님은 주로 어느 행성에 있는 외계인과 하시나?

귀례령: 달, 금성, 화성, 목성…

나: 그럼 태양계에 있는 행성들 전부에 다 외계인이 있구나.

귀례령: 예, 그렇습니다.

나: 물론 그들은 물질체가 아니고 다른 차원의 영체겠지?

귀례령: 물론입니다

나: 달에 우주선, 아폴로 11호를 타고 사람이 간 것이 사실인가? 나는 거짓이라고 생각하는데?

귀례령: 거짓입니다. 사람이 갈 수가 없습니다.

나: 그것을 언제 알았나?

귀례령: 살아생전에도 알았고 지금 저도 그렇고 산신님도 거짓이라고 합니다.

나: 나도 그렇게 생각하는데 사람들은 미국이 설마 전 세계인을 상대로 사기를 칠 수 있겠는가 하고 철석같이 믿고 있지. 미국이 전 인류를 상대로 음모를 꾸미고 사기 치는 일은 어제 오늘 일도 아니고 한두 가지도 아니기 때문에 달 착륙 사기극은 일도 아니다. 재천이는 우주로 나가려다가 실패했는데 귀례령은 우주로 갈 수가 있나.

귀례령: 예, 저는 갈 수 있습니다. 먼 곳에 가려면 그만큼 영이 높아야 합니다. 산신님께 허락을 받고 달에 갔다 올까 합니다.

나: 아, 그러면 귀례령은 장애 없이 달에 갈 수 있을 정도로 영이 높다는 말이구나. 귀례령은 외계인과 채널링을 한 적이 있다고 했는데 다른 행성에 있는 존재와 했나 아니면 지구에 온 타행성 외계인과 했나?

귀례령: 지구에 온 외계인입니다.

나: 어디서 왔다던가?

귀례령: 태양에서 왔다고 합니다.

나: 태양? 그래. 태양은 불타고 있는 항성이기는 해도 지구에 여러 차원이 존재하는 것처럼 태양도 여러 차원이 존재할 거고 태양의 다른 차원이겠지. 그들과 대화를 나눴나? 그들이 뭐라고 하던가?

귀례령: 지구인들이 어리석다고 했습니다. 영을 높일 생각은 하지 않고 물질적인 것만 집착한다고 합니다.

나: 그들의 생각은 당연히 그렇겠지. 영을 높여서 더 높고 좋은 세계에서 살 생각은 하지 않고 오로지 물질적 쾌락에만 빠져 있다는 것. 사실 인간들 90% 이상은 영을 높인다는 말조차 무슨 말인지 모른다. 왜 태어나서 어떻게 살아야 되는지도 모르는 상태, 몽매한 상태로 살고 있으니 그들의 입장에서는 한심하게 보일 거야. 지구에 몇 개의 차원이 존재하는지 아나?

귀례령: 제가 확인한 것만 3개의 차원이 있습니다. 그러나 더 많은 차원이 있는 것으로 알고 있습니다.

달에 착륙했다고 하는 아폴로 11호 우주선.
아래 부분은 이륙할 때 발사대로 썼다고 한다. 우주인 두 명이 승선하는 승용차 정도 크기의 윗부분에서 이착륙에 필요한 상당량의 연료를 실을 만한 공간은 없어 보인다.

다음은 산신령과의 대화인데 귀례령이 텔레파시로 교신하여 숙영매를 통해 알려주었다.

나: 다른 행성에 가신 적 있으십니까?
산신령: 달, 금성에 가봤다.
나: 혹시 금성인들은 지구의 백인들하고 똑같이 생기지 않았나요?
산신령: 비슷하게 생겼다.
나: 물론 그들은 영체로 존재하는 것이겠지만 필요하면 물질체로 바꿀 수 있습니까?

산신령: 그거야 그들한테는 가능한 일이지. 허~ 참, 영도 없는 것이 꽤 꼬치꼬치 물어보네. 이건 숙영매가 물어봐야 될 일인데 숙영매는 아무것도 모르고….

재천령과 귀례령은 산신령의 이 말을 듣고 키득거리며 웃었다. 영도 없다는 것은 나를 지칭한 말이다. 레벨이 안 되는 사람이 호기심만 많아서 건방지게 물어보는 것이 그렇다. 오늘 산신령은 숙영매한테 나중에 죽으면 다른 행성에 같이 가자고 농담으로 얘기도 했다고 한다.

달에 착륙한 아폴로 우주선이 이륙하는 장면.
이런 기술은 현재 인간한테는 없다. 앞으로 수십 년 지나도
저런 기술이 나올 수 있을지 의문스럽다.

귀례령과 얘기했던 아폴로 11호의 달 착륙은 거의 대부분 사람들이 사실이라고 믿고 있지만 나 개인적으로는 거짓이라고 전부터 생각했었다. 집에 있는 영혼들 그리고 산신령도 거짓이라고 단정한다. 인터넷에서는 여러 정황을 들며 음모론을 증명하려 하고 《MBC 서프라이즈》에서도 달

착륙 음모설을 방영한 바 있다. 반면에 달 착륙 음모설을 반박하는 글도 많이 있다. 소위 지식인층과 과학자라고 하는 사람들이 주로 반박을 한다. 아폴로 11호가 바로 옆에 있어 들여다볼 수 있는 것도 아니고 달에 직접 가서 확인해 볼 수 있는 것도 아니기에 음모론과 반박설은 자신들이 갖고 있는 지식으로 두터운 벽을 가운데 두고 탁상공론하는 것에 지나지 않는다. 나 역시도 나의 과학적 상식으로 말할 뿐 뚜렷한 물적 증거는 제시하지 못한다. 물적 증거란 아폴로 11호를 바로 옆에 두고 과학적 수사를 하는 것 이외에는 없다. 달에 착륙한 아폴로 11호에 엔진 시동과 발사를 위한 연료가 있는지, 있다면 얼마나 있는지, 우주선을 발사할 때 우주선 무게의 90%가 연료라는 것을 이해한다면 달에 착륙한 아폴로 11호에 얼마만큼의 연료가 있어야 달에서 이륙할 수 있는지 짐작할 수 있을 것이다. 공기와 산소가 없는 달에서 엔진 점화를 위한 그리고 세 명의 우주인들이 마실 산소가 우주선에 존재하는지, 또 산소가 얼마나 있어야 달과 지구 왕복 8일을 버틸 수 있는지, 그만한 양이 있는지, 해저 잠수부들이 물에 들어갈 때 짊어지는 산소통의 크기를 생각한다면 8일 동안 마실 산소의 양을 계산할 수 있을 것이다. 우주인들이 입은 우주복이 우주에서의 살인적인 방사능 환경을 견딜 수 있는지, 견뎠다고 해도 피폭된 우주복을 입고 3일 동안 여행하고 돌아와서 아무렇지도 않게 피폭된 우주복을 입고 사람들이 있는 곳을 돌아다니는 것은 어떻게 이해를 해야 할지, 우주복 한 벌로 달의 낮 기온 영상 130도와 밤 기온 영하 180도가 교차되는 극한 환경까지도 견딜 수 있는지, 극한 기온에 있는 우주선 안은 에어컨이나 히터 장치는 있는지, 있더라도 8일 동안 그것을 가동시킬 충분한 연료가 있는지, 달에서 월면차를 몰고 다니는 우주인을 볼 수가 있는데 과연 월면차를 실을 수 있는 공간이 우주선에 존재하는지, 비행선의 수직 이착륙은 지금도 쉬운 기술이 아닌데 당시에 아폴로 11호를 아무런 충격 없이 어떻게 사뿐하게 착륙시킬 수 있었는지, 그리고 달에서 발사대도 없이 마치 UFO 이륙하듯이 우주선을 수직 이륙하게 할 수 있는지, 만일 그렇게 수직 이착륙이 쉬웠다면 50년이 지난 지금쯤 모든 공항에 활주로가 사라졌을 것이다. 1969년에 달에서 아폴로 11호가 이륙하는 모습을 보면 지금은커녕 앞으로 50년 후 또는 100년 후에라도 그런 기술이 개발될 수 있을지 의심스러울 정도다. 아폴로 11호가 지구에서 발사될 때는 관제소에서 카운트다운을 하며 통제한다. 그러나 달에서는 관제소도 없고 발사대도 부실하고 마치 승용차 운전하듯이 이륙한 후 달 궤도를 돌고 있는 콜린스와 기적적인 도킹을 하고 다시 승용차 운전하듯이 지구로 돌아온다. 지구에 돌아와서는 그 멋진 착륙 기술은 어디 가고 바다에 빠지나? 이상 상당히 많은 조사가 이루어지기 전에는 세 치 혀로만 논쟁을 하는 것뿐이다.

최근에 인간이 다시 달에 간다는 계획이 진행 중이다. 지금 기술로도 위에 열거한 여러 가지 문제점들을 해결하는 것이 상당히 어려운 문제다. 산소 공급이나 식량, 우주복 등은 과학 기술이 발달해서 가능할 수는 있겠으나 수직 이착륙 문제는 아직도 의문이 많다.

나도 미국의 달 착륙이 진실이었으면 좋겠다. 증명도 하지 못할 일을 갖고 타인과 갑론을박하는 것이 싫다. 그러나 아무리 들여다봐도 그것은 내 상식에 맞질 않는다. 달 착륙 거짓설을 반박하는 이들의 특성은 권위주의에 순응하는 경우가 많다. 국가적 발표나 미국 나사와 같은 권위적이고 보통 사람들이 감히 접근조차 할 수 없는 기관들은 절대 거짓말을 하지 않는다는 믿음 때문이다. 두뇌가 뛰어나고 공부를 많이 한 사람들이 전부 진실되고 정직하다는 믿음은 환상이다.

2020년 10월 10일 토요일

숙영매에게 천도 요청이 들어오면 재천령과 귀례령이 망자가 살던 집에 가서 망자의 영혼이 있는지 확인한다. 만약 없으면 저승에 가서 재판관들에게 망자가 제대로 왔는지 명부 확인을 요청한다. 그 과정에서 재판관들의 태도를 물어보았다.

"재판관들이 친절하게 확인을 잘 해주나?"

"예, 그분들은 이승에 있는 영혼들이 하나라도 더 저승으로 오게 해야 하기 때문에 우리한테 잘 대해줍니다."

이 말은 즉 저승에서는 재천령, 귀례령이 하는 일에 적극 찬성한다는 말이고, 내가 혹시라도 염려했던 것은 이승에 있는 영혼들 즉 재천령과 귀례령이 저승에 갔을 때 그곳에 붙잡혀 이승에 복귀하지 못하는 것이 아닐까 하는 점이었다. 그러나 내 염려와는 달리 오히려 저승에서도 숙영매의 존재를 알고 있고 숙영매 같은 사람이 좀 더 많이 나와서 이승의 사람들이 저승에서의 일을 깨달아서 알고 이해하기를 원하고 있다는 것이다. 그래야만 사람들이 물질적 욕심이 없어지고 사회악이 줄어든다. 사회악은 모두 물질적 욕심에서 비롯되기 때문이다. 내가 어머니 제사 때 미주알고주알 저승에 대해서 물어보는 것도 저승 세계의 입장에서는 상당히 긍정적으로 평가할 일이다. 그리고 저승과 이승을 왕래하는 것은 누가 붙잡고 풀어주고의 문제가 아니고 영이 높아지면 자연스럽게 왕래를 할 수 있다고 한다.

　현대는 옛날과 달리 정보의 홍수다. 밤이 되어도 불이 꺼지지 않고 TV에 컴퓨터 게임에 스마트폰에 향락 문화에 쉴 틈이 없다. 잠 잘 시간도 부족하다. 밤 시간만 되면 불빛이 없어지고 할 일도 없어져서 명상에 들 수 있는 기회가 많아지는 옛날과 상당히 비교가 된다. 때문에 영적 감각도 많이 사라졌다.

　남녀노소 모두가 상식으로 알아야 할 것이 하나 있다.

　'우리가 죽었을 때 가게 되는 이 세상 너머 다른 차원의 세계가 존재한다.'

　오히려 옛날 사람들은 모두가 저승 세계를 인정했을 것이지만 현대인들은 얕은 과학 지식을 바탕으로 그런 상식조차 무시하게 되었고 자연히 영성은 점점 멀어져가고 있다. 그리고 저승과 저승사자는 진지하게 다루기보다는 판타지 만화나 영화, 드라마, 코미디의 소재로, 웃음의 소재로 다루어지고 있는 현실이 아쉽다.

　코로나 때문에 한반도에 있는 산신령들끼리 회의를 했다고 한다. 북한산 산신령의 주재로 북한의 백두산에서부터 지리산, 제주도 한라산까지 주로 큰 산의 산신령들이 토론을 했지만 이렇다 할 결론은 내지 못했다. 물질세계에서 일어나는 감염병적 재앙을 신들의 힘이라고 해도 어찌할 수가 없다. 더욱이 코로나는 한국보다는 미국의 산신과 협력해서 해결해야 할 문제다. 산신들끼리는 한국어, 영어로 하는 것이 아니고 이미지적 텔레파시로 한다. 달리 말하자면 마음이 전달된다고 보면 된다.

2020년 10월 19일 월요일

오늘 숙영매와 외출했다. 늘상 그랬듯이 버스에는 여러 명의 영혼들이 여기저기 붙어 있다. 그녀가 영안을 열어서 보니 모두가 행색이 초라하고 숙영매와 눈 마주치기를 꺼려했다. 그러던 중 한 여자 영혼과 눈이 마주쳐 손짓을 해서 오라고 했고 그 영혼에게 말을 걸었다. 다른 영혼들보다 유독 영이 높았다.

· 유광준령

1981년생, 유광준, 여자, 보문동.

여자로 태어났지만 부모가 남자처럼 씩씩하게 살라고 남자 이름을 지어줬다. 20년 전 판촉물 회사 사무장으로 일했는데 스무 살 나이에도 직책이 있을 수 있었던 것은 여상에 다닐 때부터 일을 해왔기 때문이다. 어느 날 보문사 근방 외진 곳에서 남자 다섯 명에게 성폭행을 당했고 그들에게 죽임을 당했다. 광준은 죽어가는 순간에도 온 힘을 다해 부모에게 유언장을 썼고 그 유언장을 토대로 경찰이 수사를 벌였다. 자궁에서 정자 채취를 해서 마침내 다섯 명이 다 잡혔다. 몸에서 빠져나왔을 때 너무 억울해서 저승사자를 피해 저승에 가지 않았다. 대부분은 죽고 난 후 몸에서 빠져나오면 정신이 몽롱하고 온전치 못하기 때문에 자리 이탈을 생각지 못한다. 광준은 살아생전 젊은 나이인데도 죽으면 저승사자가 와서 데려간다는 것을 믿고 있었고 저승사자를 피해 있었기 때문에 안 간 것이다. 재천령과 집 안 영혼들처럼 특별한 뜻이 있어서 남는 경우를 제외하고는 죽어서 저승에 가는 것이 보통이다. 그리고 저승에 가서 사는 것이 이승보다는 편하다. 살아생전 나쁜 짓만 하고 살다가 악령이 되어 이승에서 사람들에게 해코지하는 것은 죄악이다. 그리고 광준은 자신을 강간치사한 그들이 감옥에 있을 때도 끝까지 괴롭혔다. 그 후 성주신 노릇을 하기도 했지만 집주인들이 성질이 못돼서 나오기도 했다. 재천령은 영혼세계에서 소문이 많이 나 있던 터라 광준령은 그의 이야기는 전부터 들어서 알고 있었다. 오늘은 왠지 밖에서 좋은 일이 있을 거 같아 버스에 있던 중 숙영매와 재천령, 귀례령, 혜산령을 만나서 무척 기뻐했다. 일단 영이 높으니 우리 집 지하실에 들일 예정이다. 죽고 나서 부모님은 보험금과 합의금을 받아 잘 살고 있지만 아직도 자신이 그렇게 비참하게 간 것을 가슴 아파하고 있다. 그러나 자신은 이렇게 잘 있으니 슬퍼하지 말라는 말을 전하고 싶다고 했다. 광준령 뿐만이 아니고 집에 있는 영혼들 모두가 자기 부모에게 안부를 전하고 싶어 할 것이다. 그러나 현실은 그렇게 녹록지가 않다. 지금은 힘들더라도 언젠가 영혼들의 소원이 이루어지는 날이 오길 바라고 또 그런 날이 분명히 올 것이다.

그 외에 버스 안에서 재천령은 영혼들에게 한 명씩 저승에 갈 것을 권유했다. 그중 두 명을 저승으로 보내줬다.

2020년 10월 26일 월요일
유튜브에 들어가 보면 지저 문명에 대한 내용이 많이 나온다. 지구 속은 텅 비어 있고 그 속에 우리보다 훨씬 발달된 문명을 가진 인류가 살고 있다는 이야기다. 사실 믿기 힘든 얘기다. 과학적 지식으로는 지구 속에 지각, 맨틀, 핵 등 지구 속은 꽉 차 있는 것으로 알고 있다. 이것에 대해서 재천령과 귀례령에게 물어 봤지만 그들도 모른다고 했다. 그래서 산신령께 물어보자 다음과 같이 대답했다.

"지저 문명은 있다. 별걸 다 알고 있구나. 그러나 그곳은 물질세계가 아닌 다른 차원이고 난 그곳에 있는 존재들과 채널링을 한 적도 있다."

2020년 10월 30일 금요일
숙영매에게 다시 고비가 닥쳐왔다. 몸이 아프면서 졸음이 쏟아진다. 지금 24시간째 자고 있는데 오늘 타로사무실은 나가질 못했다. 12시간 정도 더 자고 나면 내일 출근은 할 수 있을지 모르겠다. 약 20일 전에 이런 일이 발생하고 두 번째다. 산신령은 이런 일이 몇 번 더 있을 것이라고 말했다.

"인내심 있게 참고 견뎌서 육신을 가진 인간이라도 금성 같은 다른 행성에도 갈 수 있는 능력을 키워야 하지 않겠는가?"
산신령은 이런 식으로 숙영매에게 용기를 준다. 물론 다른 행성에 간다는 것은 유체 이탈을 하고 영혼체로 가는 것을 의미하는 것이겠다.

2020년 10월 31일 토요일
며칠 전 어느 저승사자가 망자의 영혼을 데리러 왔는데 영혼이 자리를 이탈해서 없어진 상태라 허탈해하며 북한산신을 방문해서 이야기를 나누었다.

산신령: 오, 그래 왔는가?

저승사자: 예, 산신님, 가는 길에 잠깐 들렀습니다.

산신령: 잘 지내시는가?

저승사자: 예, 잘 지냅니다. 그런데 이놈이 어디로 갔는지 보이질 않아서 그냥 빈손으로 복귀하는 중입니다.

요즘은 이런 일이 전보다 자주 일어납니다.

산신령: 그러게. 자리를 이탈하기 전에 서둘러 와서 데려가야겠군. 그런데 말이야, 숙영매 잘 알고 있지?

저승사자: 그럼요, 숙영매 저승에서 유명하죠.

산신령: 숙영매가 분명히 영이 올라올 텐데 언제가 될지 감이 안 잡혀.

저승사자: 아, 그래요? 잠시만요.

(명상 중).........

분명히 영은 올라올 겁니다. 그게 언제인지는 저도 잘 모르겠습니다.

이승에 숙영매 같은 사람들이 많이 있어야 하는데… 그래야 사람들이 영적 각성을 할 텐데 말입니다.

저승사자는 저승에서 공직을 수행하는 신이다. 저승 관청에서 근무하면서 수시로 이승을 오가며 망자들의 영혼을 데려간다. 저승에는 저승 업무를 보는 많은 공직 신들이 있고 우리가 염라대왕이라고 부르는 재판관들은 이승에서 오는 영혼들의 살아생전 일을 재판하고 있다. 그렇게 하여 점점 위쪽으로 올라가면 우리가 막연하게 전설로만 들었던 옥황상제가 있다. 옥황상제는 분명히 이승에서의 대통령과는 다르며 누구든 감히 옥황상제의 권위에 도전할 영혼은 없다. 영혼들은 위아래가 뚜렷하기 때문에 권력투쟁이란 없다.

2020년 11월 4일 수요일

재천령과 세월호 아이들에 대해서 이야기했다.

나: 그 이후로 팽목항에 가봤나?

재천령: 예.

나: 대부분들 거기에 있나? 세월호 진상규명을 위해서 활동하는 사람들도 많고 그쪽 사람들에게 가 있을 수도 있을 것 같은데….

재천령: 예, 맞습니다. 그러나 죽은 영혼들 중 거의 반수가 정신이 멍한 상태로 있어요. 살아생전 일을 기억하지 못하는 거죠. 그러나 똑똑한 영혼들은 한을 품고 있으며 복수할 날을 기다리면서 명상도 하고 진상규명을 위해서 노력하고 있습니다.

나: 그렇구나, 걔네들 중에 영이 높은 애들 한두 명 정도 집에 들일 생각 있나?

재천령: 예, 저도 그런 생각을 하고 있었는데 마침 아빠가 그런 말씀을 하시니 고맙습니다. 제가 집에 들일 영혼들 잘 알아보겠습니다. 요즘은 엄마 경호하는 문제 때문에 시간이 없지만 엄마 일이 끝나면 알아볼게요.

2020년 11월 5일 목요일

어제는 빙의 때문에 여자 내담자가 왔었는데 집의 영혼들이 가보니 실제로 내담자의 남편이 빙의에 들린 상태였다. 요번 빙의령은 전의 것보다는 약한 것들이고 그 집 터주 영혼들이었는데 남자 영혼 두 명이 들어가 있었다. 우리나라에서는 예부터 성주신을 모시는 풍습이 있었는데 성주신은 신이 아니다. 단지 그 집에 거주하여 살아가는 영혼일 뿐이다. 집에 선한 령들이 있어서 그 집 주인한테 악영향을 끼치지 않으면 그것만 해도 다행이다. 진짜 선한 령이 그 집에 거주하면서 주인에게 도움을 주는 경우도 있겠지만 흔한 경우는 아니다. 지난번에도 그렇고 이번에도 집주인 남자의 약한 틈을 이용하여 수호령을 뚫고 들어간 것이다. 요번에도 재천령과 귀례령이 처음에는 강제로 끄집어내려고 했지만 "안 나갈래! 싫어!" 하며 저항을 했다. 그러나 보아하니 영이 그렇게 세지 않고 아주 악한 것 같지도 않고 해서 귀례령이 그들을 설득하기로 했다.

"보아하니 너희들 그렇게 악한 것 같지도 않은데 이렇게 남의 몸에 들어와 있으면 어떡하나? 이런 짓을 하면 죄를 짓는 것이고 카르마가 쌓이는 것이니 이 사람 몸에서 나와라."

이런 식으로 약 1시간 정도 인내심 있게 설득하고 끄집어내어 저승으로 보냈다. 그들이 나온 후 그 빙의되었던 남자는 그 자리에 그대로 쓰러져 자기 시작했다가 오늘 오후 네 시쯤 일어나서는 "아, 잘 자고 일어났다."라고 했다고 한다. 약 24시간을 잔 것이다.

2020년 11월 6일 금요일

오늘 숙영매는 내담자를 받고 갑자기 온몸에 열이 나는데 또 다른 영적 현상이다. 산신령이 빨리 집에 들어가라고 채근하니 그녀는 택시 타고 집에 들어왔다.

2020년 11월 7일 토요일

처음에는 더웠다가 집에 와서는 오한이 들었다. 집에 와서 저녁을 먹고 잠자리에 들었는데 취침 중에 어떤 존재가 와서 옆에 눕는 느낌이 들었다. 그 느낌은 포근하고 아늑해서 마음의 안정감이 느껴지도록 좋았다. 그러나 말을 붙이려고 해도 눈을 뜨고 보려고 해도 입도 열리지 않고 눈도 떠지지 않았고 만질 수도 없었다.

여기에 대해서 산신령은 다음과 같이 말했다.

"음, 아주 좋은 징조야. 그런데 몸 아픔이 서너 번은 더 나와야 되는데 그게 빨리 나오지 않는구나."

2020년 11월 11일 수요일

오늘 빙의 상담 내담자는 여섯 살짜리 뇌성마비 아들의 이상한 행동 때문에 왔었지만 요번에도 빙의는 아니었다. 숙영매는 정신적인 문제이니 빨리 병원에 가보라고 내담자를 재촉해서 보냈다. 사람이 이상한 행동을 한다고 다 빙의가 된 것은 아니다. 정신분열적 행동인 경우도 있다. 확실하게 영혼을 볼 줄 모르면 착각을 하는 수도 있다.

더 큰 단계의 영이 올라오려고 하는데 숙영매의 체력이 받쳐주지 않는다. 산신령은 숙영매가 명상을 하려고 하면 하지 못하게 하고 자라고 한다. 명상을 하다가 큰 영이 올라오는데 체력이 따라주지 않으면 죽을 수도 있기 때문이다.

밤에 잘 때 숙영매한테 와서 폭 안기는 그 존재는 지난 5일 동안 하루도 빠지지 않고 왔다. 항상 눈을 뜨고 볼 수도 만질 수도 없지만 느낌이 좋고 아늑해서 편안한 잠을 자도록 도와준다. 어떤 존재인지는 모르고 산신령도 말을 안 해준다. 몸 컨디션은 그렇게 가뿐하지는 않다. 그냥 견딜 만하니까 나와서 내담자와 상담해주고 있을 뿐이다.

영혼 결혼식에 대해서 귀례령과 대화를 했다.

나: 저승에서 어머니 영혼이 결혼하여 애도 낳았다고 하는데 이승에 있는 영혼들도 그렇게 할 수 있나?

귀례령: 아니오, 여기서 영혼들이 결혼을 하는 경우는 간혹 있지만 애는 낳을 수 없습니다.

나: 아, 결혼을 하는 경우가 있기는 하구나. 그럼 사람들이 영혼 결혼식을 해주는 경우가 있는데 굳이 그럴 필요도 없겠네.

귀례령: 그렇지는 않습니다. 사람들이 결혼식을 올려주면 영혼들에게도 힘이 되고 더 큰 의미가 있습니다.

어머니 영혼은 마음만 먹으면 화면이 펼쳐지고 영상이 보인다고 했다. 지상에서의 TV와 같은 것이다. 물론 어머니 영혼이 살고 있는 집과 가구, 옷들은 모두 마음으로 만든다. 작년 제사에 오셨을 때 귀부인과 같은 복장으로 오셨다. 분명 스스로의 마음으로 만든 것이겠다. 귀례령한테 물었다.

나: 이승에 있는 영혼들도 그것이 가능한가?

귀례령: 저나 재천령 정도의 수준이면 가능하나 그렇게 할 수 있는 영혼들이 그렇게 많지 않습니다.

나: 결국 영이 높아야 가능한 일이군. 영이 낮은 영혼들은 있는 그대로 살아야 하고 순간 이동도 하지 못해서 걸어다녀야 하는구나.

2020년 11월 18일 수요일

"몸이 부서질 정도의 아픔이 서너 번 더 나와야 하는데 나오질 않는구나."

숙영매가 영이 올라올 듯하다가도 잘 안 올라오니 답답해서 산신령이 한마디했다. 숙영매는 육신을 가진 인간으로서 산신령에 버금가는 능력을 가질 것이라고 예언을 했는데 올라오지 않는다. 가장 큰 원인은 숙영매의 체력이다. 육신을 가진 인간으로 영이 끝까지 올라오는 것이 이렇게 힘들다. 지금까지 산신령의 제자들 모두가 마지막 영을 끌어올리다가 죽거나 포기하거나 했었다. 더군다나 숙영매는 나이도 많은 데다 몸까지 약하다. 함부로 할 일이 아니다. 물질 육신에 있을 때보다는 오히려 비물질체로 있는 영혼이 영을 끌어올리는 것이 쉽다. 숙영매가 육신의 옷을 입고 있는 상태에서 큰 영을 받고 인간에 이롭게 해야 산신령이 이루고자 하는 뜻을 이루는데 죽으면 아무 소용이 없다. 어찌됐건 귀례령과 재천령도 숙영매 경호를 끝내고 자기의 일을 해야 하는데 현재 교착상태다. 밤에 잠 잘 때 오는 그 존재는 여전히 매일 오고 있고 이렇다 할 변화는 없다. 매일 밤 오는 그 존재에 대해서 산신령은 말을 안 했지만 귀례령은 귀띔해 주었다.

"북한산신님께서 보내주신 겁니다."

산신령은 전에 집단귀들이 쳐들어왔을 때보다 더 극심하고 거의 죽음에 가까운 고통이 올 것이니 각오가 되어 있냐고 묻자 숙영매가 되어 있다고 대답했다. 요즘 며칠마다 한 번씩 몸이 피곤한 증상이 나오면서 타로 사무실에 '오늘 휴업'이라는 팻말을 붙이고 올 때가 많다. 점점 그때가 오는 듯하다.

집에 있는 영혼들 중에 전생을 기억하는 영혼들은 손에 꼽을 정도로 적다. 귀례령, 재천령, 대영령, 그리고 지하에 있는 전생에 조선 시대 중인이었다는 겸령 정도다. 죽어서 영혼이 됐다고 모두 전생을 기억하는 것도 아니고, 오히려 죽고 나서 반 정도는 살아생전 일조차 제대로 기억하지 못하고, 죽었다는 사실도 인식하지 못한다. 살아생전 일을 기억하는 영혼 중에서도 전생까지 기억하는 영혼은 극히 일부분이라는 것이다. 집에 있는 영혼들은 살아생전 일을 다 기억하고 그중 5%만이 전생을 기억하는 것으로 보아 이승에 있는 전체 영혼들 중에 전생을 기억할 수 있는 영혼은 1% 미만일 것으로 보인다.

55. 전국의 산신들

2020년 11월 22일 일요일

아침에 산신령은 숙영매 속에 있는 영을 강제로라도 끄집어내야겠다고 말했다. 그 과정에서 극심한 고통이 있을 것이라고도 했다. 그러나 오전 11시경 산신령은 집에 방문해 숙영매에게 말해주었다.

"북한 포함 전국의 산신들과 회의를 했다. 백두산, 묘향산, 계룡산, 지리산, 한라산 같은 큰 산들을 주관하는 40명 정도의 산신령들이 회의를 했었다. 직접 모인 것이 아니고 원거리에서 회의를 했었다."

지금 올라올 듯 올라오지 않는 숙영매의 영을 강제로 끄집어내는 것이 어떻겠느냐는 것에 대해 의논하기 위해서였다. 산신령 스스로도 위험하다는 것을 알고 있기 때문에 회의를 연 것이다. 산신령들은 대부분 반대했다. 무리해서 시도할 경우 99%는 죽을 확률이 있기 때문이다. 대신에 전국에 있는 산신령들 모두가 숙영매에게 기를 보내줌으로써 숙영매 스스로 할 수 있도록 도와주겠다고 약속했다.

오후 12시경 숙영매는 극심한 고통을 호소했다. 전국의 산신들이 그녀에게 기를 모아서 보내자 그녀의 영이 올라오면서 나타나는 고통이다. 약 한 시간 정도 고통을 느낀 후 그녀는 잠 속으로 빠져 들어갔고 자면서 땀이 많이 났다. 저녁 때 일어나니 몸이 한결 좋아졌다. 더욱이 잠들기 전에 지리산신이 와서 격려의 말을 해주었다.

"평소에 숙영매에게 많은 관심이 있었고 기대를 가지고 있네. 힘들겠지만 어려운 일은 이겨내고 앞으로 큰일을 할 수 있도록 하게."

지리산 산신령은 풍채가 좋고 잘생긴 외모를 가지고 있다. 복장은 항상 그렇듯 긴 흰 머리와 이마에 흰 띠 흰 수염에 개량한복을 깔끔하게 차려입은 모습이다. 숙영매의 눈에 산신령들은 그냥 사람처럼 보인다. 신이라고 희미하게 보이거나 투명하게 보이는 것은 아니다. 다만 몸 주위에 빛이 나는 것이 보통 영혼들과 다른 모습이다. 산신들은 영적 수준에 따라 서열이 정해져 있다고 한다. 북한산신이 우리나라 남북한 통틀어 서열 1위이고 다음이 계룡산, 지리산 순이다. 백두산신은 산이 가장 높고 크지만 서열은 그렇게 높지 않다고 한다. 북한산신이 영이 가장 높은데도 비교적 규모가 작은 북한산을 고수하는 이유는 인구가 가장 많은 수도권에서 제도해야 할 인간들이 많기 때문이다. 다른 큰 산의 산신들이 북한산신에게 자리를 양보한다고 하는데도 거절하는 이유가 그것이다. 사실 산이 클수록 사람들의 왕래가 뜸하기 때문에 산신령이 거주하기가 편하다. 여하튼 전국의 산신령들은 하루에 한 번 10분씩 숙영매에게 기를 보내주기로 약속했다. 숙영매의 영이 올라오지 않는 이유는 체력이 약하기 때문에 그런 것이니까 기를 보내주는 목적은 일단 체력을 증진시켜주는 것에 있다.

2020년 11월 24일 화요일

어젯밤 10시에 산신령들이 숙영매에게 기를 보내줬고 그에 따라 영이 올라오면서 고통이 느껴지더니 오늘도 저녁 7시 10분경 산신령들의 기가 숙영매에게 모였다. 그 순간을 숙영매는 이렇게 묘사했다.

"산신령들도 영혼인데 그분들의 기가 각각 여러 줄기에서 내 몸으로 들어오면서 몸이 꼭 조여드는 느낌이 들어. 따뜻해지고 몸에 점점 기운이 솟아오르는 것 같아. 이런 식으로 한 달 정도 하게 되면 몸이 상당히 가벼워진다고 해. 그리고는 영이 올라오면서 약간의 신체적 고통이 나오는데 참을 만해."

이런 것은 영적 감각이 있는 사람에게나 가능하지 산신령들이라고 해도 나같이 영적 감각이 없는 사람에게는 기를 보내줘도 약간의 영향은 있겠지만 숙영매처럼 충분히 받지는 못한다. 오늘 숙영매는 여러 가지 일로 몸과 마음이 지쳐 있는 상태였었는데 산신령들이 그렇게 숙영매에게 기를 넣어주니 몸도 가뿐해지고 모든 산신령들이 관심을 갖고 도와주려고 하는 것에 큰 위안을 받았다.

2020년 11월 25일 수요일

오늘 내담자는 6일 전에 죽은 세 살짜리 딸의 천도를 문의하러 왔었다. 딸이 죽은 후 자꾸 "엄마, 엄마" 하는 소리가 들리는 거 같아 혹시 딸이 자기 주위에 있는 것이 아닌가 해서 왔다고 했다. 요번에도 재천령, 귀례령이 갔었는데 아이 영혼은 저승에 가지 않고 집에 있었다. 내담자의 아이는 칠삭둥이였고 너무 몸이 약해서 인큐베이터에 들어갔다가 2개월 만에 나와서 3년 동안 키우다가 결국 죽은 것이다. 워낙에 약하고 모든 장기의 기능이 안 좋은 상태였었기 때문에 겨우겨우 버티다가 안타까운 죽음을 맞이했다. 세 명의 영혼들이 그 집에 갔을 때 그 아이는 자신의 죽음을 모르는 상태로 있었다. 그래서 귀례령은 할머니, 재천령은 삼촌이라고 불렀고 숙영매는 그 아이에게 어떻게 설명을 해줘야 할지 난감했었는데 의외로 아이는 말귀를 잘 알아들었다.

"너무 무서웠어요."
"왜?"
"엄마는 불러도 들은 척도 안하고 모르는 사람들(그 집에 있는 영혼들)만 보이고 벽도 그냥 통과하고…"
"너는 죽은 거야."
"죽었어요?"
"응, 죽어서 영혼이 된 거야. 여기 사람들도 영혼이고 나는 살아 있는 사람이고."
"엄마는 저를 못 보는데 아줌마는 어떻게 저를 봐요?"
"나는 명상 수행을 많이 해서 볼 수 있는 거야. 그리고 너는 앞으로 여기서 살면 안 되고 저승에 가야 돼."
"저승이요? 거기 가면 좋아요?"
"그럼, 아주 좋은 곳이지."
"알았어요. 근데 전에는 몸이 많이 아팠었는데 지금은 하나도 안 아파요."
"그래, 지금은 몸이 없어졌기 때문에 아프지 않은 거란다. 그리고 저승에 가면 명상을 많이 해야 해."

"명상이요? 그거 하면 좋아요?"

"그럼. 그거 하면 네가 하고 싶은 일 모든 걸 다 할 수 있어."

이런 식으로 이야기를 해주었고 아이는 잘 알아들었다. 애 엄마도 애가 몸은 약했지만 말도 잘하고 똑똑했다고 한다. 애 엄마와 아이는 약 20분가량을 얘기했는데 상당히 많이 울었다. 특히 이상한 것은 숙영매가 아이의 말을 전달할 때 자기도 모르게 애 목소리가 나온 점이다. 아이의 영혼이 접신된 것도 아닌데 이해할 수 없는 일이다. 귀례령도 이해가 안 간다고 했다. 애 엄마는 깜짝 놀라며 아이의 목소리를 듣자 "똑같아요."라고 하며 더욱 더 통곡을 하며 오열했다. 무속인들은 보통 접신을 한 상태에서 망자의 목소리가 나오는데 실제 목소리가 아니고 톤이라든지 억양이 비슷하게 나오는 경우는 있다. 그러나 숙영매는 접신이 아니고 대화를 하는 상태에서 나오기 때문에 이해할 수가 없다는 것이다.

인연이 그렇게 짧은 것은 전생으로부터의 이유가 있겠지만 그래도 이런 이별은 너무나 가슴 아프다. 아이는 "엄마, 잘 있어." 그리고 애 엄마는 "그래, 잘 가."라는 인사를 끝으로 북한산신은 저승사자를 호출하여 데려가게 했다. 귀례령이 저승을 오가기는 해도 망자의 영혼을 저승에 데려가는 것은 저승사자가 해야 할 일이다. 그리고 애 엄마도 아이가 죽은 것이 가슴 아프지만 어쩌면 애한테 더 좋은 일일지도 모른다고 했다. 더 살아봤자 몸이 약해서 고생만 할 것이고 현재 영혼이 된 상태에서 아프지도 않고 몸이 가뿐해졌다는 것을 이해했기 때문이다.

대영령은 아기였을 때는 아무것도 몰랐지만 죽어서 몸에서 빠져나오고 나서는 자기가 왜, 어떻게 죽었는지 다 기억이 났고 전생까지도 기억이 났었다고 했다. 여하튼 모든 영혼들이 이렇게 다 다른 것은 역시 영이 높고 낮은 것과 관계가 있겠지만 태어나자마자 막 죽은 것과 어느 정도 살다가 죽은 것이 다를 수도 있다. 이것은 각각의 영혼의 상태와 경우가 다르기 때문에 무엇이라고 말할 수는 없을 것 같다.

2020년 11월 26일 목요일

  어젯밤에도 10시경 산신령들이 기를 보내줬지만 아파하기 때문에 10분 정도 만에 중지되었다. 오늘은 낮 12시에 산신령들이 직접 와서 숙영매에게 기를 넣어주었다. 북한산신, 계룡산신, 지리산신 그리고 백두산신 이렇게 네 명의 산신령들이 함께 앉아서 손을 뻗어 숙영매에게 기를 넣어주는데 이번에도 그녀가 고통스러워해서 10분 만에 끝났다. 이 작업은 일주일에 한 번 하는 것으로 했다. 네 명 산신령들의 복장은 거의 통일하다시피 입었다. 긴 흰머리, 긴 흰 수염, 흰 머리 띠, 검은 허리띠까지 똑같은데 계룡산신은 몸집이 호리호리한 편이고 백두산신은 키는 작지만 마치 운동을 많이 한 것처럼 몸집이 탄탄한 모습이었다. 산신령들이 오기 전에 귀례령은 숙영매에게 이렇게 귀띔을 해줬다.

  "산신님들이 기를 넣어주고 난 다음에 북한산신님한테 사무실 나간다고 절대 말하지 마세요. 또 큰 난리가 납니다. 그냥 집에서 잠을 자고 있으면 됩니다."

  안 그래도 숙영매는 산신령한테 기 받고 난 다음에 나간다고 말하려다가 못했고 간밤에 12시간 정도 잤는데도 지금 졸리기 때문에 숙영매는 다시 잠 속으로 빠져 들어갔다.

2020년 11월 27일 금요일

오늘 내담자는 빙의가 된 열 살 된 딸을 직접 데리고 사무실을 방문했다. 숙영매가 투시해서 보니 아이 몸속에 손가락 만 한 크기의 남녀 아이 영혼 두 명이 들어가 있었는데 한 명은 머릿속에서 휘젓고 다니고 다른 한 명은 배 속에서 휘젓고 다니고 있었다. 숙영매는 이미 투시 능력이 있고 몸속 투시도 가능하다. 귀례령은 숙영매한테 이렇게 제의했다.

"한번 끄집어내 보시죠."

그래서 숙영매는 아이 몸속에 있는 영혼들에게 말했다.

"거기서 나와!"

"싫어!"

빙의령들은 버티고 숙영매는 한 시간을 나오게 하려고 했지만 실패했고 결국은 귀례령과 재천령이 그 두 영혼을 끄집어냈다. 비교적 약한 영혼이었기 때문에 시간은 약 30분 정도 걸렸고 아이가 몸부림치는 과정에서 소리가 나다 보니 옆의 사무실에서 와서 구경하는 사람도 있었다. 퇴마 후 그 빙의령들은 북한산 산신령을 통해 저승으로 보내졌고 내담자 집에 있는 다른 영혼들도 사악한 것들이라서 모두 잡아서 저승으로 보냈다. 퇴마가 된 두 빙의령들도 집에 있던 가택 영혼들이었다. 퇴마가 된 후 힘이 빠져 축 늘어진 아이를 업고 애 엄마는 집으로 돌아갔다.

"한 20시간은 잘 거예요."

숙영매는 애 엄마에게 이렇게 말해주었다.

2020년 11월 29일 일요일

숙영매와 이야기를 했다. 숙영매의 수호령은 약한 것인가? 왜 그렇게 영혼의 침투를 막아내지 못하고 귀례령과 재천령이 옆에서 지켜야만 하는가. 그러나 숙영매의 수호령이 약한 것은 아니다. 숙영매가 영적으로 예민하기 때문에 뚫고 들어올 수 있는 공간이 많기 때문이다. 예를 들면 골키퍼가 골문을 지키고 있는데, 가로 20m 높이 5m의 골대가 있고 숙영매의 수호령은 그런 골대를 지키는 골키퍼라고 생각하면 된다. 당연히 영혼들의 침투를 막아내기 힘들 수밖에 없다. 영적으로 무딘 사람의 수호령은 방문 정도의 크기의 골대를 지키고 있다고 보면 되겠다. 빙의가 되는 사람은 수호령이 약하거나 골대가 좀 더 크다고 생각하면 된다. 내가 골대와 골키퍼를 예로 들어 이야기하자 주위에 있던 영혼들이 깔깔거리며 웃었다 한다.

어제 숙영매는 멍하니 딴 생각을 하며 길을 걷다가 움푹 패어진 곳에서 넘어져 부축을 받아야 할 정도로 손등과 발목을 크게 다쳤다. 북한산신은 엄청나게 화를 냈다. 사람이 실수로 넘어져 다쳤는데 크게 화를 냈던 이유는 넘어질 당시에 요번 달 매출에 대해서 너무 골똘히 생각하다 넘어졌기 때문에 그랬다.

"내가 그렇게 돈 타령하지 말라고 그랬건만 왜 그렇게 돈 욕심을 못 버리고 멍하게 걷다가 넘어지는 거야! 또 한 번 그랬다가는 인연 끊어질 줄 알아라!"

북한산신은 숙영매에 대한 실망감이 있었지만 어제와 오늘 이틀 방문해서 숙영매의 몸 전체와 발목에 기를 넣어주어 지금은 상태가 상당히 좋아졌다. 숙영매를 향한 북한산신의 큰 애정은 그녀를 그대로 내버려두지 못했다. 어제의 상태로 봐서는 최소한 한 달은 치료해야 할 정도로 심했는데 정말 신기한 일이라고 하지 않을 수 없다. 손목이고 발목이고 심하게 삐면 병원 치료하면서 나을 때까지 한 달 이상도 갈 수 있다는 것을 경험해본 사람은 안다. 특히 나이가 들고 약한 사람은 더 심하다. 사실 약 보름 전에도 횡단보도를 급하게 건너다가 발목이 삐어 걷지 못한 적이 있었는데 그때도 북한산신이 "저렇게… 조심하지 않고…."라고 한숨을 쉬며 치료해주고 한 번에 나은 적이 있었다.

북한산신이 화를 내면서 말한 것은 우리도 충분히 들어서 알고 있는 격언 같은 것이다. '사람이 돈을 쫓아가면 안 된다. 돈이 사람을 쫓아오게 해야 한다.' 요즘 책들 보면 돈을 버는 것에 대한 책들이 많이 나온다. 한번쯤은 눈길이 가게 되는데 책 한 권 봤다고 부자가 될 수 있겠는가 하면서 그냥 지나치기도 하고 혹시나 해서 사서 보기도 한다. 나는 다 읽어보지는 못했지만 돈 버는 데 왕도가 어디 있겠는가. 인간관계와 마음가짐이 전부일 수밖에 없다. 시류를 잘 읽고 편승하는 방법도 있지만 그것도 역시 영적인 흐름 즉 전생으로부터의 흐름이다. 북한산신은 전에 나보고 돈복이 없는 사람이라고 한 적이 있다. 내 사주를 봐도 전생의 흐름을 생각해 봐도 충분히 이해가 되는 말이다. 여하튼 사람은 자기 할 일을 다하고 스스로 현재에 만족하고 하늘의 뜻을 기다리면 된다. 욕심 부린다고 돈이 벌리는 게 아니다. 되든 안 되든 하늘 즉 참나의 뜻이고 하늘을 원망하면 안 된다. 북한산신은 그것을 깨달으라고 하는 것이다.

2020년 11월 30일 월요일

오늘은 발목이 많이 나아졌지만 북한산신은 다음과 같이 말했다.

"그런 몸으로는 일 못한다. 나가지 말고 쉬거라."

55. 전국의 산신들

숙영매는 속으로 '이 정도면 괜찮은 거 같은데…' 하고 투덜거리면서도 출근은 하지 않았다.

숙영매가 출근을 하지 않자 다른 산신들이 방문해서 숙영매에게 기를 넣어주었고 북한산신은 발목 치료까지 해주어 이제는 손등이고 발목이고 완전히 낫게 했다. 오늘 방문한 산신들은 용문산(양평 1,157m), 함백산(강원도 1,572m) 월출산(전남 809m), 속리산(충북 1,058m), 마야산(정토산, 충남 370m)의 산신들이다. 용문산신은 키가 크고 풍채가 좋으며 잘생겼고, 함백산신은 산신이라기보다는 인간적인 느낌이 더 들었다. 월출산신은 눈썹이 짙고 엄하게 생겼으며 속리산신은 산신령 복장이 무척 어울리는 산신이다. 마지막으로 마야산신은 얼굴이 통통한 편이다. 기를 10분 정도 넣어주는 것만 제외하고는 이렇다 할 대화는 없었고 숙영매에게 매사에 몸조심하고 건강해야 한다고 한결같이 말했다.

2020년 12월 3일 목요일

오늘 북한산신은 숙영매에게 쉬라 하고 소백산(충북 1,439m), 운악산(가평 934m), 삼악산(춘천 655m)에서 산신령들이 방문하여 그녀에게 기를 넣어주었다. 기를 넣어주는 시간을 제외하고는 하루 종일 잤다. 보통 사람 같으면 그 나이에 그렇게 잔다는 것이 있을 수 없고 영적인 현상이라는 것 이외에는 설명할 방법이 없다.

2020년 12월 4일 금요일

오늘도 숙영매에게 일을 나가지 못하게 하고 10시쯤에는 묘향산(북한 평안북도 1,909m)과 계룡산에서 산신령들이 방문하여 그녀에게 기를 넣어주었다. 계룡산신은 인자하고 상대방을 보듬어 주는 인품이 있다.

"자네가 전에 나의 제자로 올 생각이 있었다고 재천이한테 들은 적이 있었네."

계룡산신은 숙영매한테 이렇게 말했다. 2년 전쯤 재천령이 북한산신은 너무 엄하시니 인자하신 계룡산신님께 배우는 게 어떠냐고 숙영매한테 말한 적이 있었다.

묘향산신은 키가 작고 통통한 편이다. 묘향산에는 북한 사람들이 먹고살기 힘들어서 잘 찾아오질 않는다고 한다. 우리가 산에 가서 산신님의 음식을 따로 챙겨서 놓으면 그 마음이 산신령에게 간다고 한다. 굳이 절까지 할 필요는 없지만 할 마음이 있다면 절은 제사 지낼 때처럼 두 번 절하고 반절 한 번하면 된다. 그리고 산신께 올린 음식은 약 3분 정도 있다가 먹으면 된다.

몇 달 전에 내가 평소에 존경하던 어느 영성가가 기자와 인터뷰하는 모습을 봤고 사후 세계에 대해서 말을 하는데 사실과 다른 말을 해서 놀랐다. 그가 사후 세계와 저승에 관해서 모르는 건지 아니면 저승과 저승사자에 대한 언급을 꺼리는 건지는 잘 모르겠지만 이해할 수가 없다. 그는 사후 세계가 본인의 살아생전 기억 그리고 에너지와 연결되어 있다고 했는데 일부 사실이나 저승이라는 중요한 개념이 빠졌다. 저승이라는 말은 옛날부터 전설 속에서만 존재하는 세계 정도로만 인식이 되어 있어서 그럴 것이다. 그리고 바르도(중음)라는 단어를 사용하는데 바르도란 죽음에서 환생할 때까지 머무는 장소를 말하고 49재와도 관계가 있지만 실체가 없다고 전에 북한산신이 언급한 바 있다. 칠칠일 49재 역시 간단하게 말하면 죽은 후 49일 만에 환생

한다는 불교적 개념이다. 죽은 후 49일 만에 환생한다는 것은 어떠한 사례를 보더라도 희박한 일이다. 물론 그것은 어디까지나 종교적 관례라고는 하나 49재를 지내는 데 들어가는 돈이 몇 백만 원이다. 부자 유족들이야 그렇게 해서라도 남아 있는 사람들의 마음의 위안이라도 된다지만 돈 없는 서민이 부모에게 효도한다는 의미로 없는 살림에 돈을 마련해서 갖다 바친다면 이런 일은 있어서는 안 된다. 죽은 후 빛을 따라간다는 말도 하는데 그것도 역시 티벳의 사자의 서에 나오는 개념이다. 티벳 사자의 서가 영어로 번역되어 세계 여러 나라에 퍼졌고 마치 사후 세계를 증명한 것처럼 보이지만 그것은 사후의 극히 일부 사실을 표현했을 수는 있으나 사후세계 전체를 이해하기에는 턱없이 부족하다. 지난 《구 영혼 일기》속에 나오는 수많은 영혼들과의 인터뷰를 통해서 사후 세계의 실체가 많이 나왔다. 그리고 사람이 죽어서 영혼이 된다고 해서 살아생전의 일을 뉘우치고 반성하는 것이 아니다. 우리의 육신은 죽은 후에도 마음은 그대로 가지고 간다. 남을 해하고 모함하여 자신의 이익을 취하는 악인들은 죽어서도 뉘우침이 없이 영혼인 상태로 저승이나 이승에서도 같은 심성을 가지고 있다. 그중에 뉘우침이 조금이라도 있는 영혼은 환생할 때 스스로 어려운 환경을 선택하여 자신의 카르마를 정화한다. 그런 작용도 표면 의식에서 이루어지는 것이 아니고 잠재의식 즉 영의 차원에서 이루어진다. 현재 지도층, 기득권층에서 이루어지는 모든 권력 남용과 갑질은 전생에 있었던 습을 버리지 못하고 다시 남용하는 것이다. 현생에서 병마에 시달리고 가난에 고통 받고 있는 것은 전생의 습일 수 있고 카르마를 교정하는 과정일 수도 있다. 어려운 환경에 처해 있어도 참고 인내하며 자신이 해야 할 일을 꾸준히 해야 하고 다른 마음은 절대 먹지 말아야 하는 이유다.

56. 최미숙 영혼의 환생

2020년 12월 6일 일요일

오늘 미숙령이 자신의 딸의 딸이 되어 태어났다. 지난 3월 3일 착상이 되고 9개월여 만이다. 미숙령 딸은 지금은 모르겠지만 나중에 언젠가는 자신의 딸이 엄마의 영혼이라는 사실을 알 날이 올 것이다. 원래는 미숙령도 자신의 시신이 처리가 된 후 저승에 가려고 했었다. 그러나 마침 자신의 딸이 결혼할 계획이 있었기 때문에 딸의 자궁 속에 들어간 후 새 육신을 얻어 태어나니 숙영매는 이렇게 윤회를 옆에서 지켜보는 경험을 하게 됐다.

2020년 12월 8일 화요일

오늘도 숙영매는 몸이 아파서 나가지 못했고 내연산(포항 710m)에서 산신령이 와서 그녀에게 기를 넣어주었다. 숙영매는 고맙기도 하고 황홀하기도 했다. 기를 넣을 때 몸이 아프긴 하지만 견딜 수 있는 아픔이었다. 북한산신은 다음과 같이 말했다.

"기를 넣어주면 기운이 나야지 그렇지 못하고 힘들고 아픈 것은 아직도 영이 올라올 수 없을 정도로 몸이 약한 거야. 그리고 아프다고 육체적인 아픔은 아니니 염려할 건 없고 운동하고 면역력을 강화하도록 힘써라."

내연산신은 온화한 외모를 지녔고 명상을 한 번 하기 시작하면 무서울 정도로 오래 한다고 한다.

2020년 12월 10일 목요일

　오늘 숙영매는 출근하지 않고 산신령들의 기를 받았다. 매주 목요일은 정기적으로 휴일로 정하고 산신령들에게 기를 받는 것으로 했었다. 내 연산신이 왔을 때는 월요일이었지만 아파서 나가지 못했고 그때는 예외적인 경우였었다. 간백산(북한 양강도-함경남도 2,164m), 치악산(원주 1,288m), 속리산(충북 1,058m), 월간산(북한에 소재한 산으로 정보를 알 수 없음), 운악산(가평 935m) 이렇게 5개 산의 산신령들이 와서 기를 넣어줬는데 오늘은 평소 10분보다 3분가량 더 기를 넣었다. 황홀하기도 하고 아프기도 하지만 기분이 상당히 좋았다. 앞으로 좋아질 거라고 산신들이 말해 주었다. 간백산신은 키가 유난히 컸고, 치악산신은 환하게 웃는 모습이 좋다. 속리산신은 저번에도 왔지만 남자답게 잘생겼고, 월간산신은 코가 주먹코로 컸다. 운악산신은 평범하게 생겼다.

57. 영혼들의 프로필

지하에 있던 영혼들이 다락으로 올라왔다. 약 40명 정도 되는데 전보다 많이 늘었다.

· 고은희령: 여자, 1987년 3월 2일생, 33세, 강원도.
강원대 수의학과를 나와서 회사에 다니는데 29세 때 사장이 성추행했다. 성추행 소송을 걸었는데 재판에서 졌다. 억울한데 어디에다가 하소연할 수도 없고 넋이 나가 있다가 차에 치여죽었다.

· 서여진령: 여자, 1999년 4월 24일생, 22세.
세 살 때 죽었는데 죽은 줄도 모르고 있다가 재천령을 만났다. 총명하고 노력하면 영이 높아질 아이라고 재천령이 말했다.

· 윤지영령: 1985년생, 여자 36세, 서울 서초동
엄마가 대학 가려면 강남으로 이사해야 한다고 해서 서초동으로 이사 왔다. 학원에서 공부를 너무 빡세게 시켰고 학원 끝나고 늦게 귀가하다가 치한들에게 붙들렸는데 반항을 하니 죽였다.

· 진정범령: 1966년 4월 2일생, 남자, 25세, 전남 무주.
집과 학교가 너무 싫어 분가해서 자취를 했다. 대학교 1학년 때 친구들이

자취방에 놀러왔다. 술을 마시던 중 아무것도 아닌 일로 싸우다가 벽에 머리가 부딪쳐서 뇌출혈로 사망했다.

· 이인숙령: 1970년 6월 14일생, 여자, 50세, 답십리.
남편에게 맞고 사는 여자였다. 35세 때 어느 날 술을 잔뜩 마시고 취한 상태에서 남편에게 대들다가 맞아서 죽었다.

2020년 12월 11일 금요일

"오늘은 안 좋은 일이 있을 것이니 사무실 나가지 말고 집에 있거라."
북한산신은 숙영매에게 이렇게 말했다. 그녀는 몸 상태도 괜찮고 아무 일 없을 것 같은데 못 나가게 한다고 투덜거리며 집에 있었다. 그러나 오늘따라 유난히 내담자들의 전화가 많이 왔다. 숙영매는 하루 종일 집에 있으면서 여러 가지 상상을 했다. "강도가 오게 돼서 그럴까? 아니면 이상한 내담자가 와서 속을 썩여서 그럴까?"
나는 섭섭해하는 숙영매에게 말했다.
"여하튼, 뭔가가 있으니까 산신님이 그런 말을 하셨겠지."
저녁 5시 반쯤 귀례령이 말했다.
"오늘 나갔으면 계단에서 굴러 크게 다쳤을 겁니다. 적어도 한 달은 병원에서 꼼짝 못했을 겁니다. 오늘은 내담자가 많아서 바쁘게 계단을 오르내리다가 그렇게 됐을 거고 돈도 도난당했을 겁니다."
"그럼 그런 얘기를 아침에 해주지 왜 지금 하는 거야?"
숙영매가 불만스럽게 말하자 내가 말했다.
"아마도 아침에 얘기했으면 '조심하면 되지.' 하고 말 안 듣고 나갔을 거야. 그런 것 때문에 그러셨겠지."

2020년 12월 12일 토요일
다음은 다락방에 올라온 영혼들이다.

· 이사랑령: 1998년 8월 7일생, 여자, 23세, 충남 대전.
목원대학교 다닐 때 남자들이 너무 따라다녔다. 매일 피해가며 살려고 했지만 너무 건방지다고 남자들이 모여서 사랑을 납치해 성폭행을 하는데 혀를 깨물고 죽었다.

· 양수재령: 1990년 7월 14일생, 여자, 30세.
집도 가난하고 구질구질하게 사는 게 싫었다. 살기가 싫어 자살 시도도 해 봤지만 매번 실패를 했다. 멍하니 신호등을 안 보고 가다가 차에 치여죽었다. 그때가 스물세 살이었고, 지금은 만족하게 지낸다.

· 김난재령: 1989년 12월 3일생, 남자, 31세, 전북 전주.
취직하기 위해 스물다섯 살 때 서울에 올라왔다. 막상 올라와보니 막막했다. 어떤 남자가 접근하여 돈 벌고 싶으면 따라오라 그래서 따라갔는데 깡패 소굴이었다. 깡패 일 같은 건 안 한다고 저항하다가 그들에게 맞아죽었다.

· 김소영령: 1980년 6월 24일생, 여자, 40세, 전북 고창. 채석강에서 안내원을 하고 있었다. 30세 때 안내원이 필요 없으니 그만두라고 해서 갑자기 실업자가 되었다. 취직하기도 어렵고 막막했다. 그렇게 세월을 보내

던 중 아는 언니가 돈 벌 수 있는 데가 있으니 가보자고 해서 따라갔는데 사창가였다. 나이가 많아서 휘파리(삐끼)를 했고 단속에 걸려 1년 징역살이를 했다. 출소하고 나서 무력감, 좌절감을 견디지 못하고 자살했다. 2년 전 귀례령을 만나서 여기 오게 됐다.

· 김민규령: 1989년 7월 24일생, 남자, 32세, 서울 효자동.
직장생활을 했다. 30세 때 회사 회식자리에서 태섭이란 후배가 "너, 똑바로 살아!"라고 하며 대들었다. 회식이 끝나고 태섭이를 불러 따졌다. 둘 다 술을 먹은 상태에서 싸우다가 태섭이가 벽돌로 내리쳐서 죽었다. 그는 정당방위로 판결 났고 징역을 살고 있지만 너무나 분해서 해코지를 하기도 했다.

· 박윤정령: 1984년 5월 14일생, 여자, 37세, 안산.
남편이 의부증이었다. 처음에는 몰랐는데 결혼한 지 한 달째부터 의심하고 다그치고 때리는 일이 잦았다. 그리고 다음 날에는 선물을 사오며 사과를 했다. 고쳐지겠지 하고 기다렸지만 갈수록 심했다. 7년 전 남편이 때리는데 피하자 주방에 있는 칼로 찔러 죽였다.

· 박동현령: 1988년 8월 2일생, 32세, 남자, 충남 서산.
농사를 지었다. 농부가 꿈이었다. 28세 때 경운기 운전 중에 사거리에서 트럭이 들이받아 그 자리에서 사망했다.

· 민세영령: 1979년 5월 26일생, 여자, 41세, 경기도 수원.

수원에서 장구 선생을 했다. 5년 전 수업을 마치고 학원에서 내려오다 3층 계단에서 굴러 뇌진탕으로 즉사했다.

· 배미숙령: 1979년 2월 14일생, 여자, 42세, 경기도 부천.
30세 때 결혼을 했다. 사기결혼이었다. 그는 부인이 있다는 것을 감췄고 성형외과 의사라고 했다. 집에서는 의사 사위라고 너무 좋아했다. 하지만 남편은 결혼 후 친정에 자꾸 손을 내밀면서 3억이나 가지고 갔다. 이상해서 병원에 가봤는데 그런 의사는 없다고 했다. 알고 보니 무자격 성형 시술자였다. 그래서 재판을 걸어 이겼다. 남자는 그것에 앙심을 품고 아무 말 없이 칼로 찔러 죽였다. 그는 사이코패스였다.

· 송난희령: 1988년 8월 14일생, 여자, 32세, 경기도 수원.
28세에 결혼했다. 행복했지만 임신이 되질 않았다. 병원에 가서 검사를 받아보자고 하니 남편은 신경질만 부렸다. 나중에 알고 보니 무정자증이었다. 왜 그런 걸 얘기하지 않았냐고 따져 물으니 자존심이 상한다며 목을 졸라 죽였다.

· 임정희령: 1974년 3월 28일생, 여자, 46세, 경기도 안산 상록수.
결혼을 했는데 이상하게 시어머니가 남편 팬티도 빨아주고 남편 목욕도 시켜주고 했다. 잠들 만하면 신혼방에 들어와 무서우니까 아들과 같이 잔다고 했다. 남편은 또 그러려니 했다. 어느 날 셋이서 얘기 좀 하자고 하고 서로 가릴 건 가리자고 하자 시어머니가 정희의 뺨을 때렸다. 그리고 다음과 같이 설득하려 했다.

"우리 사정이 이런데 남의 이목도 있으니 이해하고 이런 식으로 살자."
정희령이 거부하자 남편이 방으로 끌고 와 어머니랑 같이 목 졸라 죽였다. 시신은 아무도 모르게 유기시켰고 실종신고로 처리했다. 죽은 후 영혼이 됐지만 한이 맺혀 저승에 안 가고 6개월 정도 그 집을 떠나지 않고 머물렀는데 엄마와 아들이 연인 사이라는 걸 알게 됐다. 정희령은 그들에게 심을 심고 못살게 굴고 성관계를 못하게 방해하고 둘의 사이를 갈라놓고 그 집을 나왔다. 그리고 2년 전쯤 귀례령을 만났다.

임정희령의 케이스는 상당히 충격적인 케이스다. 동서고금을 막론하고 근친상간은 항상 은밀하게 일어난다. 해서는 안 될 일이기 때문이다. 가끔 언론에서 친부가 친딸을 성폭행했다는 기사를 볼 수 있다. 그런 경우는 딸이 소송을 걸고 재판에 회부되어야만 세상에 알려진다. 부녀가 됐건 모자가 됐건 남매가 됐건 그들 사이가 별문제 없으면 그냥 넘어간다는 말이다. 엄마와 아들이 성관계를 맺고 연인의 감정으로 사는데 결혼을 하는 이유는 남에게 보여주기 위해서다. 따라서 그들 모자는 사회적으로 명성이 있고 부유한 편에 속할 것이다. 그래서 임정희령에게 물었더니 시댁이 상류층 사람들이라고 했다. 우리가 모르는 사이에 세상에는 별의별 일이 다 일어난다.

1997년 최지우 주연 〈올가미〉라는 영화가 있었다. 임정희령과 아주 유사한 내용을 그린 영화였다. 영화 속에서는 임정희령의 경우와는 반대로 모자 두 명은 죽고 며느리 최지우는 살아나는 것으로 설정이 되었다.
오늘 내담자는 10일 전 돌아가신 어머니의 천도를 요청했다. 재천령과 귀례령이 그 내담자의 집에 가서 보니 망자의 영혼은 집에 없었다. 그리고 집에 신당이 꾸며져 있고 신이 있는데 약한 신이었다. 재천령과 귀례령이 들어가자 그 신은 그들을 두려워할 정도로 약했다. 내담자는 20년 전 신내림을 받은 여성이었다. 신내림을 받았지만 무속 영업은 하지 않고 집에 신당만 꾸민 상태였다. 그녀의 이야기를 들어보니 20년 전 몸이 너무 아파서 어쩔 수 없이 신내림을 받았다고 한다. 그러나 그녀는 무속일은 하기 싫고 신당만 꾸미고 다른 일을 하며 생계를 유지하고 있었다. 신내림은 우리나라에만 있는 독특한 현상이다. 영적 감각이 있는 사람에게는 몸이 아프기 때문에 어쩔 수 없이 신내림을 받는 것이다. 2년여 전 숙영매에게도 내림신이 찾아왔지만 숙영매 스스로 막아내지 못했고 당시 재천령이 알고 있는 영혼들을 총집합해서 그들의 도움으로 그것을 물리쳤다. 귀례령에게 물었다.

"그때 내림신이 왔을 때는 막아내지 못했지만 지금은 어떤가? 그때보다는 자네도 영이 높아졌기 때문에 그런 일이 다시 발생하면 막아낼 수 있나?"

"예, 지금은 저 혼자서나 재천령 혼자서도 그런 정도의 신은 막아낼 수 있습니다."

재천과 귀례령은 저승을 오갈 수 있을 정도로 영이 높기 때문에 이제는 그 정도는 할 수 있다. 조금 더 있으면 저승사자를 호출할 수 있을 정도로 높아진다고 하는데 그때는 북한산신을 대신해서 천도가 가능할 것이다. 내담자가 의뢰한 망자의 영혼은 이미 저승에 간 것으로 확인했다.

2020년 12월 14일 월요일

· 한주영령: 1994년 5월 27일, 여자, 26세, 경남 울진.
엄마가 계모였다. 아빠가 출근하면 겁이 났다. 계모가 너무 무서워 오줌을 지리곤 했다. 여섯 살 되던 해 어느 날 맞는 게 두려워 도망치고 있는데 계모가 따라왔다. 급한 마음에 신호등도 못 보고 뛰다가 차에 치여 죽었다. 1년 전 재천령을 만나 이곳에 왔다. 영이 높은 편이다.

· 김재영령: 1991년 4월 28일생, 여자, 30세, 경북 대구.
집이 가난하여 대학은 못가고 취직도 어렵고 해서 25세에 서울에 올라왔다. 오긴 했지만 막막했다. 집에서 갖고 온 돈을 가지고 여관에서 생활하긴 했지만 돈이 점점 떨어져가자 두려웠다. 그러던 중 여관 주인이 여관바리(여관에 기거하며 손님에게 성매매를 하는 사람)를 하면 어떠냐고 제의를 했다. 그래서 방 하나는 공짜로 살고 손님이 오면 접대비를 주인과 반반씩 나눴다. 어느 날 손님이 왔는데 변태적인 이상한 요구를 하길래 못하겠다고 하니까 그 자리에서 목 졸라 죽였다. 죽은 후 그 손님은 겁이 나서 도망갔고 자신은 몸에서 빠져나와 자신이 죽은 걸 보고 분해서 그를 쫓아가 복수했다.

· 강지환령: 1981년 12월 24일생, 남자, 39세, 부산.
다섯 살 때 부모가 사채업자를 피해 야반도주하고 포장마차를 했다. 사채업자들 때문에 주소를 옮기지 못해 초등학교를 못 다녔다. 열 살 되던 해 엄마 심부름을 하다가 교통사고로 사망했다. 영혼이 돼서 재천령을 만나 한글도 배우고 책도 볼 수 있어 재천령을 너무나 좋아한다.

· 이원희령: 1979년 2월 23일생, 여자, 41세, 경남 거제.
섬이라 할 것은 허드렛일밖에 없었다. 30살에 결혼했고 남편은 먼 바다에 나가 한 달에 한 번 정도씩 들어왔다. 그럴 때 목돈을 주기도 했다. 결혼한 지 2년 정도 됐을 때부터 의부증이 생기기 시작했고 구타도 심해졌다. 어떨 때는 묶어놓고 밥도 안 주고 비참한 생활을 했다. 어느 날 밤 남편과 성관계 도중 갑자기 "너 딴 남자랑 잤지!"라고 하며 목 졸라 죽였다.

· 지희정령: 1989년 4월 24일생, 여자, 31세, 강원도 주문진.
바다 냄새가 너무 싫어 고등학교를 졸업하고 서울에 올라와 길에서 꽃 장사를 했다. 그러다가 식당에 꽃을 팔면 많이 남는다고 하여 식당 위주로 장사했다. 수입이 꽤 좋았다. 그것도 직업이라고 텃세를 부리며 싸우다 깡패들이 달려들어 죽였다.

· 서다영령: 1980년 7월 24일생, 여자, 40세, 강원도 장호항.
실수로 고2 때 임신을 했다. 사랑했던 사람은 서울로 떠났고 누구한테 말할 수도 없어서 그 사람을 찾으러 집을 나와 무작정 서울로 왔다. 그래서 결국은 그의 직장을 찾아냈다. 그는 너무 어이없어하며 자기 아이가 맞냐고 따져 물었다. 서다영도 어이가 없어서 대들며 이야기하자 확 밀치는 바람에 넘어지면서 기둥 모서리에 부딪혀 즉사했다.

· 안경태령: 1980년 8월 18일생, 남자, 40세, 서울.
10년 전 우이동 건축현장에서 안전모 안 쓰고 일을 하다가 위층에서 벽돌이 떨어져 즉사했다. 영혼이 되어 떠돌아다니다가 재천령을 만났다.

57. 영혼들의 프로필

· 하옥정령: 1983년 3월 24일생, 여자, 37세, 서울 봉천동.
학교 다닐 때 공부도 잘하고 모범생이었다. 그래서 서울대도 들어갔다. 변호사가 꿈이었다. 집에서는 동생들 때문에 집중이 안 돼 고시원에서 공부했다. 스물세 살 때 같은 고시원에 있는 남자를 알게 됐다. 그런데 알고 보니 그 남자는 사이코패스였다. 그래서 헤어지자고 하자 칼을 들이대며 강제로 성행위를 요구했다. 그리고 끝나자 죽였다. 억울한 죽음이었지만 그래도 재천령을 알게 됐고 영혼이 되었어도 공부를 할 수 있다는 게 너무 신기하고 좋았다.

· 권가영령: 2002년 5월 8일생, 여자, 18세, 서울 도봉동.
도봉 중학교를 다니며 열심히 공부했고 누원 고등학교에 입학해서 열심히 공부해 국민대에 합격했다. 입학 전에 시간이 있어서 편의점에서 알바를 했다. 야간에 갑자기 강도가 들어와서 비상벨을 누르자 죽였다. 그때가 올해 12월 2일 그리고 바로 재천령을 만났다.

· 지윤지령: 1990년 7월 18일생, 여자, 30세, 서울 길음동.
주변이 사창가라 너무 싫었다. 그래서 분가했는데 형편이 안 좋아 옥탑방에서 살았다. 파스타 가게에서 일을 했다. 이렇게 나와 살다 보니 남과 자꾸 비교가 되면서 우울증이 생겼고 옥상에서 그냥 뛰어내렸다. 그때가 스물다섯 살이었다. 잠깐 정신을 잃는가 싶었는데 나는 그대로 있는데 죽어 있는 내가 보였다. 내가 죽어서 몸에서 빠져나온 것이다. 그래서 그 자리를 이탈해 도봉동 개천가에서 지나다가 재천령을 만나서 여기 왔다.

· 양수지령: 1991년 5월 4일생, 여자, 29세, 서울 장위동.
김창숙 부띠끄에서 일을 했다. 값이 나가는 옷들이라 소중히 다뤄야 했다. 24살 되던 해 출근을 하고 보니 도둑이 들어 옷과 현금을 다 가져갔다. 사장은 수지가 문단속을 못해서 그런 거니 월급은 못 주고 나와서 일만 하라고 했다. 기가 막혀서 도둑맞은 걸 왜 내가 책임지냐고 묻고 따졌다. 사장은 수지가 빼돌렸다는 말도 했다. 경찰이 와서 보고 간 다음 사장은 수지 머리채를 잡고 흔들고 때리고 해서 같이 대들었다. 그러다가 사장이 빈 옷걸이를 휘두르자 도망가려고 했는데 붙잡혀 수지를 확 밀고 화병으로 내리쳐 죽였다. 귀례령을 만나서 도움을 받았다.

· 김우천령: 1993년 8월 24일생, 남자, 27세, 서울 한남동.
공부가 너무 하기 싫어서 고등학교 졸업하고 대학교도 안 가고 집에서 빈둥거렸다. 26세 때 아빠가 골프채로 때리는데 피하다가 더 크게 다쳐 죽었다.

· 똘똘이령: 자신에 대해서 전혀 기억이 안 난다. 그러나 말을 하면 잘 알아들어서 똘똘이라고 이름 지어줬다.

· 슝슝령: 이 영혼도 자신에 대해서 전혀 기억이 안 난다. 항상 어딘가 슝슝 돌아다닌다고 그렇게 이름 지었다. 외모가 20세쯤 되어 보인다고 한다. 여기서 이해할 수 없는 것은 죽었을 때 20세라는 것이 아니고 세월이 지나서 20세쯤 됐다는 얘기다. 물질세계에서 세월이 지나며 모습이 변하는 것처럼 영혼도 나이가 들면 그렇게 모습이 변하는 것으로 이해할 수밖에 없다.

57. 영혼들의 프로필

영혼들의 살아생전 삶을 보면 다양하다. 내가 전혀 몰랐던 직업도 알게 됐다. 이렇게 다양한 성향의 영혼들이 모여 살다 보면 인간들도 그런 것처럼 영혼들도 서로 마음이 안 맞고 다투고 갈등을 일으킬 수도 있다. 여기에 대해서 귀례령과 재천령은 엄격하게 다스린다. 서열을 분명히 정해주고 조금이라도 다투거나 문제를 일으키면 여기에 있지 못한다는 것을 교육시킨다. 사람들도 모여 살다 보면 늘상 분열과 갈등을 일으키기 십상인 것과 같다.

2020년 12월 16일 수요일
숙영매는 어제부터 몸이 안 좋았다. 특히 눈에서 열이 났다. 어제도 사무실에 나갔다가 일찍 들어왔는데 오늘도 몸이 안 좋아서 일찍 들어왔고 또 눈에 열이 난다. 북한산신은 이런 일이 자주 있을 것이고 눈이 트이는 과정이니까 걱정하지 말라고 했다. 눈이 뜨거운 증세는 지난 6월에도 발생했었고 그로 인해서 수호령과 산신령을 자력으로 보게 됐다. 이번에 눈이 뜨거운 것은 또 다른 능력이 나오게 하는 것일 거다. 내일 목요일은 산신들이 방문하여 숙영매에게 기를 넣어주는 날이다. 내일은 어떤 산신이 올지 모르지만 북한산신은 평소보다는 좀 더 아플 것이라고 숙영매에게 얘기해줬다.

2020년 12월 17일 목요일
낮 12시쯤 7개의 산에서 산신령들이 방문하여 숙영매에게 15분 정도 기를 넣어주었다. 덕유산(전북 무주 1,614m) 산신령은 깔끔하고 인상이 좋다. 계방산(강원도 홍천 1,577m) 산신령은 아주 미남으로 잘생졌고, 화악산(경기도 가평 1,468m) 산신령은 남자답게 풍채가 좋다. 두이산(강원도 정선) 산신령은 이마가 넓고 인자하게 생겼다. 금원산(경남 지천 1,352m) 산신령은 말을 엄하고 똑 부러지게 하고, 선달산(강원도 영월 1,236m) 산신령은 학자 같은 모습을 하고 있다. 백운산(전남 광양 1,222m) 산신령은 엄하고 기품이 있어 보인다. 오늘은 산신들이 평소보다 좀 더 많이 방문했는데 기를 받을 때 더욱 더 통증이 심했다. 고통스럽기는 하지만 한편으로 **황홀하기도** 했다. 마음에 위안이 되고 안정감이 들기도 하고 뿌듯하기 때문이다. 전국의 있는 1,000개 정도 산의 산신령들이 숙영매를 보고 싶어 한다고 한다. 물론 투시로 볼 수도 있고 보기도 하지만 직접 와서 보고 싶어 하는 것이다. 그러나 지금은 숙영매의 몸 상태가 많은 산신들의 기를 받을 정도로 온전치 못하다. 앞으로 몸이 점점 회복될수록 더 많은 산신들이 와서 기를 넣을 수 있게 될 것이다. 북한산 신은 앞으로 200개 산의 산신들이 순차적으로 와서 기를 넣어줄 것이라고 했다.

58. 정원이와 나의 전생 인연

2020년 12월 20일 일요일

"오늘은 사무실 나가지 말고 집에 있거라."

북한산신이 이렇게 말하자 숙영매는 다시 투덜거렸다. 눈이 뜨겁기는 해도 나갈 수 있을 거라고 생각했다.

"몸이 조금 안 좋기는 해도 얼마든지 나갈 수 있는데 왜 나가지 못하게 하는 거예요?"

"어허, 참 저렇게 눈치도 없고 내 말을 안 들어. 오늘은 내담자가 안 오니까 괜히 고생하지 말고 집에 있으라는 거야. 이런 예언적인 말을 해주면 내 영이 깎이기 때문에 안 하려고 하는 거야. 그러면 다시 명상을 해서 보충을 해야 돼."

그리고 이어서 말했다.

"오늘 숙영매가 쉬는 김에 2시쯤 산신들 20명 정도 와서 기를 넣어줄 테니까 그렇게 알고 있거라."

오후 2시에 북한에 주재하는 20개의 산에서 산신들 20명이 방문했다. 숙영매는 산신들만 보면 황홀하다. 몸 둘 바를 모르고 뭔가 큰 대접을 받는다는 느낌 때문이다. 20명의 산신들이 한꺼번에 기를 넣는데 10분 정도밖에 하지 못했다. 그래도 버텨낸 게 숙영매 스스로도 신기했다. 산신들이 가고 난 후 몸이 엄청 아프다. 그래도 황홀하다. 북한에 주재하는 산의 이름에는 남한에 있는 산과 이름이 같은 것이 많다. 인터넷에 검색을 해봤지만 검색이 되질 않는 것도 많았다.

(이후 방문하는 산신 명단은 부록에 수록함.)

인간들은 땅에 금을 긋고 철망을 치고 서로 총질하고 욕하는데 이렇게 신들의 세계, 영혼의 세계에서는 한반도가 분단 된 적이 없다. 민족이 갈라진 것은 결국 인간의 심성에 있는 탐욕 그 이상도 이하도 아니다.

정원이의 마음이 조금씩 안정을 찾아가고 있는 듯하다. 전에도 언급했듯이 정원이는 내담자를 밀어내는 기운이 강하다. 꼭 미신 같은 얘기지만 지난 4개월 동안 지내보니 분명히 그렇다. 누구든지 같이 있어서 지켜볼 수 있었다면 절대 부정하지는 못할 것이다. 그렇기 때문에 처음에는 정원이를 사무실에 나오지 말라고 하고 월급은 용돈 겸 해서 그냥 주면 어떨까 생각한 적도 있었다. 그러나 북한산신은 다음과 같이 얘기해 주며 딸과 같이 있어야 한다는 걸 강조했다.

"네 딸하고 같이 있으면서 부딪쳐야 갈등이 해소가 되지 돈 때문에 떨어져 있으려고 하면 언제 딸과 화해하려고 해!"

북한산신이 맞다. 지금 옆에서 보기에 모녀의 관계는 많이 좋아 보인다. 정원이와 나도 전생의 카르마에 얽혀 지금 만났다. 고려 말에 내가 이성계 세력에 대항하여 전쟁터에 나가면서 당시 어머니였던 정원이를 혼자 놔두고 나가서 죽어 돌아오지 못했던 전생이 있었다. 그 당시 이야기를 수호령으로부터 들을 수 있었다.

나: 저의 전생 때의 성격은 지금의 성격과 비슷한가요?

수호령: 비슷했어. 주인은 주로 장군의 삶을 살았지만 장군답지 않게 책 읽는 걸 좋아하고 시와 그림을 좋아했지. 음악도 상당히 좋아하고. 특히 임진왜란이 끝나고 집에 가서는 군사적인 것보다는 글과 시조를 즐기며 살았어.

나: 명상 아니 참선도 했었나요?

수호령: 많이는 안 했어도 조금씩 했었지. 불교에 관심도 많았고….

나: 고려 말 당시 마지막 전쟁에 나갈 때 저는 몇 살이었나요?

수호령: 그때가 서른세 살이었어.

나: 그때 저의 아버지도 장군이었다고 하셨는데 아버지는 살아 계셨었나요?

수호령: 아버지는 주인이 18세 되던 해 전쟁터에서 죽었어.

나: 그때 저 말고 다른 형제가 있었나요?

수호령: 동생 하나 있었어.

나: 그때 저는 어떤 가문에 이름은 뭐였었나요?

수호령: 안산 김씨 김보경이었어.

여기에 대해서 나는 안산 김씨 인터넷 족보에서 안산 김씨를 검색했다. 족보에서는 김보경이라는 인물을 찾을 수 없었다. 그때 당시에 기록을 정확히 하지 않았는지 잘 모르겠고 장손이랄지 높은 관직에 있는 사람들만 볼 수 있었다. 다만 안산 김씨 11세에 김정경이라는 인물이 눈에 띄었다. 그는 1345년생으로 조선 건국에 도움을 주고 이조판서까지 지낸 인물이다. 나의 전생 인물과 같은 시대에 살았고 '경'이라는 돌림자가 김보경과 같은 것으로 보아 같은 항렬의 친척일 것으로 생각한다. 수호령 말로는 당시 내 동생의 이름이 유경이었다고 했으니 '경'자 돌림은 분명하다.

나: 그때 제가 이성계 세력에 대항하여 전쟁에 나갈 때 어머니가 많이 말리셨나요?
수호령: 많이 말렸지만 말을 안 들었고 나라를 지켜야 한다는 말만 하고 나갔어.
나: 제가 죽고 나서 어머니가 어떻게 사셨는지 혹시 아시나요?
수호령: 알 수가 없지. 수호령은 주인이 죽고 나면 즉시로 같이 저승에 가기 때문에 몰라.
나: 아마도 어머니는 저를 원망하면서 살았을 거라 생각해요. 아니면 반역 집안이라고 제대로 살지 못했을 수도 있겠네요.
수호령: 그럴 가능성도 충분히 있지.

이상 수호령과의 대화에서 정원이의 전생을 유추해볼 수 있었다. 그때 어머니였던 정원은 나를 야속하게 생각하며 힘든 생을 보냈을 수도 있고, 어쩌면 바로 생을 달리 했을지도 모른다.

정원이와 나와의 관계도 그렇지만 대부분 부모 자식 관계가 그렇게 원활한 것은 아니다. 이 모든 것은 카르마의 법칙에 따른 운명적 흐름이고 정원이도 나중에는 모든 것을 이해하게 될 것이다. 지난 세월은 항상 고난의 연속이다. 사람은 젊었을 때 어려움을 겪고 이겨나가면서 인격이 형성된다. 정원이도 영이 상당히 높고 언젠가는 크게 깨우칠 사람이라고 북한산신이 언급한 적이 있었다.

59. 저승 그리고 삼신할매

2020년 12월 22일 화요일

숙영매의 몸이 어느 정도 회복이 되었고 나는 그녀가 출근하기 전에 부탁을 해서 잠깐 귀례령, 재천령과의 질의 응답을 통해 저승에 대한 정보를 들을 수 있었다.

귀례령: 일단 저승에 가려고 집중을 하면 앞에 저승이 보입니다. 그리고 그쪽으로 걸어가서 들어가면 됩니다.

나: 들어가면 저승 명부가 있는 곳까지 걸어가나, 아니면 순간 이동으로 가나?

귀례령: 순간 이동으로 갈 수는 있지만 걸어갑니다. 약 10분 정도 걸으면 큰 성벽에 다다르고 문이 열리면 들어갑니다.

나: 순간 이동이 가능한데 왜 걸어가지?

귀례령: 건방지게 보이면 재판관들에게 밉보입니다. 잘못하면 "너 다시는 여기 오지 마!"라고 경고를 받을 수도 있습니다.

나: 가는 도중에 저승에 사는 영혼들을 만나기도 하나?

귀례령: 아니오, 한 번도 만나본 적이 없습니다. 일단 성 안으로 들어가야 사람(영혼)들이 보입니다.

나: 그들의 복장은 어떤가?

귀례령: 현대식 복장도 있고 옛날식 복장도 있습니다. 옛날에 죽은 영혼

들은 옛날식 복장을 고집하며 개량식으로 입기도 합니다. 모두가 세련되게 잘 입고 있습니다. 그리고 관청에 가서 재판관으로부터 망자에 대한 명부를 확인합니다. 거기에는 외계인들에 대해서 관심이 많습니다. UFO도 자주 나타나고요 모두가 외계인 세상에 가고 싶어서 명상도 열심히 합니다.

나: 귀례령도 외계인을 본 적이 있나?

귀례령: 예, 북한산에서 봤는데 손가락이 세 개였고 물질체인 줄 알고 통과하여 지나가려고 했는데 부딪혔습니다.

나: 아, 그러면 그것은 영체로 존재하는 외계인이구나. 외계인들은 영이 높기 때문에 영체로 존재하지만 필요에 따라 물질체로 변환시킬 수 있다고 하는데 맞나?

귀례령: 예, 맞을 겁니다. 저도 직접 본 적은 없는데 북한산신께서 얘기하시는 것을 들었습니다.

나: 그러면 외계인들은 지구인과 산신들 포함 지구에 사는 모든 영혼들보다 상상할 수도 없을 정도로 높은 존재라는 것이네?

귀례령: 예, 맞습니다.

나: 그러면 다시 저승으로 가서… 성 안에 있는 곳은 천국이라고 해도 되나?

귀례령: 예, 맞습니다. 모두가 영이 높은 영혼들이고요. 다른 곳에 가면 못 살고 살아생전 기억도 못한 상태에서 비참하게 살아가는 곳도 있습니다. 영혼들은 모두가 서열이 정해지면서 자기가 있어야 할 곳에서 삽니다. 그리고 모두 명상을 시키고 어느 정도 되면 다시 공부하라고 이승에 보냅니다.

오늘 숙영매는 내담자의 전생을 보면서 특이한 내용이 나왔는데 삼신할매에 관한 것이었다. 내담자가 영혼인 상태에서 환생하기 전 삼신할매를 만났던 이야기를 했다. 이것에 대해서 귀례령과 이야기했다. 삼신할매는 전설 속에서나 나오는 존재로 생각할 수 있지만 귀례령의 말로는 실제 이승에 존재하며 여성의 잉태를 담당한다고 한다. 따라서 상당히 많은 삼신할매가 이승에 존재하고 그들의 영은 신급으로 높다. 그리고 실제로 만나본 적도 있다고 한다.

 단순히 할매라기보다는 여성신들이다. 여성들의 임신과 출산은 이승 세계에서 가장 중요한 일이다. 아무 영혼이나 무작위로 자궁 속으로 들어가게 할 수는 없다. 옛날에 산파라고 여성이 출산할 때 아기를 받아주던 여성들이 있었는데 그 공덕으로, 죽고 나서는 명상을 오래 하여 영을 높이고 여성의 잉태 업무를 담당하기도 한다. 지난번 최미숙령이 딸의 자궁 속으로 들어간 것도 삼신할매가 도움을 줬던 것으로 확인했다. 물론 당시 딸인 걸 알려준 것도 미숙령이 스스로 안 것이 아니고 삼신할매가 알려준 것이라 한다. 재천령이 10년 지난 후 환생할 계획이 있는데 이것도 역시 삼신할매가 관여하게 된다. 다시 한 번 단어가 존재하는 한 실체가 존재한다는 내 믿음이 확인된 것이다. 항상 그렇듯이 영혼들이고 북한산신이고 수호령이고 묻는 것에만 답할 뿐 묻지 않는 것에 대해서는 말을 아낀다. 그러나 사람들은 실체가 있는 단어지만 거기에다가 상상에 상상을 더해 만들어내는 가공의 단어도 상당히 많다.

2020년 12월 24일 목요일

 오늘 목요일 산신들 방문하는 날. 오늘은 강원도 지역에서 24명의 산신들이 방문하여 숙영매에게 기를 넣어주었다. 산신들은 숙영매가 보고 싶어서 서로 오려고 하지만 숙영매의 체력이 견디지 못하기 때문에 한꺼번에 다 받아들일 수가 없다. 산신들이 이렇게 숙영매를 보고 싶어 하는 이유는 아마도 육신을 가진 인간들 중에 직접 보고 소통할 수 있는 사람을 만나보질 못했기 때문일 것이다. 숙영매는 산신들이 오면 황홀하기도 하지만 어려운 마음에 떨리기도 한다. 나는 산신들이 방문할 때는 항상 집에 없었는데 오늘은 집에 있었다. 나도 인사를 드려야 할까 했는데 나는 나오지 말라고 해서 방에만 있었다. 숙영매는 음료수 석 잔과 간식거리를 준비해서 산신들이 방문하자 두 번 절하고 반절을 올렸다. 사실 전에 산신들이 방문했을 때는 물 한 잔만 올렸었는데 귀례령이 강하지 않은 탄산음료수를 올리라고 귀띔을 해주었다. 내가 방에서 듣자니 산신들이 기를 넣어주는지 작은 신음 소리가 났다. 약 10여 분 지나자 숙영매가 산 이름을 하나씩 적고 있는 말소리가 들렸다. 독자들에게는 산 이름이 중요하지 않을 수도 있으나 산신들한테는 방문했다고 하는 방명록과 같은 것이기 때문에 특별하다. 산신들이 조금 더 많아져서 숙영매가 힘들어하자 북한산신은 "다음엔 다시 20명으로 하고 몸이 좀 더 회복되는 대로 조금씩 늘려나가야겠다"라고 했다.

2020년 12월 30일 수요일

"앞으로 한 달 동안 사무실 문 닫고 집에서 명상에만 집중해야겠다. 이런 식으로 시간만 끌면 안 되겠다. 병대하고 잘 상의해서 결정하도록 해라."

북한산신은 숙영매에게 이렇게 말했다. 나는 생각할 것도 없이 그렇게 하라고 했다. 숙영매의 체력만 받쳐줬어도 진작에 영이 올라왔을 텐데 올라오질 않는다. 북한산신은 숙영매가 집에서 몸 관리를 하면서 산신들에게 집중적으로 기를 받게 되면 1월 말에서 2월 초쯤 영이 완전히 올라올 것이라고 했다. 그리고 귀례령과 재천령이 숙영매 경호하느라고 자기 할 일을 못하고 있다. 귀례령은 오로지 명상에만 집중해야 하고 재천령은 명상과 천도를 해야 한다.

2020년 12월 31일 목요일

 오늘 목요일 경기도 지역에 있는 30개의 산에서 산신들이 방문하여 숙영매에게 기를 넣어주었다. 전과 같이 나는 방에 들어가서 나오지 않았다. 늘상 하는 얘기지만 이렇게 산신들이 직접 와서 기를 넣어주면 숙영매는 아프면서도 황홀하다. 오늘도 전과 같이 음료수 세 가지와 초콜릿, 약과, 강정, 빵 이렇게 간식거리를 준비하여 접대했다.
 "여기 오니까 맛있는 게 많구만, 허허."라고 산신들이 농담 섞인 말도 했다.
 "죄송해요. 지난번에 산신님들 드리고 남은 거예요."
 "괜찮다. 집에 있는 거 내놓으면 된다. 일부러 사오고 그러지 마라."
 기는 15분 넣어줄 예정이었지만 숙영매가 너무 힘들어해서 12분 만에 끝났다. 숙영매를 계기로 처음으로 이렇게 여러 산신들이 모이게 되는 계기가 되었다.

 "우리 가끔 모여서 이 썩어빠진 세상을 위해 뭔가 해봅시다."라고 산신들이 이야기했다. 나와 북한산신의 정치적 입장은 같다. 다른 산신들이 북한산신과 같은 입장이라면 모든 산신들의 정치적 입장이 나와 같다는 뜻이다. 우리나라의 재벌, 검찰, 사법부, 언론 등 기득권들의 부정부패,

국민을 속이고 업신여기는 상류층의 오만, 40~50년 전 독재정권 시절에 습득한 정보를 바탕으로 현재를 판단하는 어리석은 고집불통 노인층들. 숙영매를 계기로 산신들도 총 단합하여 뿌리째 썩어 있는 나라를 바꿔야 한다는 것에 의견을 통일했다. 나도 조만간 검찰청 앞에서 명상하고 있는 박원순 영혼과 2차 인터뷰를 하면서 대책을 논의할 예정이다. 경찰에서는 5개월 수사하고 박원순 성추행 사건을 무혐의 처분 즉 성추행이 없었던 것으로 밝혀졌지만 사회적으로는 인정하는 분위기가 아니다. 박원순 시장이 자살한 것은 잘한 일이 아니지만 죄 없는 사람을 모함한 것은 밝혀져야 하고 당사자들이 법의 심판을 받도록 해야 한다. 또다시 미투를 이용하여 모함을 당하는 피해자가 생기지 말아야 한다.

2021년 1월 1일 금요일

　신축년이 밝았다. 작년에 숙영매가 큰 영을 받을 것으로 생각했는데 실패했다. 운명적으로는 그렇게 흘러가는 듯했으나 한두 달은 더 있어야 할 것 같다. 아마도 운명은 연말연시를 크게 염두에 두지 않는 것 같다. 재천령과 박원순 시장 문제에 관해서 이야기했다.

　나: 박원순 시장 영혼을 일단 집에 모셔오는 것이 어떤가? 지금 엄마의 몸 상태가 안 좋으니 인터뷰는 나중에 하더라도….
　재천령: 안 그래도 어제 박원순한테 가서 이야기했는데 생각해본다고 했습니다. 며칠 내로 올 수 있을 겁니다. 그리고 아빠는 제가 박원순에게 반말을 하는 걸 이해하셔야 합니다. 영의 세계에서는 살아 있을 때 나이나 사회적 지휘는 무의미하고 영이 높고 낮은 것으로 상하를 결정합니다.

나: 그래, 나도 충분히 이해하고 있다. 그런데 박 시장님은 검찰청 앞에서 밥은 드시나?

재천령: 밥은 못 먹지만 물은 마실 수 있습니다.

나: 물은 어떻게 드시지?

재천령: 검찰청 안에 있는 화장실에서 마십니다.

나: 아무래도 영을 높이려면 명상도 중요하지만 먹는 것도 중요하지. 물만 가지고 영을 높이기에는 역부족일 거다.

어제 산신들에 관해서 언급할 때 산신들이 모두가 진보 쪽이라고 말했는데 재천령과 다시 얘기해보니 그건 아니다. 다만 우리 집을 방문하는 산신들은 전부 진보 쪽 생각을 갖고 있는 것은 맞다. 북한산신의 이야기로는 전국에 있는 산신들 중 약 30% 정도는 보수 쪽 생각을 갖고 있다고 한다. 어떨 때는 산신들끼리도 정치 문제로 싸울 때가 있는데 금방 그친다고 한다. 사람이고 영혼이고 산신이고 한 번 굳혀진 마음은 변하질 않는다. 신이라고 다 똑같은 마음은 아니다.

60. 어머니 제사 3

2021년 1월 3일 일요일

제사상에 올린 실제 구절판

    오늘은 어머니 제사. 《사후세계의 비망록》에서 세 번째 기록하는 어머니 제사다. 하루 종일 쉬엄쉬엄 준비를 했다. 내가 음식을 하기는 힘드니까 작년처럼 초밥으로 할까 하다가 시장에서 반찬을 샀는데 마침 나물 종류에는 마늘을 안 넣었다길래 여섯 가지를 샀다. 그리고 곶감, 포도 등 과일과 양갱 같은 간식거리를 준비했다. 마침 집에 구절판이 있어서 조금씩 담으니 비교적 예쁘게 담겼다. 집에 있는 영혼들을 위해서 과일과 간식거리를 준비해서 놔두니까 "와, 오늘 두 끼 먹는다." 하며 많이 좋아했다.
    특히 내가 어머니 영혼과 이야기할 때는 영혼들이 옆에서 대화 내용을 들었다. 그들에게도 저승 생활은 생소한 일이기 때문이다. 시간은 6시로 했다가 숙영매가 일찍 끝내고 자야 되기 때문에 4시 반으로 앞당겼다. 물론 북한산신이 저승과 교류해서 가능한 일이고 어머니도 저승에서 오늘만큼은 항상 대기하고 있기 때문에 가능한 일이기도 하다. 어머니 영혼은 정확히 4시 반에 오셨고 원피스 차림에 모피 조끼를 걸쳤다. 오자마자 숙영매는 거실에서 혼자 어머니에게 절을 올렸고 방에 들어와서는 제사상 앞에서 나와 정원이가 절을 올렸다. 어머니 영혼은 내가 차려놓은 것을 보고 사진 하나 찍어놓으라고 하셨다.

나: 인증 샷 찍으라고요? 아니, 어머니는 이승의 세상을 어찌 그리 잘 아세요. 인증 샷이라는 말은 최근에 나온 말인데….

어머니령: 저승에서도 똑같다. 신기한 게 있으면 사진을 찍어둔다.

나: 저승에는 사진기가 없지 않나요?

어머니령: 사진기가 아니고 마음으로 입력한 다음 그것을 다른 사람(영혼)한테 보여주면 된다.

나: 그렇죠? 저승에서는 모든 것을 다 마음으로 만드는 거죠? 옷, 집, 건물, TV….

어머니령: 그래, 맞다. 저승으로 돌아가면 이야깃거리가 많아. 제사상을 이렇게 차린 거 하며 자손들과 이야기를 나눈 거 하며 모두 신기하게 생각하니까. 제삿날 이렇게 자손들하고 이야기를 나누는 경우는 없거든.

나: 제가 어머니 오시면 제일 먼저 물어보고 싶었던 게 있는데… 시간 개념이요. 저승에서의 시간이 이승에서의 시간과 똑같나요? 하루 24시간, 1년 365일… 이승에서처럼 해, 달, 별이 모두 있나요?

어머니령: 그래, 모든 것이 똑같다.

나: 그럼, 나이는 어떻게 되나요? 자기가 먹고 싶은 대로 먹는 건가요?

어머니령: 저승에서는 무조건 명상을 해야 한다. 영이 높으면 거기에 맞춰서 나이를 빠르게 먹을 수도 있고 느리게 먹을 수도 있다.

나: 어머니는 그럼 지금 몇 살 되셨나요?

어머니령: 올해 마흔한 살 됐다.

나: 저승에서의 죽음과 탄생은 어떻게 되나요?

어머니령: 죽음도 자기가 정하고 탄생도 자기가 정한다. 어느 정도 살다가 이 정도로 충분히 경험했다 싶으면 스스로 죽으면 된다. 물론 고통은 없지.

나: 태어날 때 어머니의 자궁 속에 있을 때나 출산해서 나올 때 스스로 다 알고 있나요?

어머니령: 그럼, 다 알고 있지.

나: 저승에서는 천국과 지옥이 정확히 둘로 갈라져 있나요, 아니면 여러 개로 갈라져 있나요?

어머니령: 크게는 둘로 갈라져 있지만 다시 죄질에 따라서 여러 개로 갈린다.

나: 최고로 낮은 지옥은 어떤 사람들이 가나요?

어머니령: 강간살인이라던가 남을 속이고 돈을 갈취하면서 죽이고 하는 행위가 최악의 죄고 거기서는 잠도 제대로 못자고 일만 시키고 엄청나게 고생한다. 그러나 거기서도 명상은 시키고 적당한 때에 공부하라고 환생을 시킨다.

나: 저승의 영혼들 중에서도 살아생전 일을 기억하지 못하는 경우가 있나요?

어머니령: 그럼, 있지.

나: 저승의 영혼 통틀어 몇 퍼센트 정도 되나요?

어머니령: 약 반 정도 된다.

이 말은 전에 재천령이 이승에 사는 영혼들 반 정도는 살아생전 일을 제대로 기억 못한다는 말과 일치한다.

나: 그런 영혼은 제사 때 가지도 못하겠네요.
어머니령: 갈 수가 없지. 아무것도 모르고 바보같이 사는데….
나: 도대체 어떻게 살다 죽으면 기억을 못 할까요?
어머니령: 그건 아마도 너무 멍청하게 살다가 죽거나 반대로 너무 공부를 많이 하여 지식이 많은 경우도 그런 경우가 있다.
나: 저도 거기에 대해서 생각해 봤는데 물질세계에서 너무 물질적인 것만 생각하고 영적인 것을 심할 정도로 무시해서가 아닐까 생각해요.
어머니령: 그것도 분명히 이유가 될 거다.

나: 어머니와 작은형과의 전생 인연이 기억나세요?
어머니령: 조선 시대 임진왜란 때쯤, 병재(가명, 작은형)와 나는 사촌이었다.
나: 아, 그러면 작은형과 내가 그때 형제였으니까 그때 어머니도 저의 사촌이었네요.
어머니령: 그렇지. 내 주변의 전생에 관해서는 나한테 물어 봐라. 난 다 알고 있다. 형주(가명, 나의 남자 조카)는 나의 아버지였었다.
나: 그래요? 그럼 형주는 지금 내 조카지만 전생에서는 나의 삼촌이었었네요.
어머니령: 그래, 너의 큰아버지였다.

나: 그럼, 큰형과 어머니의 전생 관계는 어떻게 되었나요?

어머니령: 너의 큰형은 신라 때 화랑이었고 너와는 화랑 친구였었다.

나: 그럼 어머니한테는 큰형이 아버지의 친구였었네요. 어머니가 저의 딸이었었으니까요.

어머니령: 응, 그래

나: 그럼 누나하고 어머니의 전생 인연은 어떤가요?

어머니령: 걔는 생각이 안 난다. 분명히 인연이 있는 것 같은데 아마도 너무 오래 전 일이라서 그런가 보다. 그리고 춘추 전국 시대에 나는 너의 사촌누나였고 서로 사랑하는 사이였다.

나: 아, 그래요? 그때는 사촌끼리도 서로 결혼했었나 보네요. 혹시 그때 나라 이름 기억하세요?

어머니령: 연나라였다.

나: 원나라요?

이때 숙영매가 잘못 들었는지 발음이 불확실해서인지 다시 물어봤고 연나라로 수정했다.

춘추 전국 시대 연나라는 2,200년 전 멸망한 것으로 되어 있는데 어머니는 정말 오래전의 전생을 기억하니 영이 상당히 높은 것 같다.

나: 임진왜란 당시 저의 형이었던 '현'은 지금 현생에 있나요? 있다면 누구인가요?

어머니령: 인선(가명, 나의 이종사촌 여동생)이다.

나: 확실히 전생에서도 큰 인물로 살았는데 여자로 환생했어도 지금 부자

로 잘 살고 있으니 전생의 습이 그대로 이어지네요.

어머니령: 그래, 걔는 어릴 때도 똑똑했고 시집도 잘 가고 처신을 잘했지. 휴~ 그때 네 형과 바뀌지만 않았어도 네가 이렇게 살지는 않을 텐데….

나: 저는 그냥 참나의 뜻이라고 봐요. 그때 그렇게 태어났기 때문에 지금 숙영매를 만났고 책을 쓰는 원인이 됐죠.

어머니령: 그래, 그렇게 생각하는 것이 속 편하다.

나: 저승에서 UFO와 외계인을 보나요? 혹시 그들과 얘기해 본 적 있나요?

어머니령: 거기서는 자주 본다. 그러나 얘기해 본 적은 없다.

나: 저승에서도 그들은 관찰만 하고 상대를 안 하려고 하네요. 왜 그런다고 생각하세요?

어머니령: 우리가 수준이 너무 낮으니까 그런 거야. 그들은 엄청나게 영이 높기 때문에 우리가 상대할 수가 없어.

나: 그러니 우리 물질세계는 더 저급한 존재니까 상대를 안 하려고 하겠죠. 더욱이 UFO 사진이나 동영상을 보면 다 조작이라고 무시하죠.

어머니령: 저승에서는 명상만이 최고다. 그래서 달이나 다른 행성에 가려고 노력들을 많이 해. 실제로 다른 별에 갔다 온 신도 있고….

나: 어머니는 달에 가 보셨나요?

어머니령: 나는 영이 아직 그 정도의 수준은 못 된다.

나: 저승 세계보다 더 높은 세계도 있죠?

어머니령: 너무 당연한 얘기를 왜 물어보냐?

나: 거기에 가 있는 영혼들은 상당히 영이 높겠죠. 환생은 스스로 하나요? 아니면 위에서 누군가 지시에 의해서 하나요?

어머니령: 영이 높은 영혼들은 스스로 알아서 하고 영이 낮으면 보내지는 경우도 있다. 경우에 따라서 다 다르기 때문에 정확히 꼭 집어 말할 수는 없다.

나: 어머니는 환생 계획이 있으신가요?
어머니령: 현재로서는 없고 정원이가 끝까지 다 사는 거 보고 난 후에 생각할 거다.
나: 지난 추석 때 오셨었나요? 그때 누구누구 오셨나요?
어머니령: 너의 아버지하고 둘째아버지 나 이렇게 셋이 왔다. 너의 할아버지 할머니들은 안 왔다. 음식에 불만이 많아. 그리고 음식 먹을 시간도 안 주고 금방 치우니….

나: 저승에서 살아생전에 알았던 사람들 중에 만나는 영혼이 있나요? 특히 외할아버지나 외할머니요.
어머니령: 아무도 없다.
나: 저승에서도 서로 싸우거나 갈등이 있나요?
어머니령: 그런 거는 이승하고 비슷한데 그렇다고 심하게 싸우지는 않고 금방 풀어진다.
나: 그럼, 이승에서처럼 사기꾼도 없고 이념 갈등이나, 보수와 진보로 나뉘어 있는 일도 없겠네요.
어머니령: 당연히 없지. 저승에서는 서로의 마음을 다 읽으니까 서로 속일 수가 없어.
나: 10년 전 어머니가 명을 달리 했을 때 바로 살아생전의 일이 기억이 났

었나요?

어머니: 그럼, 바로 기억이 났지.

나: 사실 그때 저는 울지 않았어요. 마음 공부하는 사람들은 이게 문제예요. 단지 '이제야 편해지셨구나.' 하는 생각밖에 안 들더라고요. 물론 나중에 어머니와의 추억이 생각나서 눈물이 날 때도 있었지만요.

어머니령: 그래, 그건 잘 한 거다. 울 필요 없다.

나: 저승에서도 미국, 일본, 중국 다 있겠죠?

어머니령: 그럼, 다 갔다 왔다.

나: 살아 계실 때는 외국 여행을 제대로 못하셨는데 오히려 저승에서는 맘껏 다니시네요. 저승에서의 행정구역은 이승하고 똑같은가요?

어머니령: 대한민국, 서울까지는 같고 구가 마지막이다.

나: 그러면 동이 없군요. 어머니가 사는 집의 주소는 어떻게 되나요?

어머니령: 서울 동창구 32길 12번지.

나: 현재 신주소와 비슷하네요. 이승의 서울은 25개의 구가 있는데 저승에서는 몇 개나 되죠?

어머니령: 글쎄… 여기보다는 많을 거 같은데 잘 모르겠구나. 내년에 올 때 알아보고 알려주마.

나: 어머니의 이름은 이승에서 이순덕이었는데 저승에서 다른 이름이 있을 거 아녜요. 이름은 뭐죠?

어머니령: 이미향.

나: 어머니 아들은 몇 살 됐죠?

어머니령: 지금 열한 살 됐다. 아주 똑똑해서 뭔가 큰일을 할 거야. 과학자가 돼서 다른 행성으로 갈 수도 있을 거 같아.

나: 작년에 아홉 살이었었는데 다시 두 살 더 먹었네요. 제사 때 조상이 와서 저승으로 복귀를 안 하는 경우도 있나요?

어머니령: 그런 경우는 없다. 저승 생활이 더 낫기 때문에 안 돌아갈 이유가 없다.

나: 이승에서 남을 속이고 잘 사는 사람들은 저승에서도 그렇게 잘 사나요?

어머니령: 있을 수 없는 일이다. 영혼끼리는 속일 수가 없기 때문에 거짓말하고 나쁜 짓 했던 영혼은 잘 살 수가 없다.

나: 저승에도 동물과 식물이 있다는데 그들은 결국 이승에서 동식물로 살다가 죽은 영혼인가요?

어머니령: 그렇지.

나: 그런데 동식물들은 죽자마자 어떻게 바로 저승으로 갈 수가 있나요, 저승사자도 없이?

어머니령: 그것들은 본능만 있기 때문에 할 수 있는 거고 사람들은 본능이 거의 다 죽었기 때문에 안 되는 거다.

나: 셋째 어머니가 작년에 돌아가셨는데 모르시죠?

어머니령: 모른다. 이제 다들 갈 때가 됐지.

나: 저승에서 주위에 있는 영혼들 중에 환생하기 위해서 이승에 간 사례가 있나요?

어머니령: 아주 똑똑한 친구가 한 명 있는데 환생 준비하고 있다. 그런데 그 친구는 욕심이 많아서 다른 행성에 갔다 오는 것도 계획하고 있다.

나: 저승에서 제사 때문에 이승에 올 때는 집에서 바로 순간 이동으로 오나요?

어머니령: 일단 관청 사무실에 가서 제사지내는지 여부를 열람하고 간다

고 허락받고 가면 된다.

나: 후손이 이사를 하면 어떻게 알죠?

어머니령: 관청에서 다 알려준다.

이상 약 한 시간 반을 이야기하고 어머니 영혼은 저승으로 다시 복귀했다. 원래 한 시간밖에 안 주지만 오늘도 북한산신의 도움으로 30분을 연장했다.

어머니가 살아 계실 때 나는 다른 형제들보다 대화도 많이 하고 유독 친했다. 내가 20대 중반부터 50세 가까이 될 때까지 20여 년을 같이 살았던 것이 큰 이유였을 것이다. 어머니가 기억하는 나의 유아 시절은 내가 다른 아이들보다 유난히 울지 않아서 키우기 편했다는 것, 유년 시절에는 어머니의 의중을 따르고 말을 잘 들었다는 것이다. 나는 어린 시절 어머니와 지냈던 기억이 많다. 내가 초등학교 1학년 때 미아리 극장에서 신영균 주연 영화 〈석가모니〉를 봤던 기억이 난다. 미아리 극장은 지금 없어졌지만 강북구 삼양로에 있었다. 당시에는 명절 때 극장에 사람이 엄청나게 왔었다. 말 그대로 명절 대목이다. 그때가 추석이었고 너무 사람이 많아서 사람들에게 밀리다가 신발 한 짝을 잃어버렸던 기억이 난다.

최근 들어 유튜브에서 그 영화를 봤는데 몇 가지 기억나는 장면에서 감격스러웠다. 초등학교 4학년 때도 미아리 극장에서 어머니와 〈목련구모〉라는 영화를 봤다. 석가모니의 제자 중에 신통력이 있었다는 목련존자가 그의 어머니가 죄를 많이 짓고 지옥에 떨어지자 직접 지옥에 가서 어머니를 구한다는 내용이다. 당시에 어린 나이였지만 장면뿐만이 아니고 유난히 내용까지 뚜렷이 기억하고 있는 영화다. 목련존자의 그 이야기가 사실이라면 그는 유체 이탈 상태에서 저승으로 갔을 것이다. 당시 지옥에 대해서 묘사하는 장면은 우리가 생각하고 있는 아귀지옥, 유황지옥, 독사지옥 등 우리가 상상하는 바로 그 장면들이다. 그러나 어머니 영혼이 말하는 지옥과는 상당히 다르다. 어쩌면 우리가 알고 있다는 그 지옥은 그 시대에 맞는 것일 수도 있다. 왜냐하면 그 시대는 인권이 없고 생명을 경시하고 잔인하게 사람을 살육했던 시대라면 저승 세계도 결국 이승의 수준을 크게 벗어나지 못하고 잔인한 형벌을 집행했을 것이다. 지금 이승 세계는 옛날보다 그래도 인권이 발달했다. 역시 지금의 저승 세계도 옛날의 잔인함보다는 깨우침에 더 집중하게 할 수도 있다. 거기에 편승한다면 우리가 알고 있는 불지옥, 바늘지옥, 유황지옥과 같은 무시무시한 형태의 형벌은 지금 저승 세계에서는 존재할 수가 없겠다. 그 밖에 어머니와 방생하러 갔던 일, 같이 살면서 영혼과 사후 세계 그리고 증조 외할머니의 사후세계 체험까지 영성에 관한 많은 얘기를 나누었었다.

   어머니가 불교와 관계가 깊기 때문에 어릴 적 내 생활도 영향을 많이 받았다. 나중에 생각해보니 나는 어머니 살아생전에 춘추 전국 시대나 신라 화랑 등 역사적인 일을 어머니와 얘기해본 적이 없다. 그리고 어머니가 역사를 배워본 적이 없는 것으로 기억하고 있다. 어머니로부터 그런 역사적 사실에 관한 언급이 나오는 것은 저승에서 명상을 통해서 과거의 사실들을 알게 된 건지 여러 가지 다른 공부를 하는 건지 잘 이해가 안 간다. 내년 제사 때 다시 알아봐야겠다.

제사에 관해서도 형식적으로 지내는 사람들이 많다. 음식에 마늘도 넣고 산 사람들의 입맛에 맞게 조리한다. 그러려면 차라리 안 지내는 것이 낫다. 제사를 안 지내면 알아서 안 오신다. 시대가 변했다. 틀에 얽매여서 형식적으로 하는 것보다는 그냥 형제 친척들끼리 모여서 식사 한 끼 하는 것이 낫다. 굳이 조상님들을 추모하고 싶다면 실제로 오셔서 식사하고 후손들과 즐거운 시간을 보낸다는 믿음을 갖고 하는 것이 좋다. 중요한 것은 마지막 제사 때 "다음부터는 제사를 지내지 않기로 했으니 이 점 이해해주시기 바랍니다."라고 고(告)하는 것이다.

2021년 1월 6일 수요일

숙영매와 북한산신이 이야기를 나눴다. 북한산신의 말을 요약하면 다음과 같다.

"아마도 전 세계적으로 산신이 가장 많은 나라가 대한민국일 거다. 그런데 사람들이 그런 사실을 불신하고 믿질 않으니 걱정이야. 숙영매가 빨리 영을 받아서 모든 사람들을 깨우치게 해야 되는데…. 사람들은 산신들이 노력해서 대한민국이 이만큼 성장하게 됐다는 걸 몰라. 더 많은 사람들이 산신들의 존재를 알고 기도를 한다면 대한민국이 더 커질 텐데."

이승에 있는 영혼들은 선한 령보다 악령이 더 많다. 악령이 판을 치고 돌아다니면 그만큼 세상이 어지러워진다. 산신들이 힘을 쓰지 않았으면 이 정도로 발전하지 못했을 것이다. 우리 인간들이 인식하지 못하는 사이에 산신들이 그만큼 나라에 힘을 썼다는 얘기다. 스님들이나 무속인들 중에 산신 기도를 열심히 하는 사람들이 있다. 기도를 하는 것은 기도를 받는 신들에게도 중요한 일이지만 자신의 영적 성장을 높이는 데에도 중요하다. 미신이라고 무시하지 말고 적어도 기도를 하는 사람들을 긍정적인 눈으로 바라보는 것도 나 자신과 나라를 위해 좋은 일이다. 북한산신은 이번 기회로 숙영매를 통해서 막연하게 알고 있던 산신들의 존재를 사람들에게 인식시키고 고마움을 알게 해주는 계기가 되도록 노력하고 있다.

2021년 1월 7일 목요일

오늘 서울 31개의 산에서 산신들이 방문했다. 늘상 그렇듯 힘들고 고통스럽지만 숙영매는 황홀함과 가슴 벅차오름이 느껴진다. 15분 동안 기를 받았고 31명의 산신들로부터 15분 정도 기를 받았다면 숙영매의 상태가 많이 좋아졌다는 뜻이다.

사람들끼리는 만나면 서로가 재미있게 얘기하고 잘 통하면서도 정치 얘기가 나오면 극렬하게 갈라지는 경우가 많다. 산신들도 마찬가지다. 산신들끼리 모두가 잘 통하는데 정치 얘기가 나오면 극렬하게 갈라진다고 한다. 사람들이라면 자기의 이익을 위해서 또는 잘못된 정보로 인하여 이념적으로 편향될 수 있다고 해도 적어도 신이라면 옳고 그름을 판단해야 하는 것 아니냐고 내가 말했다. 그러나 신이라고 해도 결국 표면적 현상과 자신이 갖고 있는 본성으로 판단하는 경우가 많기 때문에 갈라질 수밖에 없는 것 같다. 즉 본성을 바탕으로 한 이끌림이다. 한국의 현대사에서 진보와 보수로 갈리는 결정적 계기가 되는 두 인물은 박정희와 김대중이다. 표면상으로 박정희는 경제개발이라는 옷을 입고 있다. 아니 가면을 쓰고 있다. 그러나 인권 탄압이 자행되고 경제는 미국에 의해서 움직였다는 사실은 내면에 숨겨져 잘 보이질 않는다. 만약 인권 탄압이라는 사실도 알고 무고로 사람이 희생됐는데도 "빨갱이들은 죽어도 돼!" 이런 마음을 갖고 있다면 좌우를 떠나서 인성에 문제가 있는 것이다. 나와 생각이 다르다는 이유로 죽어야 할 사람은 이 세상에 없다. 그런 의미에서 국가보안법은 없어져야 할 악법이다. 인간의 생명을 경시하는 것은 사람이 아닌 악마로 분류할 수 있다. 여하튼 산신들도 자신이 갖고 있는 본성으로 판단한다고 말할 수 있다. 신이라고 모두가 고결한 것은 아니라는 이야기다. 그나마 보수 쪽 산신들이 30%밖에 안 되는 것은 산신들의 리더인 북한산신이 꾸준히 다른 산신들을 설득하기도 하고 꾸짖기도 하면서 진보 쪽으로 돌렸기 때문이라고 한다.

서울에 있는 진보적 성향의 산신들은 총 61명이다. 오늘은 반수인 31명이 방문했고 다음 주 목요일에 나머지 30명이 방문할 예정이다. 나는 서울에 이렇게 많은 산이 있다는 것에 놀랐고 오늘 적힌 산을 보니 아주 작은, 해발 100m 미만의 산도 몇 개 있었다. 그런 작은 산의 산신은 무속인들이 신당을 꾸며 모시는 것이라고 전에 재천령이 말한 적이 있었는데 오늘 귀례령에게 다시 묻자 "작아도 실제로 그 산에 거주하시고 무속인들이 산신 기도를 올립니다."라고 했다. 그때도 숙영매가 잘못 전달한 것인지 재천령이 잘못 알고 있었던 것인지 알 수가 없다. 그러나 서울에 있는 작은 산이라고 해도 명색이 수도 서울에 주재하는 산이다. 산신들의 영력이 높을 수밖에 없다. 실제로 산신을 모시고 기도하는 사람들은 상당히 많지만 산신을 볼 수 있는 사람은 없다고 보면 되고 음성을 들을 수 있는 사람도 극히 드물다 한다. 단지 '산신이 분명히 계신다.'라는 믿음으로 기도를 올리는 것뿐이다. 왜냐하면 산신급 정도 되면 영이 높기 때문에 기도를 많이 하는 무속인들이나 스님들도 보기 어렵기 때문이다.

2021년 1월 10일 일요일

　숙영매와 얘기하던 중 북한산신에 대한 잘못된 정보가 있었다는 것을 알게 되었다. 전에 숙영매와 이야기하면서 북한산신이 300년 전에 도를 깨우치고 그때부터 북한산에 계셨다고 했는데 그게 아니고 북한산신이 육신의 옷을 벗고 산신으로 된 것은 고조선이 멸망했을 때쯤인 2,200년 전의 일이고 북한산신이 된 것은 300년 전이었다. 육신의 옷을 입고 있을 때도 이미 도를 깨우친 상태였기 때문에 몸에서 빠져나온 이후에 산신이 될 수 있었다. 북한산이 조선 시대 한양에서 가까운 큰 산이었고 지금 대한민국 수도 서울에 있기 때문에 산의 크기와는 상관없이 최고의 영을 가진 산신이 다스리는 곳이 되었다. 산신이 됐다고 해서 명상을 하며 노력하지 않으면 뒤처지기 때문에 산신의 세계도 치열한 경쟁 사회가 되어있는 것 같다. 경쟁이라고 해서 남과 싸워서 이겨 쟁취하는 것이 아니 자기 자신과의 싸움이다. 영혼의 세계도 마찬가지로 어머니 영혼의 증언대로라면 저승에서도 명상이 제일 중요하다. 그러니까 북한산신은 애초부터 영이 높았고 그만큼 노력도 했기 때문에 가장 높은 영을 가진 산신이 된 것이다.

　귀례령과 대화를 했다.

　나: 술 드시는 산신님도 계시나?

귀례령: 없습니다. 명상 수행 때문에 술은 멀리 하시지만 담배 피우시는 산신님은 계십니다.
나: 산신님이 다시 육신의 옷을 입고 환생할 수도 있나?
귀례령: 그런 일은 없습니다.
나: 산신 정도라면 영이 높기 때문에 굳이 육신의 옷을 입을 필요가 없구나.

그리고 외계인 이야기를 하다가 스마트폰에 있는 외계인 영상을 보여주자 귀례령이나 재천령은 영상을 못 본다고 했다. 영혼들은 TV나 영화 그리고 스마트폰의 영상과 소리를 못 보고 못 듣는다. 단지 물질 그 자체의 모습과 물질적으로 부딪치는 소리는 들을 수 있다. 그리고 숙영매처럼 영이 있는 사람의 생각은 알 수 있지만 나 같은 영적 감각이 없는 보통 사람의 생각은 알 수 없다. 단지 말을 할 때는 들을 수 있다.

숙영매는 지난 목요일 산신들로부터 기를 받은 후 오늘 일요일까지 몸이 안 좋아 나흘간 사무실에 못 나갔다. 몸이 안 좋다기보다는 계속 잠이 온다. 북한산신은 기의 효력이 있는 것 같다고 말했다. 그리고 간밤에는 누군가가 와서 숙영매와 이야기를 했다고 하는데 누군지 어떤 이야기를 했는지 전혀 기억이 안 난다. 그러나 분명 꿈은 아니었고 생시였다. 그 존재와 대화를 하는데 한국말로 한 게 아니고 전혀 알 수 없는 말로 했다. 어느 나라 말인지도 알 수가 없지만 숙영매 자신도 그 말을 했다. 그리고 매일 밤 찾아와서 품에 안기는 존재는 지금도 밤마다 찾아오고 그 존재가 올 때는 포근해서 깊은 잠에 빠진다. 간밤에 와서 이야기를 했던 그 존재하고는 또 다른 존재다.

61. 7차원 천왕성의 외계인 쿠엘리스

2021년 1월 11일 월요일

간밤에도 숙영매에게 그 존재는 왔었고 20분 정도 대화를 나누었다가 다시 잠들었는데 아침에 일어나보니 무슨 이야기를 했는지 또 기억이 안 난다. 다만 여자라는 것과 복장이 화려한 것이 선녀 같은 느낌은 들었다. 그리고 그 존재가 글자를 보여주었고 숙영매도 읽었는데 깨어나 보니 전혀 생각도 안 나고 알 수가 없는 글자다. 숙영매는 지구상에 존재하지 않는 글자인 것 같다고 말했다. 북한산신도 신기해했다.

"내가 여태까지 사람이고 신이고 수많은 경우를 봤지만 이런 경우는 처음이다. 나중에 그가 누군지 무슨 얘기를 하는지 알게 되면 나한테 알려주거라."라고 북한산신이 요청을 할 정도였다.

그리고 다시 신기한 일이 일어났다. 내가 출근하고 사무실에 앉아있는데 숙영매한테 전화가 걸려왔다.

숙영매: 내가 공중에 붕 뜬 거 같아.
나: 실제로 몸이 떠 있는 건 아니지?
숙영매: 그건 아니야. 그런데 거실에 내가 보여.
나: 그게 무슨 소리야?

숙영매: 내가 방에 앉아 있는데 벽을 투과해서 내가 거실 탁자에 앉아 있는 게 보여.

나: 투시를 한다는 말인가? 바깥도 보이나?

숙영매: 응, 바깥도 보여.

나: 그럼 사무실도 보이나 봐.

숙영매: 사무실까지는 안 보이고 집 근처 바깥만 보여.

나: 거실에 나가서 당신하고 똑같은 존재한테 말을 걸어 봐. 일단 누구냐고 물어봐.

나는 즉시로 그 존재를 숙영매의 분령체라고 이름 붙이고 대화를 했는데 길게 하지는 않았다.

"내가 너야. 나는 로마시대부터 너와 같이 있었어. 여태까지 같이 있었는데 불러주질 않아서 못 나오다가 이제 나온 거야. 이런 식으로 자꾸 훈련을 해야 돼."

대략 이런 정도의 말을 하고 나서 숙영매 분령체는 다시 숙영매의 몸속으로 들어갔다. 숙영매는 갑자기 일어난 일에 당황하고 혼란스러웠다. 귀례령, 재천령도, 북한산신도 황당해 했다.

"이런 일은 나도 생전처음 겪는 일이다. 놀랍다. 숙영매의 영은 도대체 어디까지가 한계인지 얼마만큼 올라올 수 있을지 나도 가늠이 안 되는구나."라고 북한산신은 말했다.

숙영매가 오늘 경험한 일은 투시와 분령체다. 앞으로 어떤 식으로 그녀의 영능력이 발전해나갈지 모르지만 상당히 고무적이다.

과학 프로그램에서 패널 네 명이 나와서 양자역학, 다중우주, 운명론 결정론 등 다양한 주제를 가지고 대화를 하는 것을 듣고 있었다. 그 토론에서 한 명이 영국 옥스퍼드 대학의 이론 물리학자 로저 펜로즈 박사가 주장했던 이론을 언급했다.

"양자가 영혼하고도 관계 있는 것은 아닐까?"

그러자 다른 패널들로부터 바로 무시를 당했다. 물론 영혼과 양자가 관계가 있는지 없는지는 나도 모른다. 지금까지 숙영매를 통해서 관찰한 바로는 관계가 없는 것 같고 영혼은 차원의 문제인 것 같다. 과학계에서는 차원에 대해서 설명은 하려고 하지만 실체에 대해서는 전혀 감을 잡지 못하고 있다. 그리고 양자는 관측이 가능하기 때문에 인정을 받지만 영혼은 아직 관측이 불가하기 때문에 그렇지 못하다. 과학계에서는 영혼이라는 단어만 나오면 펄쩍 뛰며 질색을 하는 이유가 아직 증명이 불가능한 분야이기 때문이다.

과거 브루노가 지동설을 주장했지만 당시의 권위자들의 생각과 다르기 때문에 화형 당했다. 그때나 지금이나 대다수 사람들과 생각이 다르면 인정을 받지 못하고 화형에 버금가는 따돌림을 당한다. 인간들은 늘상 그렇다. 그 토론에서 복제인간에 대해서도 말하는데 나를 복제하면 '겉모습은 똑같지만 그게 지금의 '나'인가?'라는 토론도 흥미로웠고 양자 텔레포테이션은 공간 이동인데, 양자가 공간 이동이 가능하다면 양자의 집합체인 인간도 공간 이동이 가능하다는 것이 과학적 이론이다. 인간이 공간 이동을 할 때 이쪽에 있는 인간의 양자 정보를 복제하여 저쪽으로 정보를 이동했다면 이동된 정보의 '나'는 지금의 '나'인가? 아니면 다른

61. 7차원 천왕성의 외계인 쿠엘리스

'나'인가, 라는 토론도 재미있었다. 그러나 그 토론에서 영혼이라는 근본적인 주체가 빠짐으로써 혼동으로 빠져들고 결국은 모른다는 결론으로 이야기가 끝났다. 보이든 안 보이든 과학적으로 증명이 되든 안 되든 영혼이 그 주제들에 끼어든다면 손쉽게 아귀를 맞출 수 있었을 것이다. 시공간이라는 개념 역시 흥미로웠다. 숙영매는 전생과 미래를 볼 수 있다. 그녀는 사무실에서 명상 상태로 들어가 내담자의 전생을 봐주고 있다. 그리고 명상 상태에서 미래도 볼 수 있지만 현재로서는 영을 끌어올리는 단계이기 때문에 북한산신이 미래를 보는 것을 금지시켰다. 미래를 보게 되면 영이 깎이기 때문에 영을 끄집어내는 데 그만큼 지연이 되기 때문이다. 숙영매가 전생이나 미래를 보게 되면 흑백이지만 영상으로 보인다. 과거는 흘러가서 없어졌고 미래는 오지 않았기 때문에 존재하지 않는다면 영상으로 나타날 수가 없다. 과거, 현재, 미래가 동시에 존재한다는 이론은 이 때문이다. 그럼 현재란 무엇인가? 1초 전의 과거도 과거고 1초 후의 미래도 미래다. 1억분의 1초 전도 과거고 1억분의 1초 후도 미래다. 현재란 찰나로서만 존재한다. 물리학자들은 시간에 관한 한 이해하기도 설명하기도 어렵다고 한다. 내가 생각하기에 타임머신은 불가능하다. 그러나 깊은 명상으로 들어가 과거나 미래를 보는 것은 가능하다. 앞으로 숙영매의 영능력이 과학과 영혼이 병행하여 발전할 수 있게 되는 계기가 될 것이라 기대해본다.

오늘 신기한 일이 있고 나서 오후에는 천도를 상담하는 내담자가 왔는데 이름이 사임당(가명)이라 한다. 사고로 죽은 남편의 천도를 요청한 것인데 귀례령과 재천령이 의뢰인의 집으로 가보니 망자의 영혼이 집에 있었다. 오늘은 숙영매가 집에 있었기 때문에 망자의 영혼을 집으로 데리고 와서 의뢰인과 남편 영혼과의 대면이 숙영매를 통하여 이루어질 수 있었다. 남편 영혼과 이야기를 하는데 남편 영혼은 절대 저승에 못 간다고 했다. 사연을 들어보니 내담자가 남편 살아 있을 때 불륜을 저질렀다는 것을 알게 되었다. 남편은 사망 당시에 아내의 불륜을 알고 그녀를 미행하던 중에 차 사고를 당해 죽었던 것이다.

"나 모르게 바람을 피웠어! 나 억울해서 절대 저승에 못가. 복수할 거야!"라고 남편 영혼이 울부짖었고 그것이 숙영매의 목소리를 타고 나왔다. 정말 신기한 건 숙영매 입에서 남자의 목소리가 나왔다는 것이다. 그 목소리는 숙영매가 전혀 의도하지 않았는데도 나왔다. 내담자도 깜짝 놀라면서 몸을 부들부들 떨며 말했다.

"남편 목소리와 똑같아요."

"나 너무나 억울하고 분해서 저승에 가지 못하겠어."

숙영매는 남편 영혼이 억울하다며 버텼기 때문에 일단 내담자를 돌려보냈다.

"오늘 저녁에 남편께 깊게 사죄하세요. 그리고 내일 다시 오세요."

숙영매는 이렇게 말하고 당시로서는 도저히 해결할 수가 없었다. 남편 영혼은 복수를 하고 싶어 하지만 영이 낮아서 할 수가 없었다. 북한산신도 어떻게 해야 할지 모르겠다고 했다.

2021년 1월 12일 화요일

오늘 새벽 3시경 그 존재가 다시 왔다. 숙영매가 그 존재와 이야기할 때는 알 수 없는 언어로 서로 대화도 하고 글도 읽는데 그 존재가 가면 모든 것을 잊고 다시 잠이 든다. 그러나 오늘은 새벽에 있었던 일이 많이 기억난다. 그는 여자의 모습을 하고 있고 눈이 몹시 크다. 눈, 코, 입은 다 있는데 지구인의 모습으로 보이지가 않고 상당히 예쁘다는 느낌이 들었다. 옷차림은 상당히 화려하고 체형도 특이하다. 얼굴이 길고 팔이 짧은 것 같다. 분명히 자신도 모르는 말로 대화를 했고 지금은 전혀 기억이 안 나지만 한 가지 그 존재가 외계에서 왔다는 것만 이해했다. 이상이 숙영매가 기억하는 것 전부다. 내 생각은 지구 밖 외계에서 온 존재인 것 같다. 숙영매의 영이 높아지면서 찾아온 것이 분명하다. 앞으로도 계속 오게 될지 모르겠지만 아마도 오게 될 가능성이 많다. 왜냐하면 이렇게 잠깐 왔다가 사라진다면 깜짝쇼 이외에 아무 의미가 없기 때문이다. 분명히 지구인들에게 어떤 메시지를 전달할 목적이 있을 것이다. 그래서 앞으로는 그 존재를 외계신이라고 이름 짓겠다. 외계인에 대해서 많은 사람들이 말을 하지만 어차피 그들은 우리 인간을 훨씬 뛰어넘는 신과 같은 존재이기 때문이다.

이제 숙영매는 영안을 열지 않은 상태에서 아무리 강한 악귀가 와도 이제는 스스로 방어할 수 있는 힘이 생겼다. 따라서 재천령과 귀례령은 숙영매의 경호를 중지하고 각자 자기의 일을 하고 있다. 아마도 재천령은 천도와 명상에 치중할 것이고 귀례령은 북한산신 옆에서 오로지 명상 수행에만 전념할 것이다.

2021년 1월 13일 수요일

외계신은 간밤에도 새벽 1시 반쯤 왔고 숙영매와 이야기를 나누었다. 역시 알 수 없는 말로 대화를 했고 글씨도 보여주는데 모양이 지렁이처럼 생겼다고 한다. 약 5분 정도 이야기를 하다가 내 방에 와서 나한테 "신이 오셨어."라고 얘기했다. 내가 어젯밤에 외계신이 오면 나한테 알려달라고 요청했기 때문이었다. 그런데 내가 숙영매의 방에 가자 없어졌다. 나는 "아차" 했다. 그런 요청을 하지 말았어야 했는데 혹시 외계신이 기분이 안 좋았던 건 아닐까 하는 마음이 들었다. 외계신은 영체다. 숙영매가 그녀의 옷이 너무 예쁘고 고급스러워서 만져보려고 했지만 통과됐다고 하는 것으로 봐서 어차피 내가 그녀의 옆에 가도 볼 수가 없다. 그러나 숙영매를 통해서 다른 영혼들과 대화하듯이 그렇게 대화하며 궁금한 점을 물어볼 생각이었지만 나의 짧은 생각이었다. '앞으로 안 오면 어떡하지?' 하는 걱정도 들었다. 외계신과 숙영매의 오늘 대화도 역시 그 외계신이 있을 때는 가능했는데 지금은 전혀 생각이 나질 않는다.

이틀 전 왔던 사임당 내담자가 오늘 다시 집에 왔다. 남편 영혼도 따라왔다. 남편 영혼은 절대 저승에 못 간다고 버텼다. 한 시간 정도 그렇게 사임당은 울며 빌다가 다시 집으로 돌아갔다. 어차피 남편 영혼이 저승으로 가면 사임당 내담자가 어떻게 살든가 누구를 만나든가 아무 상관은 없다. 그러나 최소한 남편 영혼의 입장에서는 가기 전까지는 자기 아내가 잘못을 뉘우치며 고통 받는 모습을 지켜봐야 한이 풀릴 것이다. 오늘도 결국 해결을 못하고 사임당 내담자는 집으로 돌아갔지만 숙영매는 며칠 안으로 남편 영혼의 마음이 풀리고 그를 저승으로 보낼 수 있을 것이라고 말했다.

2021년 1월 14일 목요일

아침에 일어나자마자 걱정스러운 마음으로 숙영매한테 물었다.

"오늘 외계인 왔었나?"

"응, 와서 20분 이상 얘기했어. 20분 이상 외계어로 했는데 끝나고 나서는 그 언어를 잊어버렸고 하나도 생각이 안 나. 다만 내용은 몇 가지 생각이 나."

첫째, 나에 대한 얘기를 했는데 나와 같이 대화를 하려면 숙영매의 영적 수준이 더 올라와야 한다는 것. 이 말은 앞으로 숙영매가 외계어를 익혀서 외계신의 도움이 없어도 외계어를 할 줄 알게 된다는 것을 뜻한다.

둘째, 영혼들 중에 재천령이 유난히 외계인에 관심이 많기 때문에 내일부터는 대화를 할 때 같이 배석한다는 것. 그렇게 되면 대화 내용을 좀 더 자세히 알게 될 것이다.

셋째, 지금 자기와 만난 사실을 다른 사람에게 얘기하지 말라는 것. 숙영매의 생각은 아무한테나 이 이야기를 했다가는 미친 사람 취급 당할 것이기 때문에 그랬을 것이라고 생각했다.

넷째, 외계신의 모습은 전에 묘사한 것처럼 얼굴이 길고 눈이 크다. 그리고 눈에 속눈썹이 있었고 머리카락은 연한 갈색. 피부는 인간의 것보다 좀 더 희다. 팔은 짧고 손가락이 세 개다. 의상은 상당히 아름답고 화려한데 역사적으로나 현재의 어느 나라에서도 본 적이 없다. 외계인이 손가락이 세 개라고 하는 증언들이 많다. 숙영매뿐만이 아니고 다른 목격자들도 많은데 왜일까? 외계인은 마음으로 모든 것을 창조하기 때문에 물질계의 인간들처럼 손가락이 여러 개 있을 필요가 없어 퇴화된 것이 아닐까 생각해 본다.

다섯째, 얼굴 모습이 처음에 봤을 때는 서른 살 정도로 보였는데 간밤에는 50대 숙영매 정도의 나이로 변했고 마치 친구와 대화하듯이 대화를 했다. 숙영매를 부르는 호칭도 '숙영'이라고 했다.

오늘 서울에 소재하는 30개 산의 산신들이 집에 방문해서 숙영매에게 기를 넣어주었다. 숙영매는 늘상 그렇듯 황송할 따름이고 그 은덕에 보답하겠다는 다짐을 했다. 이로써 서울에 소재하는 진보 성향의 산신 61명이 모두 방문했고 보수 성향 28명은 방문을 안 하겠지만 북한산신은 계속 설득하여 민주진보 쪽으로 돌려놓으려고 노력하고 있다. 다음 주는 월, 수, 금 세 번 20명씩 방문하기로 했다. 아마도 숙영매는 무척 힘들 것이라고 한다.

2021년 1월 15일 금요일

오늘 새벽에도 외계신이 왔었다. 오늘은 귀례령과 재천령이 옆에서 말하는 소리를 들었지만 외계어라서 알아들을 수가 없었다. 그래서 숙영매가 질문하고 답을 하면 다시 그것을 한국말로 재천령에게 전달해주다 보니 시간이 많이 걸렸다. 약 30분 정도 이야기를 했다. 내가 제일 궁금한 것, 외계신이 어디서 왔는지는 아직 물어보질 않았다. 처음에 물어봤어도 잊었을 수도 있다. 북한산신도 이 외계신을 전에 한 번 만나서 얘기한 적이 있다고 했다. 당시에는 남자 모습을 하고 있어서 몰랐는데 그때 외계신이 지금 외계신과 같다는 것은 오늘에서야 알았다. 영혼들은 자기 모습을 감추거나 변형시킬 수 있다. 그러나 그것은 자기보다 낮은 등급의 영혼들에게만 가능하지, 높은 영혼들에게는 불가능하다. 이것은 또한 외계신이 북한산신보다 영이 높다는 것을 의미한다. 그리고 모습이 계속 변한다면 지금 숙영매 앞에서 보여준 모습도 어쩌면 본 모습이 아닐 수 있다. 그리고 당시 북한산신도 외계신과 대화할 때는 외계어로 했는데 지금은 못한다고 한다. 아마도 외계신은 대화할 때 상대방에게 언어능력을 갖게 해주는 것 같다. 외계신은 북한산신과 대화할 당시에도 숙영매를 알고 있었지만 숙영매의 영이 낮아서 찾아오지 못했다가 지금 영이 높아지면서 찾아온 것이다.

▶다음은 숙영매와 외계신과의 대화.
숙영매: 너하고 나하고 얘기를 하고 나면 그게 나중에 삭제가 돼. 왜 그런 거야?
외계신: 당연하지. 그러나 한두 달 이렇게 대화를 하고 나면 너도 익히게 될 거야.
숙영매: 왜 나를 찾아왔어?
외계신: 친구가 되고 싶어 찾아왔어. 다른 사람들은 영이 너무 낮아서 상대를 할 수 없거든. 그렇게 영이 낮은 상태에서는 우리와 접촉할 수가 없어.

재천령도 외계인에 대해서 관심이 많기 때문에 내가 재천령에게 물었다.
"미국 네바다 주에 51구역에 대해서 알고 있나?"
"아니요, 모르겠는데요."
"외계인과 UFO에 관한한 음모론이 제일 많은 곳이야. 거기서 사람들과 외계인이 공동으로 연구하며 일을 하고 있다는 말도 있고… UFO가 있다는 말도 있고 혹시 거기 가서 알아볼 수 있겠나?"

"그럼요, 오늘이라도 당장 가서 알아봐야 되겠네요."

영혼들이 51구역에 대해서 모르는 것은 당연하다. 음모론은 주로 스마트폰, 컴퓨터에서 볼 수 있는데 영혼들은 TV, 영화, 스마트폰과 같은 기계적인 것에서 나오는 형상을 보거나 소리를 들을 수가 없다.

나는 한때 한적하고 조용한 시골구석에서 명상하며 사는 것을 꿈꾼 적이 있었다. 그때 UFO에 미쳐 있던 나는 외계인을 만나는 상상을 한 적도 있었다. 외계인들은 인간들이 상상도 하지 못할 능력을 가지고 있다. 물질 인간들은 그 먼 데서 어떻게 오나를 생각하며 웜홀과 블랙홀 그리고 광속의 몇 배 또는 수십 수백 배를 상상한다. 그러나 영체의 외계인들은 순간 이동이다. 이것 하나만큼은 분명하다. 숙영매를 통해서 고급 영혼들의 순간 이동을 이해하고 있기 때문이다. 영이 높을수록 짧은 시간에 먼 거리 이동이 가능하다. 지금 숙영매의 입장에서는 산신들과 외계인이 겹쳐서 상당히 혼란스럽고 힘들다고 했다. 최근 들어서 감당할 수 없을 정도로 많은 일이 벌어지고 있기 때문이다. 그래서 내가 말했다.

"그게 뭔 큰 걱정인가? 산신님들이 오셔서 계속 기를 넣어주면 결국은 영이 다 올라올 것이고 그리고 난 뒤에도 당신을 보고 싶어 하는 산신님들이 정기적으로 와서 숙영매 얼굴도 보고 기도 넣어주면 당신 몸이 더 건강해질 거 아닌가…."

2021년 1월 16일 토요일

새벽 2시경 외계신이 왔다. 재천령은 외계신과 직접 대화를 하고 싶어서 숙영매의 몸속으로 들어갔는데 외계신이 나오라고 했다. 외계신은 숙영매와 이야기를 하고 싶어서 온 것이지 다른 영혼과 이야기를 하기 위해 온 것이 아니기 때문이다. 사실 어제 재천령은 외계신이 왔다 간 후 다음과 같이 말했었다.

"나중에 다시 오면 제가 엄마 몸속으로 들어가서 직접 대화를 해야겠어요."

그때는 별 생각이 없었는데 간밤에 자기 전에 나는 '그건 아닌 거 같은데…'라고 생각은 했었다. 외계신은 다음과 같이 말했다.

"다른 사람을 개입시키거나 서두르지 마. 차근차근히 하면 나중에라도 다른 사람과 소통할 수 있는 기회가 있을 거야. 숙영이 우리말을 배우는 것보다는 내가 한국말을 배우는 것이 낫겠어. 어제부터 배우기 시작했으니까 이삼 주 안으로 완벽해질 수 있을 거야."

북한산신은 외계신이 숙영매를 방문한 것에 대해 무한 긍정으로 바라봤다. 나도 앞으로 외계신에게 질문할 것이 너무나 많다.

2021년 1월 17일 일요일

숙영매는 오늘 새벽 외계신과의 대화에서 이름을 들은 것 같은데 기억이 안 난다고 했다. 오늘 대화에서도 재천령과 귀례령이 옆에 있었고 그들에게 한국말로 전달해 주려고 했지만 외계신이 못하게 했다. "서두르지 마, 나중에 다 알게 될 거야."라는 말만 했다. 외계신이 한국어로 얘기한 것 한마디는 숙영매에게 "숙아"라고 이름을 부른 것뿐이었다. 아마도 숙영매가 기억을 많이 못하는 것은 우주에 대한 지식이 많이 부족한 것 때문으로 생각한다.

재천령과 귀례령이 미국 51구역에 갔었다. 시간은 약 5초 정도 걸렸다. 시간이 많이 걸렸다고 해도 거리이동은 아니다. 한 곳에서 없어졌다가 다른 곳에 나타나는 것은 맞는데 영이 높을수록 그 시간이 짧은 것이다. 그렇다고 달이 38만 km이기 때문에 거기에 비례해서 시간이 걸리는 건 아니고 지금 상태에서는 30초 안으로 가능하다고 한다. 가보니 백인 영혼들이 그들을 막았다. 영이 높은 영혼들이라서 그들을 물리치고 들어갈 수는 없고 먼 데서 왔으니까 조금 둘러보고 가겠다고 해서 약 20분 정도 허락을 받고 둘러봤는데 외계인은 보이질 않았다. 다만 연구에 몰두하는 사람들과 부서진 UFO가 있었고 그것을 연구하고 있는 것 같았다. 백인 영혼한테 물어보니 외계인은 없고 가끔 영체의 외계인이 나타났다가 그냥 가는 경우는 있다고 한다. 그러면 유튜브에 있는 51구역 외계인은 뭔가? 거짓말인가? 진위 여부는 여기서 판단할 수 없다. 짧은 20분이라도 귀례령과 재천령이 빠른 속도로 돌아봤기 때문에 현재 51구역에는 외계인이 없는 것으로 확인되었다. 과거엔 있었는지도 확인할 수는 없다. 백인 영혼과의 소통은 언어가 아니라 텔레파시 즉 마음으로 소통하기 때문에 영어, 한국어는 필요 없다.

2021년 1월 18일 월요일
오늘도 어김없이 외계신이 방문했지만 숙영매는 어떤 이야기를 했는지 기억이 안 난다. 북한산신은 다음과 같이 말했다.

"서두르지 마라. 여기 있는 사람들이 이렇게 어리석게 행동해도 매일 찾아와주니 얼마나 고마우냐? 그리고 한국말을 배운다고 하니 얼마나 좋은 조건이냐?"

오늘 다시 사임당 내담자가 왔지만 남편 영혼이 저승에 가는 걸 거부해서 다시 돌려보냈다. 오늘 일주일쨴데 사임당의 얼굴이 핼쑥해져 있는 것을 보니 그동안 밥도 못 먹고 잠도 못 자고 마음의 고통이 많았던 것 같았다. 남편 영혼은 내일 모레 수요일 날은 분명히 가겠다고 약속했다. 아마도 안가면 강제로 보낼 것이라고 재천령이 얘기했다. 남편 영혼도 그 집에 있으니까 영이 약해서 그 집에 있는 집터 영혼들에게 해코지를 당한다고 해서 힘들다고 했다. 살아 있을 때는 그 집 가장이었지만 죽으니 그 집 영혼들에게도 서러움 당하고 있는 것이다.

오늘 월요일 제주도에 주재하는 35개 산의 산신들이 방문하여 숙영매에게 기를 넣어주고 돌아갔다. 일출봉과 성산일출봉은 아무리 검색해도 같은 것으로 나온다. 그러나 북한산신은 두 개 다 있다고 해서 일단 북한산신의 말을 듣고 기록했다.

산신들의 기를 받은 후 숙영매는 엄마가 쓰러져서 입원했다는 전화를 받고 구의동에 있는 병원에 갔다. 의사의 말로는 며칠 병원에서 요양해야 한다고 했다. 숙영매 생각에는 산신들이 기를 넣는 것처럼 엄마한테 기를 넣으면 좋아질 것 같아서 약 30분 정도 기를 넣어주었다. 그러자 엄마는 갑자기 벌떡 일어나서 말했다.

"몸이 가뿐하니 더 있을 필요 없어."

그리고는 수속을 밟고 퇴원했다. 그리고 숙영매에게 고맙다고 하며 좋아했다.

"딸이 내 몸을 낫게 해줬어."

그러나 숙영매의 두 언니는 시큰둥하며 믿질 않았다. 두 언니는 독실한 개신교 신자다. 평소에도 숙영매가 하는 일에 대해서 못마땅하게 생각하고 있던 터라 숙영매가 기를 넣고 있을 때도 한 마디하며 병실을 나갔었다.

"미친 짓."

사람의 고정관념과 신념이 이렇게 무섭다.

2021년 1월 19일 화요일

재천령은 지금 외계인에 대해서 미치다시피 관심이 많다. 어제도 그랬고 오늘도 귀례령과 함께 숙영매와 외계신이 대화하는 것을 가만히 듣고만 있었다. 물론 외계어이기 때문에 이해할 수는 없다. 사람들은 외계인에 대해서 잘 모른다. 만약 바로 앞에 외계인이 있어도 신기하게는 생각하겠지만 그들이 얼마나 높은 존재인지 모른다. 같은 영적 존재이기 때문에 영혼들은 외계인들이 얼마나 하늘 같은 존재인지 안다. 불교에 극락왕생이라는 말이 있다. 죽은 후 극락에서 다시 태어나 괴로움 없이 영원히 산다는 뜻이다. 기독교에서는 죽어서 천국에 가면 하나님 곁에서 행복하게 영원히 산다고 한다. 이 둘은 종교도 표현도 다르지만 같은 개념이다. 영이 높으면 굳이 다시 태어날 필요가 없다. 산신들은 다시 육신을 입고 태어나지 않는다고 한다. 그들은 육신을 입고 있을 때 이미 모든 카르마를 해소하고 도를 깨우친 존재들이다. 하물며 영이 높은 외계인이 육신을 입고 전생의 기억을 망각한 채로 태어날 이유가 없다. 물론 필요할 때는 자신의 영체나 비행선을 물질화시키는 경우가 있다는 말은 들었다. 그러니 재천령, 귀례령 등 집 안에 있는 영혼들이 높은 영적 수준의 외계인에게 관심을 갖지 않을 수가 없다.

2021년 1월 20일 수요일

오전 9시 사임당 내담자가 왔고 그녀의 남편 영혼은 마침내 저승으로 갔다. 마지막으로 남편 영혼은 숙영매의 입을 통해 남편 목소리로 말했다. 《"나는 간다. 너 똑바로 살아! 애 잘 키워."》

이번에도 북한산신이 저승사자를 호출했고 저승사자는 검정 갓에 검정 두루마기를 입었지만 개량식이고 허리에는 흰색 띠를 둘렀다. 옛날식 복장을 한 것으로 보아 죽은 지 오래된 신일 것 같다. 숙영매는 사임당에게 여러 가지 위로의 말들을 해주었다.

"일단 갔으니까 산 사람은 살아야지. 밥도 맛있게 먹고 못 잤던 잠도 충분히 자도록 해."

"저승에 가면 이승의 일은 모르니까 사귀는 사람하고 결혼하고 싶으면 결혼해도 괜찮아."

"며칠 고생했어도 이렇게 풀고 가는 것이 낫지, 아니면 카르마로 쌓여서 다음 생에 언젠가는 그 사람의 한을 풀어야 하는 일이 생기는 거야."

오전 10시에는 경남에 주재하는 산의 산신들 49명이 방문해서 숙영매에게 기를 넣어주었다. 마녀산은 인터넷에 검색이 안 되지만 북한산신이 분명히 존재하는 산이라고 해서 물음표를 붙여 기재했다. 북한산신은 숙영매에게 다시 한 번 이야기를 했다.

"지금 숙영매에게 일어나는 여러 현상들 특히 외계인까지 방문하는 것이 산신 생활 몇 천 년 동안 처음 보는 일이라서 앞으로도 육신을 가진 인간으로서 어떠한 능력이 더 나올지 기대가 크구나."

재천령은 숙영매를 경호하는 지난 5개월 동안에도 끊임없이 명상하며 노력을 해서 지금은 엄청날 정도로 영이 높아졌다. 다음에 천도할 일이 있으면 그가 직접 저승사자를 호출할 것이라고 했다. 새벽마다 오는 외계신은 계속 오고 있고 다음 주에는 한국말을 완전히 익혀 한국어로 대화를 할 수 있을 것이라고 했다.

2021년 1월 21일 목요일

오늘은 전생 내담자가 있어서 12시에 예약을 했었고 그 이전에 경북 쪽에서 산신들이 온다는 계획도 있었다. 북한산신이 어제에 이어서 연이틀을 강행하려고 시도하는 것은 숙영매의 영오름이 거의 다 됐으니까 빨리 마무리를 지으려고 하는 것 같다. 그런데 숙영매가 몸도 안 좋으면서 내담자와 예약을 해서 나무라듯이 한마디했다.

"지금 빨리 영을 끌어올리는 것이 중요하지 일이 뭐가 그렇게 중요한가!"

그래서 숙영매는 일단 내일로 예약을 연기했다. 사실 내일도 몸이 완전히 회복되리라는 보장은 없다.

경북 지역 50개 산에서 오전 10시에 산신들이 방문해서 숙영매에게 기를 넣어줬다. 못 견딜 줄 알았는데 그래도 견뎠고 끝나고 산 이름을 적은 후 그대로 쓰러져 갔다.

2021년 1월 23일 토요일

오늘 경북에 주재하는 산의 산신 48명이 방문하여 15분 동안 숙영매에게 기를 넣어주었다. 숙영매가 나에게 말했다.

"산신님들은 수가 늘어나면서 스스로 몸집을 작게 만들어. 산신님들 팔뚝 정도의 크기로 작아졌어. 항상 그렇지만 황홀하면서도 힘들어."

나도 집에 있었기 때문에 산신들에게 두 번 절하고 반절 올렸다.

"그래, 고맙네."

"고맙습니다."

나도 감사의 표시를 했다. 물론 나는 듣지도 못하고 볼 수도 없지만 숙영매가 그렇게 전달해 주었다. 기를 넣고 산 이름을 기재하고 난 후 산신들과 다과를 들고 있는데 갑자기 북한산신이 방문했다. 숙영매와 나는 일어나서 두 번 절하고 반절했다. 북한산신은 다음과 같이 말했다.

"그래, 잘 견디고 있구나. 그 외계인이 오면 그의 본모습을 보여달라고 하거라. 분명히 본모습이 있을 거다. 어느 한 사람에게 이렇게 여러 번 방문하는 것이 상당히 특이한데 분명히 사람들에게 전해줄 메시지가 있을 거다."

북한산신의 생각에는 분명히 외계신에게 본모습이 있을 거라고 생각했는데 나도 그런 생각을 했었다. 아마도 처음부터 본모습으로 나타나면 숙영매가 놀랄 것이기 때문에 그랬을 것이다.

이틀 전 50명의 산신을 합치면 경북에서 98명의 산신들이 방문했다.

북한산신은 각 도마다 100명씩은 올 거라고 언급한 바 있었다.

2021년 1월 24일 일요일

《쿠엘리스》.

그 외계신의 이름이다. 오늘 새벽에도 외계신이 와서 숙영매와 이야기를 나눴는데 그가 서툰 한국말을 하기 시작했다. 처음 숙영매에게 온 후로 열흘 만이다. 그는 다른 세계에 가서도 그 세계의 말을 배운 적이 여러 번 있는데 한국말이 유난히 어려웠다고 한다. 지구에 와서 여러 나라를 돌아다녔지만 영들이 낮아서 대화를 하지 못하다가 여기 한국에서 숙영매와 영적으로 통해서 대화를 시작한 것이다. 그가 사는 곳은 천왕성 7차원의 세계이고 순간 이동으로 왔다. 물론 물질세계가 아니기 때문에 우리가 우주선을 타고 천왕성에 가도 볼 수 없는 곳이다. 지구의 다른 차원인 저승 세계를 인간들이 볼 수 없는 것과 같은 이치다. 대화는 존칭을 하지 않고 '너', '나' 식으로 반말을 하기로 했다. 서로 친구하자는 의미에서다.

다음은 그들의 대화 내용이다.

숙영매: 여기는 어떻게 왔니?
외계신: 우리는 혼자서도 스스로 공간 이동이 가능하지만 너한테 보여주려고 비행선을 타고 왔어. 비행선은 바깥에다 세워놨어.
숙영매가 창문을 열고 바깥을 내다보자 마당에 타원형의 비행선이 보였다. 물론 이것도 비물질체이기 때문에 다른 사람의 눈에는 보이지 않

는다.

숙영매: 공간 이동이 가능한데 왜 비행선을 타고 다니지?
외계신: 여러 사람이 같이 타고 가야 할 일이 있을 때 비행선을 이용하고 지구인들에게 보여주기 위해서 비행선을 이용하는 경우도 있어. 지구인들이 빨리 깨우쳐야 하거든.

숙영매: 너의 본모습을 보여줄 수 있니?
외계신: 아직은 때가 아니야. 사람의 모습하고 조금 다르기는 해도 전혀 다른 모습은 아니야. 그렇게 달라도 우리에게는 예쁜 모습도 있고 못생긴 모습도 있어.
숙영매: 여기 온 목적은 뭐지?
외계신: 지구인들이 깨우치지 못하고 너무 어리석게 살고 있기 때문에 알려주려고 온 거야.
숙영매: 왜 항상 새벽 시간에만 오는 거야?
외계신: 낮에 올 수도 있지만 지금 시간이 너의 영적 에너지가 가장 높을 때라서 의사소통하기가 좋아. 나중에 네 영적 에너지가 더 높아지면 낮에 올 수도 있어.
숙영매: 영체를 물질화시킬 수 있다고 하는데 가능하니?
외계인: 가능은 하지만 과정이 어려워. 설명하기도 힘들고.
숙영매: 그럼 우리가 보는 UFO도 영체를 물질화한 거니?
외계신: 맞아, 지구인들에게 보여주기 위해서 그렇게 하는 거고 안 그러면 굳이 그렇게 할 필요가 없지.

이상 그들 간의 대화를 정리했고 위의 문답은 숙영매가 우주에 대한 지식이 너무 없기 때문에 외계신이 왔을 때 물어보라고 내가 질문 사항을 그녀에게 주고 물어본 것이다. 외계신은 숙영매와 대화 중에 재천령과 귀례령은 방 안에 있지 말고 나가라고 했다. 대화에 집중이 안 되고 방해가 되기 때문이다. 당분간은 나하고의 대화도 쉽지 않을 것 같다. 물론 재천령과 귀례령은 방 밖에 있어도 그들의 대화를 텔레파시로 들을 수는 있다. 저승 세계에서도 물질세계에 사는 인간들이 깨우치질 못해서 걱정들을 많이 하는 것처럼 온 우주의 외계 세계에서도 지구인들의 몽매함을 걱정한다.

2021년 1월 25일 월요일

오늘 새벽에도 숙영매는 외계신과 대화를 나눴다.

외계신: 세계 어느 곳을 다녀도 이렇게 너와 이야기할 수 있는 사람이 없었는데 너무 반가워.

숙영매: 대화가 통할 수 있는 사람들이 그렇게 없었어?

외계신: 어쩌다 대화를 한 경우도 있었는데 몇 마디하고 만 경우가 많았어. 영이 낮아서 오래 이야기할 수가 없어. 이렇게 오래 이야기하는 경우는 처음이야.

숙영매: 그런 일이 어디서 있었어?

외계신: 네덜란드에서였어.

숙영매: 천왕성 7차원 세계에도 산, 나무, 물 모두가 있어?

외계신: 생활하는 것은 지구하고 비슷해. 물은 지하에 있어. 먹는 건 캡슐

을 먹고 하루에 한 번씩이면 돼. 거기 영양소가 전부 들어 있어.

숙영매: 거기서도 농사도 짓고 공장도 있어?

외계신: 그럼 다 있지. 공장에서 캡슐을 만드니까. 그러나 우리가 입는 옷과 물건들은 전부 우리의 마음으로 만들어. 집도 그렇고.

숙영매: 천왕성에서 보는 태양은 어떻게 보여?

외계신: 지구에서보다는 작게 보여. 약 1/4 정도 크기야. 그래도 태양빛은 다 들어와.

숙영매: 천왕성에서 생각하는 우주의 나이는 어떻게 되지?

외계신: 지구의 시간으로 135억 년이야.

숙영매: 지구 과학자들은 조그만 점에서 빅뱅이 일어났다고 하는데 맞아?

외계신: 응, 맞아.

이상 그들의 대화를 정리했는데 이 중에서 《우주의 나이와 빅뱅》 그리고 《천왕성에서 보는 태양의 모습》은 내가 물어보라고 질문지를 주었던 사항이다. 천왕성에서 태양을 보면 크기가 어떻게 보일까 하는 것은 계산할 수가 있다면 나오겠지만 내가 그런 계산을 할 능력은 없고 인터넷에서도 확인할 수가 없었다. 내가 직접 대면할 수가 있다면 추가 질문이 계속 들어갈 텐데 답변이 조금 아쉽기는 했다. 지구의 과학자들은 우주의 나이를 138억 년이라고 했는데 천왕성에서 생각하는 것과는 3억 년 차이가 있다. 그래도 빅뱅과 우주의 나이는 그쪽과 우리의 계산이 비슷한 것이 흥미로웠다. 천왕성 과학이 우리보다 더 발달되어 있다면 우주의 나이 135억 년이 더 정확할 수도 있다. 우리의 과학 지식과 어쩌면 완전히 다르지 않을까도 생각했지만 그것은 아니었다.

오전 10시에 부산에 주재하는 산의 산신들 91명이 방문해서 숙영매에게 12분 정도 기를 넣어주었다. 이 중 사랑산은 충북 괴산에 있는 산인데 왜 그쪽의 산신이 부산 쪽 산신과 같이 방문했는지 모르겠다.

2021년 1월 26일 화요일

오늘 외계신과의 대화는 지저문명에 대해서 언급했다. 이것은 내가 어제 물어보라고 요청한 부분이다. 전에 북한산신도 지저 문명은 존재한다고 했고 직접 채널링을 한 적이 있다고 언급한 바 있다. 외계신도 그곳에 간 적이 있고 그곳을 자세하게 묘사했다. 지구 속에 또 다른 지구가 존재한다고 했다. 그가 묘사한 것을 바탕으로 상상력으로 그려보자면 지구 표면에서 2천 km를 들어가면 달만 한 또는 달보다 조금 작은 지구가 존재하고 그 사이는 비어 있다는 뜻이다. 물론 다른 차원이라서 사람이 직접 들어간다고 해도 문명은 볼 수 없다. 다른 차원이라 함은 전혀 다른 세계가 아니고 모든 것은 3차원 물질세계와 똑같은데 차원과 비물질인 것만 다른 것이다. 어머니 영혼이 저승 세계를 묘사할 때 해, 달, 별, 낮과 밤, 1년 365일 그리고 산천초목이 모두 이승과 똑같다고 했다.

2021년 1월 27일 수요일

오늘도 새벽에 외계신 쿠엘리스가 왔고 숙영매는 그에게 천왕성에도 종교가 있냐고 묻자 종교는 없고 모두가 명상을 한다고 했다. 그리고 쿠엘리스는 "이거 누가 물어보라고 한 거지?"라고 숙영매에게 물었다. 사실 내가 그 질문을 숙영매한테 물어보라고 했던 것이다. 쿠엘리스는 밖에서 귀례령 등 영혼들이 듣고 있는 것도 알아채고 "밖에서 엿듣지 마.

신경 쓰이니까."라고 일침을 가하기도 했다. 그는 숙영매에게 "아무에게도 관여하게 하지 말고 우리 둘이서만 이야기하도록 해. 한 달 정도 후면 자연스럽게 모든 것을 알게 될 거야."라고 말했다. 그래서 앞으로는 나도 궁금한 것은 많지만 일절 관여하지 않기로 하고 자연스럽게 둘이 대화하도록 했다. 대신 그날 대화 내용 중에서 숙영매가 기억하는 것은 받아 적기로 했다. 그리고 산신들의 몸에서 광채가 나는데 쿠옐리스의 몸에서는 더 큰 광채가 나고 숙영매가 그와 같이 있으면 기운이 나는 것을 느낀다. 산신들이 기를 넣어줄 때와는 또 다른 느낌이다.

북한산신은 다음과 같이 말할 정도다.
"나도 그와 오래 이야기하지 못했는데 숙영매는 정말 축복 받은 거야. 쿠옐리스와 있으면서 몸의 변화가 일어나면 그걸 나에게 알려주거라."

오늘 대전시에 주재하는 산의 산신들 59명이 방문해서 숙영매에게 15분 동안 기를 넣어주었다. 그리고 내일부터는 100명 이상씩 산신들이 방문하기 때문에 기를 받는 것도 일이지만 끝나고 산 이름 받아 적는 것도 큰일이 될 것 같다.

2021년 1월 28일 목요일
외계신과의 대화는 숙영매가 우주와 행성에 대해 모르는 게 너무 많아서 나의 질문지를 허용했다.
오늘 외계신 쿠옐리스와의 대화는 천왕성에서의 임신 출산에 관해서였는데 인구 조절을 위해 출산을 통제한다고 한다. 어머니 영혼은 저승에서도 출산과 죽음이 있다고 했는데 윤회에 관해서 자세한 이야기를 들을 수 없어 아쉬웠다. 범죄도 일어난다고 하는데 시스템이 잘 되어 있어 금방 잡히고 처리가 된다고 한다. 이것 역시 어머니 영혼이 저승 세계에서도 범죄가 일어나고 금방 잡힌다고 하는 것과 동일하다. 외계 행성에서는 고결한 신들만이 사는 세상인 줄 알았는데 그건 아닌가 보다. 그들의 영이 높다고 해도 결국 온 우주에는 어느 곳이든 선과 악이 존재한다는 말이기도 하다. 대한민국의 산신들도 보수와 진보로 나뉘어져 있다고 하니 어쨌든 충분히 이해가 갈 만하다. 만약 숙영매가 외계신을 만나는 시점이 몇천 년 전이라고 가정을 한다면 그때는 다른 행성에서 온 외계인이라는 개념은 없고 그냥 하늘에서 내려온 신이었을 것이다. 모세가 시내산에서 만났다는 야훼도 어느 행성에서 온 외계신이었을 것으로 나는 생각한다. 이제는 외계인이 있다 없다는 말은 더 이상 논쟁거리가 안 된다. 다만 외계인의 세상과 지구의 세상은 얼마만큼 같은가 또는 다른가 하는 문제 그리고 우리가 그들에게 어떤 가르침을 받을 것인가 하는 일만 남았다. 그 가르침은 결국 명상일 것으로 생각한다. 쿠옐리스가 천왕성에서 지구까지 오는 데는 공간 이동을 해서 1분이 채 안 걸린다고 하는데 빛의 속도로 2시간 반 정도 걸리는 거리를 생각하면 순간 이동이라고는 해도 놀라운 일이다. 그만큼 그의 영적 수준이 지구상에는 존재할 수 없을 정도로 높다는 말이기도 하다. 코로나에 대해서도 이야기했는데 특정 세력이 뿌렸다는 말을 했고 인구가 많아서 지구의 환경 문제가 심각하고 한국 정치에 대해서는 보수세력의 부패가 심각하다는 말도 했다. 쿠옐리스가 지구 행성과 한국에 대해서 짧은 시간에 이렇게 많은 정보를 알 수 있다는 것에 놀랐다. 특히 음모론에서나 나올 수 있는 정보에 대해서도 언급한 것에 놀라지 않을 수 없다.

어제에 이어 오늘은 전라북도에 주재하는 산의 산신들 144명이 방문해서 숙영매에게 기를 넣어주었다. 전국적으로 전라도 쪽의 산신들의 기가 가장 세다고 하는데 그래도 숙영매가 이겨낸 것을 보면 얼마 남지 않은 것 같다.

2021년 1월 29일 금요일

오늘 쿠엘리스와의 대화에서는 천왕성의 결혼에 대해서 이야기했다. 결혼 제도는 없고 서로 마음에 맞으면 같이 산다. 성관계는 하지 않는다. 성욕에 관한 한 모두가 초월했기 때문이다. 행성의 인구수를 파악하고 부족해지면 정자를 채취해 그걸 원하는 여성의 자궁에 넣고 기른 후 출산을 하는데 아이는 어느 정도 나이가 될 때까지 공동으로 키울 수도 있고 개인이 키울 수도 있다.

어제에 이어 오늘도 연이틀 동안 전북에 주재하는 183명의 산신들이 방문했다.

2021년 1월 30일 토요일

간밤에 숙영매가 밤새도록 설사를 하는 바람에 잠을 못 잤고 외계신 쿠엘리스도 왔다가 그냥 갔는데 다음과 같이 말했다.

"북한산신이 너를 좀 무리하게 하는 것 같아. 아무래도 나는 며칠 있다가 네가 산신들한테 기 받는 일이 끝나고 와야겠어. 너 나중에 죽고 나면 우리 다른 행성에 가서 살자. 넌 충분히 지구를 벗어나 살 수 있어. 우린 영원히 함께할 수 있을 거야."

숙영매는 오늘 힘들어서 산신들의 방문을 받지 못할 것이라 생각했는데 그래도 아침결에 두 시간 자고 나서 내담자도 받고 산신들이 방문하여 기도 받고 나서 엄마 기 넣어주러 갔다 왔다. 숙영매의 엄마는 얼마 전 병원에 입원했을 때 숙영매에게 기를 받은 이후로 계속 숙영매를 찾기 때문에 안 갈 수가 없다. 북한산신도 말했다.
"아무리 힘들어도 엄마가 찾는데 가야지!"
언니들이 항상 차를 가지고 와서 숙영매를 태우고 가는데 그때마다 언니들과 심하게 싸운다. 개신교 신자인 언니들은 숙영매한테 다음과 같은 말들을 한다.
"너한테 마귀가 씌운 거야."
"산신? 산신이 다 뭐야! 다 마귀들이야!"
"도대체 엄마한테 어떻게 했길래 엄마가 너만 찾니? 너 때문에 엄마한테도 마귀가 씌운 거야."
"엄마는 너 때문에 돌아가실 거야."
"우린 너한테 씌운 마귀를 쫓아내기 위해서 매일 새벽기도한다."
"어디 영혼이 있다고 영혼, 영혼 하는 거야. 헛소리 좀 그만해!"

언니들은 엄마의 명령이니까 어쩔 수 없이 숙영매를 데리러 오기는 하지만 늘상 이런 식으로 말을 하니 숙영매와 충돌할 수밖에 없다. 어떨 때는 차를 타고 가다가 싸우고 되돌아오는 경우도 있었다. 르네상스 시대에 영적 능력이 있던 여자들이 기독교 윤리에 반한다는 이유로 마녀사냥 당했던 것과 겹친다.

오늘은 전라남도 지역에 주재하는 산의 산신들이 방문했는데 240명으로 하루 방문 수로는 최고를 기록했고 연속 나흘째다. 전남 여러 지역에 같은 이름으로 존재하는 산들도 많다.

2021년 1월 31일 일요일

오늘 쿠엘리스는 오지 않았다. 숙영매가 북한산신에게 말했다.
"너무 무리하는 거 아니에요?"
"괜찮다. 이겨낼 수 있을 거다."
오늘 오전 11시 다시 전라남도에 주재하는 산의 산신들 218명이 방문했다. 이로써 총 785명의 전라도 지역의 산신들이 방문했다. 5일 연속이다. 내가 보기에도 숙영매의 상태는 그리 나빠 보이지는 않다. 다만 산신들의 기를 받고 점심 식사 후 졸음이 온다며 들어가 잤다.

2021년 2월 1일 월요일

오늘은 충청남도에 주재하는 산의 산신들 467명이 방문하여 숙영매에게 기를 넣어주었다. 인원수가 500명 가까이 되니까 산신들의 크기가 손가락 정도로 작아졌다. 숙영매는 산신들로부터 기를 받고 나서 산신령들이 불러주는 대로 종이에 받아 적는다. 그리고 그 종이에 적힌 대로 내가 자판을 두들겨 기록한다. 그 과정에서 중복해서 쓰는 것. 철자가 잘못된 것 등도 가려서 제대로 써야 하는 과정이 쉽지 않다. 중복되는 것은 한 도에 같은 이름으로 여러 개 존재하는 산들도 많지만 실수로 중복하여 쓸 수도 있기 때문이다.

2021년 2월 2일 화요일

외계신 쿠옐리스는 새벽에 잠깐만 들렀다가 한 마디만 하고 그냥 갔다. "요번 주는 산신들 기 받는 일 때문에 힘들겠고 다음 주에 올게."

오늘은 충청북도에 주재하는 산의 산신들 463명이 방문하여 숙영매에게 기를 넣어주었다. 북한산신은 경기도와 강원도에서 두 번 더 오는 것으로 끝내자고 했고 그동안 잘 견뎠다고 숙영매에게 말했다.

2021년 2월 3일 수요일

오늘도 경기도에 주재하는 산의 산신 425명이 방문하여 숙영매에게 기를 넣어주었다. 이제 내일 강원도 하루 남았다.

2021년 2월 4일 목요일

오늘 강원도 지역에 주재하는 산의 산신들 500명이 방문하여 숙영매에게 기를 넣어주었고 이로써 단체로 기를 넣어주는 일은 끝났다. 그리고 다음 주에 숙영매에게 큰 아픔이 올 것이고 쿠옐리스가 많이 도와 줄 것이라고 북한산신이 이야기해주었다. 지난 3년 동안 숙영매에게는 수많은 고통이 있었고 잘 참아왔다. 지난 한 달 보름 산신들의 방문도 잘 이겨냈고 이제 마지막 고비만을 남겨놓고 있는데 무난히 잘 넘어갈 것으로 생각한다. 북한산신은 외계신 쿠옐리스의 방문을 큰 행운이라고 생각한다. 다음 주에 숙영매에게 있을 큰 고통도 쿠옐리스의 도움으로 잘 넘어갈 것이라고 생각하고 있다. 11월 30일 처음으로 산신들이 직접 방문하여 기를 넣어주기 시작하여 12월 20일에는 북한에서 집단으로 방문하는 것을 시작으로 집단 방문한 산신들만 오늘까지 총 3,106명이다. 국토지리원에는 남한에 4,440개의 산이 등록되어 있다고 하는데 약 69% 정도의 수치다. 북한산신이 언급한 전국의 진보 성향의 산신들이 약 70% 정도 된다고 하는 수치와 비슷하다. 그리고 영남보다는 호남에서 산신들의 숫자가 월등히 많은 것도 주목할 만하다. 방문한 산신들이 진보 쪽이기 때문에 신들의 지역적 정치 성향은 인간들과 비슷하다는 이야기다.

62. 삼풍 백화점 영혼들 천도

2021년 2월 5일 금요일

전에 백화점이 무너져 500명 이상 사망한 사건이 있었는데 숙영매와 함께 그곳을 지나가게 됐다. 나는 숙영매에게 영안을 열고 그곳에 영혼들이 많이 있는지 보게 했다. 그러자 숙영매는 눈을 찡그리면서 온몸을 떨며 고개를 돌렸다. 엄청나게 많은 영혼들도 끔찍하지만 머리에 피를 흘리고 다리나 팔이 부러지고 몸이 잔인하게 찢긴 모습이 차마 볼 수가 없어서 그랬다. 그녀는 온몸에 소름이 끼친다고 했다. 세월호의 영혼들도 그렇고 이렇게 사람들이 갑작스럽게 집단으로 죽게 되면 거의 다 저승에 못 간다. 지금도 세월호에서 죽은 영혼들은 반수가 팽목항에서 멍한 채로 있다는 재천령의 말도 있었고 나머지 반은 그래도 살아생전 일을 기억하며 이승에서 활동하고 있다고 한다. 사람들이 집단으로 죽게 되는 일은 거의 다 인간의 탐욕에서 비롯된다. 큰 자연재해가 아니면 그런 일은 일어날 수도 없고 일어나서도 안 된다. 죽은 자는 산 자에게 메시지를 보내지 못하고 늘상 말이 없는 것처럼 보인다. 정말 안타까운 일이다. 나는 재천령한테 그들을 우선적으로 천도하라고 했다.

2021년 2월 6일 토요일

오늘 내담자는 여섯 살 된 아들이 빙의되어 숙영매를 찾아왔다. 일주일 전부터 애가 미친 것처럼 행동하고 평상시와 달라서 찾아 온 것이다.

전과 달리 요번에는 싱거울 정도로 쉽게 끝났다. 숙영매는 투시로 아이의 가슴에 두 명의 영혼이 들어가 있는 게 보여서 그들에게 말했다.

"너희들 나와!"

"싫어요."

그들이 이렇게 거부하자 곧이어 재천령이 말했다.

"너희들 이분이 어떤 분인 줄 알고 그러는 거야! 당장 나오지 못해!"

그러자 그들은 두려워하며 순순히 나왔다.

그리고 숙영매가 말했다.

"저승에 보내줄까?"

"예, 보내주세요."

요번에는 재천령이 직접 저승사자를 호출하였다. 숙영매 앞에서는 처음으로 시도한 것이다. 간단한 손짓을 하고 "여기 저승에 갈 영혼이 있으니 와주세요. 낮은 등급 영혼들입니다."라고 하자 즉시로 저승사자가 나타났는데 요번 저승사자는 젊고 현대식 복장을 했으며 둘 다 검은 양복에 흰색 폴라티를 입고 있었다. 현대식 복장을 한 것으로 보아 아마도 죽은 지 오래지 않은 저승사자일 것이고 낮은 등급의 영혼들을 데려가는 것이기 때문에 낮은 계급의 저승사자들일 것으로 보인다.

산신들의 기를 받는 일은 끝났고 북한산신은 숙영매에게 다음과 같이 말했다.

"이제 영이 올라오면서 큰 신체적 고통이 오는 것만 남았다. 고통의 기간이 얼마나 갈지는 가늠이 안 된다. 짧으면 일주일 이내 길면 2월 말까지도 갈 수 있다. 그 일이 끝나고 나면 이제 숙영매는 더 이상 과거의 숙영매가 아닐 거다."

2021년 2월 7일 일요일
재천령과 이야기했다.

나: 지금 서초동에서 천도 일하다 왔나?

재천령: 예.

나: 언제부터 일했지?

재천령: 오늘부터요.

나: 그래, 몇 명이나 천도했어? 모두들 순순히 저승에 갔나?

재천령: 8명 했는데 모두 고마워하면서 갔어요.

나: 거기 몇 명 정도의 영혼들이 있지?

재천령: 정확히는 모르겠는데.. 약 200명 이상 되는 것 같아요.

나: 그때 백화점이 무너졌을 때 500명이 넘게 죽었는데 반수는 저승에 갔거나 다른 곳에 간 모양이구나. 죽은 걸 모르고 있는 영혼은 반수 정도 되나?

재천령: 그 정도는 아니고요 1/4 정도 됩니다. 아직도 죽은 줄 모르고 여기저기 쇼핑하면서 돌아다니기도 하고요. 어떤 엄마는 아이를 안고 있기도 하고요. 그냥 멍하니 앉아 있기도 하고 그래요.

나: 죽은 지 벌써 26년이 되었는데도 계속 그러고 있구나. 그러면 그런 영혼은 "너 죽은 거야. 그러니 저승에 가야 해"라고 설득하고 보내게 되나?

재천령: 예, 그렇게 해야죠.

나: 최근 들어 저승사자들 몇 명이 영혼들을 데리러 집에 왔었고 어제는 젊은 저승사자가 왔는데 그들은 어떻게 된 건가? 최근에 죽어서 저승사자

로 임명된 건가?

재천령: 예, 최근에 젊은 나이에 죽었어요. 똑똑했고 올바르게 살다가 죽었기 때문에 저승에서 바로 저승사자로 임명됐고요, 수습 사자예요. 아직은 영이 낮기 때문에 약한 영혼을 데려가는 일을 하고 있어요.

나: 나도 그렇게 추측을 해서 너한테 물어본 건데 그게 맞구나. 알았다. 요즘 명상은 얼마나 하나?

재천령: 천도하는 일 때문에 많이는 못해요. 그러나 천도 일도 중요하기 때문에 안 할 수가 없어요.

나: 그래, 수고가 많구나.

밤 10시경 외계신 쿠엘리스가 갑자기 방문했다. 월요일 새벽에 올 예정이었는데 잠을 푹 자라고 몇 시간 일찍 방문한 것이다. 숙영매는 내가 며칠 전 준 질문지로 몇 가지 질문을 했다.

숙영매: 천왕성에서 죽음은 어떤 의미야? 왜 죽는 거야? 노화가 되어서? 아니면 스스로 죽는 거야?

쿠엘리스: 노화가 돼서 죽는 건 아니고 스스로 충분히 경험했다 싶으면 죽을 수 있고 다른 행성에 가고 싶을 때도 죽고 그곳에서 다시 태어나기도 해.

이 말도 저승에서 삶과 죽음을 스스로 조절한다는 어머니 영혼의 언급과 똑같다.

숙영매: 직업의 수가 많아? 어떤 직업들이 있어?

쿠엘리스: 제일 높은 직업은 명상 선생이고 특별한 직업은 없어. 명상을

최고로 따져.

숙영매: 화폐가 있어서 유통이 되는 거야?

쿠옐리스: 화폐는 없고 영이 높은 순서에 따라서 하고 싶고 갖고 싶은 것을 마음대로 할 수 있어.

숙영매: 죽고 나서 다른 행성에 가는 것은 새로운 경험을 하기 위해서야?

쿠옐리스: 물론이지, 우리는 여러 행성에서 많은 경험을 하기 위해서 노력을 많이 해.

숙영매: 죽고 나서 환생하면 전생의 기억을 잊어?

쿠옐리스: 전생은 잊을 수가 없어. 수많은 행성에서 여러 경험을 해야 하기 때문에 잊으면 안 돼.

숙영매: 너는 다른 행성에서 살았던 경험이 있어?

쿠옐리스: 아직 없어. 숙영 너하고 수성에 가서 같이 살고 싶어.

숙영매: 수성은 왜?

쿠옐리스: 수성은 여기 지구보다 차원이 높은 곳이야.

2021년 2월 8일 월요일

밤 10시에 쿠옐리스가 찾아왔다. 숙영매는 내가 작성해준 질문지를 읽으며 그에게 물어보았지만 만족할 만한 답변이 없었다. 답변이 나오면 부족한 답변에 대해서 추가 질문이 들어가야 되는데 내가 직접 물어보질 못해서 그렇다. 쿠옐리스는 숙영매에게 하고 싶은 말이 많다고 했다. 아마도 그것은 외계적 존재들이 지구 인류에게 전해야 할 메시지일 것이다. 인류가 지구를 파괴하고 있고 환경 문제가 상당히 심각하다는 것은 모두 다 알고 있는 사실이지만 그래도 진보적 환경단체들은 환경을 살리려고 노력하고 있다. 보수 세력들은 개발 논리에만 집착한다. 즉 돈, 물질을 최고의 가치로 치다 보니 부패에 찌들어 있을 수밖에 없다. 나만 잘 살면 된다는 생각이 팽배해 있다. 처음에 쿠엘리스가 숙영매와 한국말로 소통하기 시작했을 때 보수 세력의 부패가 너무 심하다고 했던 것은 바로 이것을 말하려고 했던 것일 거다. 영이 낮은 영혼들이 육신을 입고 삶을 경험하고 공부하는 곳이 지구다. 그래서 환경이 파괴되고 지구가 망가지면 안 된다. 학교가 파괴되면 공부할 곳이 없어지는 것과 같다. 지구 밖의 외계에서 지구를 걱정하는 이유다.

2021년 2월 10일 수요일

오늘 낮 외계신 쿠엘리스와 나의 첫 대면이 있었다. 물론 나는 볼 수가 없고 옆에서 숙영매가 말을 전달해 주었다.

나: 우리가 보는 UFO는 왜 나타나는 거고 왜 우리 인간과 접촉을 하지 않는 건가요?

쿠엘리스: 기본적으로 우리는 영체이고 비행선도 영체인데 물질화시켜서 지구인들에게 보여주기 위해서 나타나는 거야. 우리도 지구인들과 접촉을 하고 싶은데 지구인들은 영이 낮아서 힘들어.

나: 물질화하는 과정이 어렵나요?

쿠엘리스: 상당히 어렵지. 영적으로도 상당히 높아야 하고 과학 기술적인 면도 필요해. 두 가지를 병행해서 해야 하는 일이야. 보통 (지구 시간으로) 10년은 걸려.

나: 그런데 UFO는 주로 어디서 많이 오죠?

쿠엘리스: 여러 곳에서 오지만 특히 금성에서 제일 많이 와. 금성은 지구의 4차원 저승보다 한 차원 높은 5차원 세계야. 그러나 현재 태양계에는 물질화된 비행체는 없어

나: 지구에도 저승 세계보다 더 높은 5차원 세계가 있다고 하는데 그럼 그곳과 금성의 수준이 같나요?

쿠엘리스: 그건 아니야. 지구의 최고 높은 차원보다 금성이 더 차원이 높아. 그러나 태양계의 다른 행성보다는 금성이 낮은 차원에 속하지.

나: 다른 행성에서 지구인들에게 알리려고 하는 것이 뭐죠?

쿠엘리스: 지구인들이 물질적인 것에만 너무 치중하고 영적인 것을 무시하기 때문에 올바르게 알려줘야 되는데 아직도 의심이 많아.

나: 태양계에 있는 행성 모두가 지구에 관심이 많나요?

쿠엘리스: 지구는 중요한 행성이야. 관심을 안 가질 수가 없어.

나: 지구는 영적 성장을 하는 공부의 장소라고 알고 있는데 인간들이 환경을 파괴하고 점점 황폐한 행성으로 변해가기 때문에 그런 것으로 알고 있는데 맞나요?

쿠엘리스: 네가 너무 잘 알고 있네. 맞아. 그런데 지구인들과 접촉하고 알려주는 것이 쉽지 않아. 지구인들은 영이 너무 낮아서 대화를 할 수가 없어.

나: 달에 아폴로 11호가 착륙했다는 말은 거짓으로 생각하는데….

쿠엘리스: 네가 맞아. 거짓이야. 잘 알고 있네.

이렇게 쿠엘리스와 15분 정도의 짧은 인터뷰가 끝났다. 쿠엘리스는 내가 영적인 것과 외계인에 대해서 많이 알고 있어서 고맙다는 말을 하기도 했다. 태양계의 외계인들이 가장 걱정하는 것은 지구의 환경이다. 정

말로 우리가 큰 각성을 하지 않으면 안 된다는 생각이 다시 드는 대목이다. 그리고 현재 숙영매가 쿠엘리스를 볼 수 있는 것은 쿠엘리스가 그렇게 만들었기 때문에 가능한 거고 지금 수준으로서는 숙영매도 자력으로 쿠엘리스를 볼 수 없다. 과거 숙영매가 영이 낮을 때 재천령을 통해서만 북한산신을 봤고 자력으로는 볼 수 없었던 것과 같다. 그런데 숙영매는 오늘 영혼들이 순간 이동하는 것에 대해서 말했는데 쿠엘리스는 나타날 때도 그렇고 사라지는 것도 순간적으로 번쩍거리는 빛과 함께 나타나고 사라진다고 말했다. 재천령이나 다른 영혼들, 산신들조차도 그렇게 하지는 않고 서서히 나타나고 없어지는 것과 대조적이다. 그만큼 쿠엘리스의 영이 높다는 뜻이다.

지금 숙영매가 몸이 아파야 되는데 아프질 않는다. 숙영매는 걱정이 되어서 북한산신한테 물어보자 다음과 같이 대답했다.

"아프지 않고 영이 올라오면 좋은 거지 뭐가 걱정인가? 요번 주까지 한 번 기다려보자. 실제로 몸 아픔이 없이 올라올 수도 있어. 영이 올라왔을 때는 너도 스스로가 달라졌다는 것을 알 수 있을 거다."

오늘 박원순 시장 영혼이 우리 집에 왔다. 7개월 만이다. 그동안 검찰청 앞에서 영을 높이려고 명상만 열심히 했는데 그렇게 굶어가며 명상만 한다고 영이 빨리 올라오는 것이 아니다. 박원순령은 지금 지쳐 있고 일단 집에서 푹 쉬고 하루 이틀 정도 지나서 인터뷰를 할 예정이다.

2021년 2월 13일 토요일

숙영매는 오늘 몸에서 열이 나며 덥다고 한다. 날씨가 많이 풀려 영상의 기온이기는 하나 그 정도로 더운 날씨는 아니다. 그래서 북한산신에게 물어보니 다음과 같이 말했다.

"그래? 몸 아픔보다는 그것으로 영이 올라오려나 보다. 그러나 확실한 건 아니고 좀 더 두고 봐야 할 것 같다."

쿠엘리스와 북한산신은 반드시 숙영매의 영이 올라올 것이라고 예언했다.

쿠엘리스도 말했다.

"네가 영이 올라오지 않을 거라면 너한테 오지도 않았어."

이 말은 만약 숙영매에게 영이 올라오는 것이 실패한다면 쿠엘리스는 실망하고 떠날 것이라는 것을 암시하는 말이기도 하다. 그러나 인간 속에 있는 큰 영의 움직임은 아무리 높은 존재라도 정확히 알 수가 없는 것 같다.

63. 백기완 영혼과 박원순 영혼의 만남

2021년 2월 16일 화요일

어제 민주화의 큰 별 백기완 선생이 유명을 달리했다. 어제는 일이 바빠서 몰랐다가 오늘 아침이 되어서야 알게 됐고 아직은 저승에 안 갔을 테니 재천령에게 서울대 병원에 가서 배웅 인사라도 드리라고 하자 그가 말했다.

"안 그래도 박원순과 같이 갈 생각이었어요."

오후 3시 30분

나는 숙영매와 통화하면서 물었다.

"재천이, 박 시장님이 백기완 선생이 있는 서울대 병원 장례식장에 갔나?"

"아직 안 갔어. 시장님이 피곤해서 좀 더 쉬었다가 간대."

숙영매가 이렇게 대답하자 나는 말했다.

"아마도 지난 7개월 동안 검찰청 앞에서 힘들게 명상을 한 후유증 때문에 그럴 거야. 죽어서도 너무 억울하고 한이 맺혔기 때문에 그랬겠지. 근데 어제 새벽에 돌아가셨으니까 오늘 밤 12시에는 가실거야. 지금 안 가면 못 봐."

재천령은 혼자라도 가겠다고 하자 박 시장령도 그제서야 알겠다고 하고 같이 갔다. 아직 박 시장령은 순간 이동을 하지 못하기 때문에 재천령이 붙잡고 같이 순간 이동으로 갔다.

오후 6시

나는 퇴근하고 집에 와서 저녁을 먹고 숙영매에게 물었다.

"재천이 왔나?"

그녀는 잠시 텔레파시로 재천령과 대화하더니 대답했다.

"박 시장님과 백기완 선생님이 계속 이야기하고 있어. 지금도 서울대병원 장례식장에 있어."

"그럼 그 이야기는 나중에 하고 당신은 들어가 자고 있어."

지금 숙영매는 몸 아픔이 와야 하는데 오질 않고 몸에 계속 열이 나고 짜증나도록 피곤하기도 하고 잠만 계속 쏟아진다. 그것이 스트레스로 되어 힘들다. 쿠엘리스도 북한산신도 지금 숙영매에게 상당히 조심하고 있다. 영이 올라오는데 혹시라도 숙영매에게 방해가 될까 봐 그렇다.

2021년 2월 17일 수요일

어제 재천령이 장례식장에서 집에 온 시각은 저녁 7시쯤이었다. 이야기가 끝날 때까지 기다리려고 했으나 너무 길어지는 바람에 그냥 온 것이다. 그러나 박원순령은 12시까지 그러니까 백기완 영혼이 저승사자를 따라 저승에 갈 때까지 8시간 동안을 이야기했다. 저승사자는 세 명이 왔고 모두 옛날식 복장을 하고 있었다. 저승사자 3명이면 그만큼 망자가 사회적으로 지위가 있었던 사람이라는 뜻이다. 내가 여태까지 봐온 바로는 망자의 영혼들은 모두 죽은 다음 날 자정에 저승사자를 따라 저승에 갔다. 오랜 시간 동안 무슨 이야기를 했는지 전부 알 수는 없어도 박원순령은 억울하다는 것을 계속해서 이야기했다고 한다. 재천령이 말한 것을 토대로 대략 정리하면 이렇다.

박원순령: 정말 저는 억울합니다.

백기완령: 나도 그렇게 생각하고 있네. 그래도 이렇게 이승을 떠돌면 어떡하나. 나하고 같이 저승에 가세나.

박원순령: 지금은 못 갑니다.

백기완령: 그럼 어떻게 할 건가?

박원순령: 진실을 밝혀야죠. 여기 저의 무고함을 밝혀줄 사람도 있고 영혼도 있어요. 북한산신님도 도와줄 거예요. 저승은 나중에도 갈 수 있어요.

백기완령: 그래? 거 참 신기한 일이군. 그런 일이 있을 수 있나….

박원순령: 숙영매라고 영혼을 볼 줄 알고 대화도 할 수 있는 사람이 있어요. 제가 그 사람하고 같이 있어요. 그 사람이 저의 무고함을 밝혀줄 겁니다.

대화는 이 정도로 진행됐고 자세한 대화 내용은 알 수 없지만 죽고 나서 일어났던 여러 가지 일 등 시국에 대해서도 많이 얘기했을 것 같다. 백기완 영혼은 살아생전에도 영혼의 존재를 믿었고 영도 있어서 명상을 했다면 크게 깨우쳤을 거라고 재천령이 말했다. 지금 북한산신이 안타까워하는 것도 이거다. 명상을 해서 깨우칠 사람들이 많은데 모두들 하지 않는다는 것이다. 지금으로서는 숙영매도 힘든 상태고 박원순 영혼도 많이 지쳐 있는 상태이기 때문에 며칠 더 있다가 인터뷰를 할 수 있을 것 같다.

오후 10시 30분

북한산신은 숙영매가 몸이 덥다고 하자 다음과 같이 말했다.

"지금 날씨에 안 춥다는 게 이상하다. 밖에서 한두 시간 운동 겸 산책을 하다 오거라. 그래도 안 춥다면 영이 그런 식으로 올라오려는 게 틀림 없다."

숙영매는 약 2시간 동안 빨래골 등 여기저기를 돌아다녔다. 영하 10도의 날씨인데도 그녀는 추운 걸 못 느끼고 몸이 상쾌한 것을 느꼈다. 그리고 집에 와서는 박원순 영혼과 잠깐의 대화를 나눌 수 있었다.

나: 검찰청에서 명상하면서 식사는 좀 하셨나요?

박원순령: 물 마시는 거 이외에는 거의 못했어.

나: 검찰청에 잠깐씩 들어갔을 때 그들이 말하는 거 들어보기도 했나요?

박원순령: 더러 듣기도 했지. 나쁜 놈들! 나 같은 사람을 한 명 더 만들려는 말들을 하고 있었어.

나: 앞으로 무고함을 밝히는데 어떤 식으로 해야 할지 생각한 게 있으신가요?

박원순령: 검찰청 사람들을 움직이게 해서 수사하게끔 해야지.

나: 검찰청 사람들보다는 고소인을 움직이게 하는 것이 더 낫지 않나요?

박원순령: 아, 맞아. 자네가 맞네. 내가 왜 그걸 생각하지 못했을까….

나: 그럼 고소인의 주소를 아세요?

박원순령: 모르겠는데….

나: (재천령에게)아마도 서울경찰청에 있을 거야. 나중에 알아보고 일을 하면 될 거 같다.

박원순령: 그래, 정말 이렇게 믿어줘서 고맙네.

2021년 2월 18일 목요일

낮 12시 쿠엘리스가 왔다 갔지만 30초 정도만 있다 가면서 다음과 같은 말만 했다.

"잘 참아야 돼. 어려운 일이 있어도 견뎌야 해."

"너의 영이 완전히 올라오게 되면 그때 내 본모습을 보여줄게. 지금은 본모습을 보여주면 네가 너무 놀랄 거라서 곤란해."

2021년 2월 20일 토요일

아침에 숙영매와 이야기했다.

나: 지금 몸 상태는 어떤가?

숙영매: 상당히 좋아졌어. 진작에 운동을 했어야 했는데… 밤에 운동하러 돌아다니면 애들(길에 있는 영혼들)하고 얘기도 하고 재밌어.

나: 모두들 당신을 알고 있나? 인사들은 하나?

숙영매: 그럼 내가 지나가면 모두 고개를 숙이고 인사하지. 여기 강북구하고 도봉구에서 재천이가 천도 일을 많이 했고 유명해졌어. 나를 모르는 애들이 없어.

나: 걔네들 중에도 멍한 애들이 반 정도 되나?

숙영매: 아니, 약 1/3 정도 돼. 재천이가 우선 멍한 애들과 악령들부터 천도를 시켰기 때문에 대부분 똘똘한 애들이 많이 남았어. 이 근방은 재천이가 많이 천도시켰어.

나: 그럼 강북구와 도봉구 쪽은 많이 깨끗해졌겠네.

숙영매: 응, 특히 미아리 텍사스 주변에 악령들이 많았었는데 지금 거의 다 보냈대.

나: 삼풍백화점 터에 있던 영혼들은 어떤가? 지금 다 천도됐나?

숙영매: 거의 다 됐고 지금 62명 남았대. 재천이가 열심히 보냈어. 어떤

날은 하루에 30명도 보낼 때가 있었대.

나: 그럼 약 200명 정도 보냈다는 얘긴데 걔네들은 왜 남겼지?

숙영매: 재천이가 그러는데 나중에 쓸모가 있게 될 거라고 하네. 지금은 영이 낮아서 죽었을 때 그 모습에서 벗어나지 못하고 있는데 명상을 시키면서 영을 높이면 나중에 다 쓸 데가 있대.

나: 세월호 아이들 중 아직도 팽목항에서 멍한 상태에 있는 애들도 처리를 해줘야겠구나.

숙영매: 걔네들도 나중에 처리하게 될 거야. 지금 재천이가 너무 바빠. 할 일이 많아.

나: 쿠엘리스는 간밤에 왔었나?

숙영매: 간밤엔 안 왔고 텔레파시만 왔었어. 내가 지금 잘 견디고 있다고 말해줬어. 쿠엘리스도 명상을 상당히 많이 한대. 내가 "너 정도면 명상을 안 해도 되지 않아?"라고 말하면 그래도 해야 한다고 해. 끝까지 영원히 해야 한대.

나: 그럴 거야. 태양계뿐만이 아니고 온 우주의 외계인들도 모두 명상은 기본이고 영원히 해야 할 거야. 이 우주는 너무나 넓고 수많은 우주적 존재들 그리고 모두가 이웃처럼 서로 방문하고 교류해야 하고, 해야 할 일들도 많고 공부해야 할 것이 많으니까 명상을 해서 영을 계속 높여야겠지. 태양계 바깥에는 어마무시하게 높은 영을 가진 외계인들이 많이 있다고 쿠엘리스가 얘기 안 해?

숙영매: 얘기하지. 쿠엘리스는 오히려 그들에 비하면 영이 낮다고 해. 그래서 명상이 필수야. 그런데 쿠엘리스는 나에 대해서 너무 잘 알고 있어.

나: 당신이 얘기를 안 했는데도 잘 알고 있다고?

숙영매: 응.

나: 그럼 특별히 명상 상태에 들어가지 않아도 전생과 과거의 일을 영화 한 편 보듯이 봤다는 얘기구나. 영이 높으면 그 정도는 할 수 있을 거야. 그리고 박 시장은 검찰청 앞에서 명상할 때 물 마시러 검찰청 화장실로 들어가려면 거기 악령들이 많을 텐데 어떻게 뚫고 들어갔지?

숙영매: 처음에는 그것 때문에 물도 제대로 못 마셨는데 박 시장이 그들에게 사정도 많이 했고 그래도 서울 시장이었던 것 때문에 겨우 허락을 받아서 나중엔 마실 수 있었대.

나:(박 시장의 사진을 보여주며)지금 이 모습 그대론가?

숙영매: 맞아, 처음 집에 왔을 때는 많이 말라 있었는데 조금씩 나아지고 있어. 아마 너무 못 먹고 고생을 해서 그랬을 거야.

숙영매를 통해 영혼의 세계를 접하면서 신기한 게 이런 것이다. 육신이 없는 비물질인데도 시간이 지나며 나이를 먹는 것 하며 못 먹었을 때 야위는 것 등등…

저승의 신들, 북한산신, 우주신 쿠엘리스가 바라는 한 가지가 있다. 그것은 인간이 영적 존재라는 것을 스스로 깨닫고 명상을 통한 영적 성장을 하게 하는 것이다. 그러나 그렇게 할 방법이 없다. 단지 숙영매같이 물질 육신을 입은 사람을 통해서 신들의 세계를 전달하게 하려는 것이다. 현재 숙영매의 공간 이동 또는 그 이상 어떤 능력이 나올지는 북한산신도 쿠엘리스도 가늠하지 못한다. 다만 지금 숙영매 속에 큰 영이 있고 분명히 올라올 것이라는 확신은 가지고 있다. 간밤에도 쿠엘리스는 7차원 천왕성에서 텔레파시로 다음과 같은 메시지를 숙영매에게 보냈다.

"인내심을 갖고 기다리고 있어야 돼. 분명히 너에게 큰 영이 올라올 거야. 너를 위해서 기도하고 있어."

저녁에 숙영매는 밖에 나가 운동을 서너 시간 하고 와서 상당히 상쾌하다고 했다. "진작에 이렇게 할걸…" 하고 아쉬워하기도 했다.

64. 천도와 빙의 실제 사례들

2021년 2월 24일 수요일

오늘 내담자는 열흘 전 서초구청 앞에서 차에 치여 죽은 남편의 천도를 요청했다. 우선 재천령은 죽은 장소부터 방문하고 없으면 집에 가서 확인하는데 요번에는 망자의 영혼이 서초동 죽은 장소에서 떠나지 못하고 멍한 상태로 있었다. 재천령이 남편 영혼에게 다가가서 이름을 물어보니 자기의 이름은 모르면서 부인의 이름만 말했다. 그래서 그에게 자세히 이야기를 해주며 부인이 있는 곳으로 가지고 하니 두말하지 않고 재천령을 따라왔다. 그리고 여러 가지 이야기를 전달해주는 과정에서 남편 영혼은 잊었던 기억이 나면서 그동안 사고 장소에 있으면서 무서웠던 일을 이야기했다. 약 20분 정도 대화의 내용을 요약하면 이렇다.

남편: 여보, 나 저승에 보내줘. 영혼 세계가 너무 무서워.
부인: 그랬어? 왜 못 갔어?
남편: 사고 당하고 보니 영혼이 되어 있었고 아무 생각도 안 났어.
부인: 그럼 편히 보내줄 테니까 저승으로 가. 미련 없이 갔으면 좋겠어.
남편: 《고마워, 정말 너무 고마워.》
《 》은 숙영매의 입에서 실제로 남편의 목소리가 나온 부분이다.
부인: (깜짝 놀라며) 내 남편 맞아요. 신기해요. 감사합니다.
남편: 미안해, 나 먼저 가서. 잘 살아, 행복했었어.

부인: 아니야, 너무 놀랐지만 당신하고 얘기하고 나니 속이 시원해. 잘 가
여보~
남편: 《응, 잘 살아야 해.》

그리고 저승사자를 호출하여 보냈는데 요번 저승사자도 검은 양복 차림의 젊은 사자가 와서 데려갔다. 데려가는 영혼이 착하고 약하니까 젊은 수습사자가 온 것 같다. 요번 사건을 계기로 영혼들이 살아생전 일을 기억하지 못하고 멍한 상태로 있는 원인 중 한 가지를 파악할 수 있었다. 갑작스런 사고로 죽으면 영혼 자신뿐만이 아니고 수호령도 멍한 상태가 되니 수호령이 저승에 보고를 하러 가야 하는데 가질 못한다. 때문에 아무것도 모르는 상태로 죽은 장소에 계속 남아 있는 것이다. 내담자도 기가 막혔을 것이다. 진짜 남편은 죽은 장소에서 아무것도 모르고 있는데 훼손된 육신의 껍질만 가지고 울면서 장례를 치렀으니 그렇다.

2021년 2월 25일 목요일

오늘도 여성 내담자가 천도를 요청했는데 이번에도 특이한 경우다. 열흘 전 90세 가까이 돼서 돌아가신 아버지가 왠지 주위에 계신 것 같아서 숙영매를 방문했다. 그래서 재천령이 내담자의 집에 가보니 아빠 영혼이 저승에 가지 않고 있어서 숙영매에게 데리고 왔다.

딸: 아빠, 왜 안 가셨어요?
아빠령: 저승사자가 안 왔다.
이 대목에서는 숙영매가 이상해서 그 아빠 영혼한테 추궁하듯이 물었다.

숙영매: 저승사자가 안 올 리가 없는데… 솔직히 말씀해보세요. 무슨 일이 있었죠?

아빠령: 사실은 수호령이 저승에 보고하러 간다길래 가지 말고 그냥 여기서 살자고 하니까 가질 않았어.

숙영매: 살아 계실 때 죽으면 영혼이 되어 저승에 간다는 걸 알고 계셨나요?

아빠령: 알고 있었지. 그런데 그게 아니더라고 여기 있으면 재밌을 줄 알았는데 무얼 어떻게 할 줄도 모르겠고 답답하고 해서 딸 주위만 맴돌고 있었어.

딸: 그러셨어요? 지금 천도할 건데 가시겠어요?

아빠령: 《그럼, 나 저승에 갈란다. 보내다오.》

딸: (깜짝 놀라며) 보내드릴게, 걱정 마세요. 아빠 절 받으세요.

아빠령: 정말 고맙구나. 저승에 가서 네가 행복하길 빌어주마. 고맙다.

딸: 네, 안녕히 가세요. 제삿날 오세요.

아빠령: 알았어, 내년에 보자꾸나.

여기서 내가 숙영매에게 물었다.

"수호령이 당시에 보고하러 가지 않았다면 나중에라도 저승에 보고하러 가면 되는 거 아닌가?"

"수호령은 주인이 죽고 나서 바로 저승에 가지 않으면 이박 삼일 후에는 저승에 갈 수 있는 길이 막힌대."

"아, 그렇구나. 그런 얘기는 누구한테 들었어?"

"전에 재천이한테 들었어."

결국 이승에 떠도는 수많은 영혼들이 저승에 가지 못하는 또 하나의 이유가 밝혀졌다. 누가 그런 법칙을 정했는지 아니면 자연적으로 그렇게 되는 것인지 알 수는 없지만 아직도 사후 세계의 일은 모르는 것이 너무 많고 계속 배우고 있다. 죽어서는 위의 사례처럼 순간적인 아쉬움이 남더라도 저승에 가서 사는 것이 편하지 이승에 남아 있는 것은 바람직하지 않다. 어머니 영혼의 말처럼 새로운 세계에 가서 새로운 사람(영혼)들, 아마도 이승에 있을 때보다는 좀 더 좋은 사람들을 만나면 더 행복한 생활을 할 수 있을 것 같다.

2021년 2월 28일 일요일
　2월 말이 됐어도 숙영매에게 아무 일도 일어나지 않자 북한산신은 전국 산신들 그리고 외계신 쿠엘리스와도 의논을 했다. 쿠엘리스는 북한산에 직접 와서 전국의 산신들을 북한산에 모이게 했다.

2021년 3월 1일 월요일
　회의는 끝났다. 북한산신을 포함한 전국의 산신들은 강제로 숙영매의 영을 끄집어내야 한다고 주장했고 쿠엘리스만 혼자서 반대했다.
　"지금 숙영매의 육체적인 나이도 있는데 그렇게 하다가 혹시라도 죽게 되면 어떻게 하려고 그래? 숙영매는 나한테 너무나 소중한 사람이야. 숙영매는 분명히 영이 올라올 거야. 그때까지 건강하게 몸 관리를 잘하고 있으면 돼."
　물론 쿠엘리스뿐만이 아니고 산신들에게도 육신을 가진 숙영매는 엄청 중요하다. 아무튼 쿠엘리스의 말대로 기다려보자는 데 모두가 동의했다. 사실 쿠엘리스의 영이 훨씬 더 높기 때문에 산신들도 더 이상 그들의 주장을 고수할 수가 없다.

오늘 내담자는 열한 살 된 아들이 빙의가 돼서 숙영매를 찾아왔고 아들의 몸속을 투시하니 내장 쪽에서 두 여자 영혼이 들어가 있는 것이 보였다. 아주 사악하고 강한 영혼들이라도 처음에는 권유하듯이 좋은 말로 한다.

"몸에서 나와라."

"못 나가! 누가 이기나 해보자."

결국 강제로 끄집어내야 하기 때문에 재천령과 귀례령이 아이의 몸속에 들어가 그들과 사투를 벌였다. 이번 빙의령들은 강해서 끄집어내기가 힘들었다. 그래서 재천령과 귀례령이 한 시간여 동안 그들과 사투를 벌여 끄집어냈고 퇴마 일을 시작한 이후 가장 강한 것들이었다. 아이도 몸부림쳤다. 그들은 끌려나오자마자 숙영매에게 고개를 숙이며 말했다.

"죽을죄를 졌습니다."

이러한 악령들을 데리고 가려면 저승사자들도 강해야 한다. 그래서 저승사자를 호출하자 4명의 나이 많은 사자들이 와서 데려갔다. 아이는 퇴마가 되자 그대로 쓰러져 자기 시작했다.

"한 이틀은 잘 거예요. 일어날 때까지 깨우지 마세요."

숙영매는 내담자에게 이렇게 말을 해주었다. 재천령과 귀례령이 6개월 전 처음 퇴마를 했을 때 5시간 걸렸던 것에 비하면 강한 것들인데도 1시간 정도밖에 안 걸렸다는 것은 그만큼 빙의령들을 끄집어내는 데 요령이 생겼다는 말이다.

숙영매는 일을 끝낸 후 몸이 춥다며 일찍 들어가 잤다. 밖에는 봄비인지 비가 추적추적 내리고 추운 날씨가 아님에도 추워한다. 퇴마하는 데 힘을 써서 그런 건지 요번에는 진짜 영이 오르려고 하는 징조인지 알 수가 없다.

2021년 3월 2일 화요일

오늘도 다섯 살짜리 아이의 빙의 상담이 들어왔는데 재천령이 가보고는 이렇게 말했다.

"아이의 상태가 심각해요."

내담자의 말로는 아이가 이상해진 것이 약 1년 정도 됐다고 한다. 1년 전에 아이는 말도 잘 못 알아듣고 행동도 이상했지만 그냥 '어려서 그런가, 지진아인 건 아닌가'라고만 생각했었다. 그런데 삼 일 전부터 완전 미치광이처럼 행동하고 엄마한테 대드는 모습이 너무 이상하게 생각이 들어 인터넷을 검색해보니 빙의가 의심되어 숙영매를 찾아온 것이다. 숙영매가 투시로 아이의 몸속을 보니 두 남녀 영혼이 위장을 휘젓고 다니고 있었다. 그나마 그것이 흑백으로 보이니 낫지 색상이 고스란히 보이면 견디기 힘들 것 같다고 했다. 숙영매가 아이를 붙잡고 두 눈을 쳐다보며 말했다.

"자, 혜진아(가명), 아줌마 눈을 똑바로 봐!"

그러나 혜진이는 멍하니 다른 곳만 바라보고 숙영매의 시선을 피했다.

"너희들 험한 꼴 당하기 전에 빨리 나와!"

라고 재차 숙영매가 얘기하자 재천령과 귀례령이 말했다.

"지금은 힘쓰지 마세요. 몸의 기를 뺏기면 안 돼요. 우리가 처리할게요."

빙의령 두 명을 끄집어내는데 이번 것들도 처음에는 좋은 말로 이야기하며 30분 정도 실랑이를 벌이다가 말을 안 듣자 결국은 재천령과 귀례령이 강제로 끄집어내는데 너무 완강히 저항하는 바람에 1시간 정도의 시간이 걸렸다. 그 와중에 혜진이가 발버둥치는 것을 꽉 붙잡고 있어야 했다. 빙의령들은 끌려나오고 나서도 사정했다

"우리 그냥 혜진이 몸속에 살도록 내버려 두세요."

그러나 어림없는 소리다. 빙의령들은 그것이 얼마나 나쁜 일이고 큰 죄가 되는지도 전혀 모른다. 자기들이 무슨 말을 하는지 무슨 행동을 하는지 모른다. 재천령이 그 빙의령들에게 말했다.

"이분(숙영매)한테 절부터 하고 사죄해!"

"죄송합니다."

그들은 저승에도 안 간다고 저항하자 숙영매가 다음과 같이 말하고 저승사자를 호출하여 강제로 끌고 가게 했다.

"저승에 가라. 거기는 4차원의 세계고 높은 수준의 세계니까 여기보다는 너희들이 살기에 훨씬 낫다."

저녁때는 박원순 시장에 대해서 이야기했다. 박원순 시장과 고소인 그리고 김재련 변호사에 대해서 숙영매, 재천령과 한참 논의하던 중에 북한산신이 말했다.

"병대 저거 참, 병대 보고 전해라. 영이 올라오면 모든 게 다 해결될 텐데 왜 지금 이렇게 숙영매에게 힘을 쓰게 하나? 좀 기다리라고 말해라."

"죄송합니다."

나는 북한산신께 사죄했다. 그러나 영이 올라오면 어떻게 해결된다는

말이지? 북한산신 말이 사실인가? 결국 박원순 시장의 일도 숙영매의 영이 올라오고 나서야 해결이 될 수 있고 재천령은 그 일에서 손을 떼겠다는 이야기다.

2021년 3월 3일 수요일

오늘 내담자는 며칠 전 남편이 교통사고로 죽어 천도를 의뢰했는데 밤마다 죽은 남편이 꿈에서 보여 숙영매를 찾아왔다. 다음은 숙영매를 통해서 한 그들의 대화를 중요한 것만 정리했다.

부인: 당신 왜 저승에 안 갔어?
남편령: 나도 모르겠어. 내가 왜 영혼이 되어 있는지….
부인: 그래서 그렇게 꿈에 나타난 거야?
남편:《몰라. 나도 어떻게 됐는지 지금도 어리둥절해.》
부인: (깜짝 놀라며)남편 맞아요. (통곡을 한다.)
숙영매: 자, 이제 이별하셔야겠네요.
남편령: 먼저 가서 미안해. 잘 살아야 해.
부인: 응, 당신은 좋은 데로 갈 거야.

어찌됐건 평소에 사후 세계나 영혼에 대해서 전혀 관심이 없다가 사고로 갑자기 죽게 되면 기억이 안 나는 경우가 많은 것 같다. 이번 경우는 왜 죽었는지 기억이 안 나고 다만 자신이 영혼이 된 것을 알게 된 경우다. 지난번 사례는 교통사고로 죽은 사람이 사고 현장에서 벗어나지 못하고 그 자리에 있었는데 이번 사례는 사고현장에서 벗어나 집에 와있는 것이 달랐다. 영혼들은 대부분 사고로 갑자기 죽게 되면 살아생전 일이 완전히 기억이 안 나는 경우도 있고 부분적으로만 기억하는 경우도 있다. 그리고 이번에도 아내의 꿈속에 나타났다고 하는데 꿈에서는 아내가 죽은 남편이 나타나자 다음과 같이 말했다고 한다.

"죽은 당신이 어떻게 왔어?"

그러나 남편 영혼은 아무 소리 안 하고 있었다고 한다. 이번 꿈의 경우도 남편 영혼이 아내의 꿈속에 들어갔던 것은 아니고 잠재의식이 표면 의식에 보내는 메시지다. 3년 전 대영령이 숙영매의 꿈속에 실제로 들어가서 대화를 나눈 것처럼 영혼이 산 사람 꿈속에 들어가는 일은 현실적으로 일어나기 희박한 일이다.

2021년 3월 4일 목요일

시한부 판정을 받은 시아버지가 열흘 전에 돌아가셨다. 오늘 내담자는 장례를 치르고 집에 있는데 자꾸 시아버지가 아른거려서 숙영매를 찾아왔다.

시아버지령: 에미야, 나 저승에 못 가고 있다. 나는 너를 볼 수 있지만 너는 내가 보이질 않으니 답답하지? 하지만 여기 선생님하고 영혼들이 있단다.

며느리: 왜 저승에 못 가셨어요? 무슨 한이라도 있나요?

시아버지령: 아니다. 저승사자가 오는데 나도 모르게 피했다. 《저승사자가 너무 무서웠어.》 난 어떡해야 하니?

며느리: 저승에 가셔야죠. 보내드릴게요.

시아버지령: 살아생전에 고생만 시켰는데 고맙구나. 너희들 잘되라고 기

도하마.

저승에 못 가는 이유가 참으로 다양하다. 집에 있는 영혼들도 대부분이 이렇게 저승사자를 피해서 이승에 남아 있는 경우가 많았다. 지난번 사례도 그렇고 이번 사례도 어떡하든 저승사자는 피했지만 나중에 후회하게 된 케이스다. 사실 이런 이야기는 아무도 들어본 적이 없을 것이고 나 역시도 숙영매를 통하기 전에는 들어본 적이 없다. 지금도 이승에 있는 영혼들 중에는 저승에 가고 싶어도 못 가는 영혼들이 많다. 숙영매와 같은 사람 그리고 재천령 같은 영혼들이 좀 더 많아져서 저승 가고 싶은 영혼들, 나쁜 짓하는 악령들 모두 저승으로 보내야만 지금 세상이 좋은 세상이 될 것 같다.

2021년 3월 8일 월요일

오늘 내담자의 이름은 목연화(가명). 그녀는 두 달 후에 결혼할 남자 석수(가명)가 교통사고로 죽어 천도를 의뢰했다. 그와 사귀고 있을 때 석수의 집안에서 반대를 많이 했었고 그 와중에도 어렵사리 결혼 날짜까지 잡았는데 이렇게 허망하게 간 것이다. 죽은 날도 목연화를 데리러 가던 중에 교통사고가 난 것이기 때문에 남자 집안에서 "너 때문에 죽은 거야!"라며 내담자를 힘들게 하고 있는 상황이었다. 그녀는 자기 주위에 죽은 약혼자가 머물러 있다는 느낌이 강하게 들어서 숙영매를 찾아왔다.

목연화: 자기야, 왜 저승에 못 갔어?
석수령: 갈 수가 없었어. 집에서 반대하는 결혼을 하다가 자기를 너무 마

음 고생하게 해서 미안하고 억울해서 못 갔어.

목연화: 그럼 저승에 안 갈 거야?

석수령: 《응, 가기가 싫어. 그냥 당신 곁에 있으면 안 돼?》

목연화: (숙영매의 눈을 바라보며)일주일만 있다가 보내면 안 될까요?

숙영매가 귀례령과 재천령을 바라보자 그들은 괜찮다는 의미로 고개를 끄덕였다.

숙영매: 그러면 딱 일주일입니다. 그때도 안 갈려고 한다면 강제로 보냅니다.

석수령: 네~네, 고맙습니다.

목연화: 그이와 이야기하고 싶으면 찾아와도 되나요?

숙영매: 예, 얼마든지 가능합니다.

이상으로 숙영매가 주선한 안타까운 대화 장면을 정리했다. 이런 사연을 들으면 전생에 그들 사이에 무슨 카르마가 있길래 사랑하는 사람과 채 맺어지지도 못하고 이별을 해야 하는지 안타깝기만 하다.

밤 9시쯤 운동 나갔던 숙영매한테서 전화가 왔다.

숙영매의 이야기는 북한산에서 산신들이 모여 숙영매의 영을 강제로 끄집어내야겠다고 하여 의논을 했는데 요번에도 쿠옐리스가 반대했다고 한다. 지난번에 이어 두 번째로 반대한 것이다.

2021년 3월 9일 화요일

오늘 내담자는 몇 개월 전 부부싸움을 하다가 감정이 격해져서 실수로 도자기로 남편 머리를 내리쳐 죽게 했다. 평소 폭력 남편이었기 때문에 내담자는 정당방위로 판명 나 집행유예 6개월을 선고 받았지만 자꾸 남편이 쫓아다니는 것 같은 느낌에 천도라도 해줘야겠다고 맘을 먹고 숙영매를 찾아왔다. 이번 경우도 남편 영혼이 저승에 못 가고 내담자의 주변을 맴돌고 있었다.

내담자: 왜 저승에 안 가고 떠돌아다니는 거야?
남편령: 당신에게 너무 잘못을 많이 해서 당신 도와주려고 안 간 거야. 하지만 영혼 세계도 만만치 않네.
내담자: 그랬어? 지금은 저승에 가고 싶어?
남편령: 《응, 나 저승에 보내줘.》
내담자: (깜짝 놀라며)알았어, 천도해줄게. 좋은 데 가서 살아.
남편령: 알았어. 다음 생에는 착한 사람으로 살게. 미운 나를 이렇게 찾아 천도해줘서 정말정말 고마워.
내담자: 알았어. 난 착하게 살다가 죽을 거야. 내 걱정은 하지 마.
남편령: 미안해, 정말 미안해, 미안해.
내담자: 아니야, 저승에 잘 가.

내담자 남편이 평소에 폭력을 많이 행사하고 못할 짓을 많이 했다고 하는데 비록 아내에게 죽임을 당했어도 죽어서 많이 후회하고 뉘우치게 된 경우다.

2021년 3월 10일 수요일

오늘 내담자는 참 순한 아들이었었는데 평소에 안 하던 짓을 하고 갑자기 이 방 저 방을 뒤지며 무엇을 찾아야 한다고 장롱에 있는 걸 다 끄집어내고 잠시도 가만히 있지 못하고 이리저리 산만하게 돌아다녀서 아이와 함께 숙영매를 찾아왔다. 요번 빙의령들은 아이의 머릿속에서 있었는데 남녀 영혼 두 명이었다. 빙의령이 머릿속에 있으면 끄집어낼 때 조심해야 한다. 다칠 수가 있기 때문이다. 거기에다 들어가 있는 것들은 영도 세고 악질들이라 힘들기는 했지만 여하튼 무사히 끄집어냈다. 끌려나오고 나서도 발악을 하는 것을 재천령과 귀례령이 제압을 했고 숙영매와는 눈도 마주치질 않으려고 했다. 재천령이 빙의령들에게 말했다.

"당장 이분한테 사과하지 못해?"

"미안합니다. 잘못했습니다."

숙영매가 말했다.

"너희들 저승으로 가라."

빙의령들은 한참 망설였지만 결국 대답했다.

"예, 가겠습니다."

이들도 저승사자를 호출하여 저승으로 보냈다. 내담자의 아들은 퇴마가 되자 그대로 쓰러져 자기 시작했다

"한 이삼 일 잘 겁니다. 깨어날 때까지 걱정하지 말고 그냥 놔두세요."

2021년 3월 11일 목요일

숙영매가 다시 몸이 아프다. 산신들의 기를 받은 후 지난 한 달 동안 조금씩 아프다 말다 하는 것이 몇 번 있었다. 숙영매는 '영이 올라오는 건

가?'라고 생각하다 그치고 하다 보니 짜증도 난다. 오늘은 평소보다 좀 더 아프다. 요번은 진짠가? 그러나 쿠옐리스가 숙영매를 강제로 재워서 잠을 자다가 오후 늦게 회복이 되어 운동을 하러 외출했다. 오늘 외출은 특별히 쿠옐리스와 같이 했다. 숙영매가 영이 올라올 수 있도록 옆에서 도와주기 위해서다. 물론 대영령은 엄마와 같이 따라다니면서 좋아 죽는다. 쿠옐리스도 지구인하고 이렇게 같이 다니며 지구인의 생활을 구경하는 것이 처음이다. 이건 뭐야? 저건 뭐야? 하며 신기해한다. 특히 수유동에 있는 다이소에 갔는데 엄청나게 많은 물건에 놀란다.

"이렇게 육신을 가진 인간과 다녀보기는 처음이야. 그런데 도대체 지구인들은 왜 이렇게 복잡하게 사는 거야? 그냥 자기가 갖고 싶은 게 있으면 마음으로 만들면 될 것을…."

또, 7차원 천왕성의 세계는 정말 단조롭다는 말도 했다.

"우리는 그냥 명상만 하면 돼. 복잡하게 살 필요가 없어."

그들 간의 이야기에서는 내가 궁금해하는 것을 해소시켜 줄 만한 것은 없다. 숙영매는 애초에 우주나 외계인에 대해서 관심이 없어서 서로 구경하면서 잡담을 하는 수준이기 때문이다. UFO와 외계인에 대해서 미칠 정도로 관심이 있는 사람들이 많은데 평소에 관심도 전혀 없던 숙영매에게 외계신이 왔다. 숙영매는 외계의 세계에 별로 관심이 없다보니 질문도 별로 없다. 다이소에서는 쿠옐리스와 구경하면서 이야기하고 웃고 하는 바람에 주위에 있는 사람들이 이상한 눈으로 쳐다보기도 했다. 다른 사람의 눈에는 쿠옐리스와 대영령이 안 보이기 때문이다.

2021년 3월 12일 금요일

    오늘 내담자는 열흘 전 화재로 죽은 남편의 천도를 의뢰하러 왔다. 성북구에서 화재가 났는데 다른 사람은 모두 빠져나왔지만 내담자의 남편만 못 나오고 현장에서 죽었다.

내담자: 다른 사람들은 다 빠져나왔는데 왜 당신만 못 나왔어?
남편령: 나도 모르겠어. 눈을 떠보니 내가 영혼이 되어 있었어.

    죽은 원인은 정확히 모르지만 아마도 가스중독 때문에 순간적으로 정신을 잃고 나서 죽은 것 같았다. 남편 영혼은 죽은 후 불에 탔는지 온몸이 불에 그을려 있었다. 사람이 죽어서 영혼이 빠져나오면 죽을 때 그 모습으로 보인다. 나중에 영이 높아지면 자신의 모습을 변하게 할 수도 있지만 현재 영혼의 상태에서는 죽을 때 그 모습으로 있을 수밖에 없다.

내담자: 그랬어? 딴 사람들은 다 나왔는데….
남편령: 난 왜 이렇게 저승에도 못 가고 있는지도 모르겠고 어떻게 해야 할지 몰라서 그냥 당신 곁에 머물러 있는 거야.

    여기서 숙영매가 남편 영혼의 수호령을 보니 멍한 상태로 있었다고 한다. 수호령이 약한 데다 갑자기 죽어서 아무 생각도 못하고 저승에 보고하러 가지도 못하는 상태로 있는 것이다.

내담자: 그럼, 저승으로 보내주면 갈 거야?

남편령: 응, 이런 꼴로 살기 싫어.
내담자: 알았어, 살아생전 고생만 하고 이제 살 만하니까 사고가 나서 죽고 나도 안타깝고 가슴이 아파.
남편령: 《아니야, 당신도 열심히 살았잖아.》
내담자: 보내줄 테니까 좋은 곳에서 살았으면 좋겠어.
남편령: 고마워. 잘 살아야 해.
둘은 하염없이 눈물을 흘린다.

2021년 3월 13일 토요일
오늘 내담자의 남편은 폐암 말기 판정을 받았지만 이미 시기도 지났고 수술해도 가망이 없어 집에서 책을 보며 요양을 하다가 사망했다.

내담자: 왜 저승에 안 갔어?
남편령: 몰라. 아파서 진통제하고 수면제 먹고 잤는데 일어나보니 내가 영혼이 되어 있었어. 죽어서까지 당신을 고생시키네.
내담자: 아니야. 치료 시기를 놓친 내가 잘못이지. 가족 살리려고 수술도 하지 않은 당신이 안타까울 뿐이야.
남편령: 《산 사람이라도 살아야지, 가망이 없는 수술에 돈 들어가는 것이 싫었어.》
내담자: (남편의 목소리가 나오자 깜짝 놀라며 흐느낀다.) 그래서 내 마음이 아팠어. 그래도 이렇게 대화라도 하니 마음이 좋아. 지금은 안 아프지?
남편령: 응, 지금은 몸이 가뿐하고 하나도 안 아파. 나도 유서 없이 죽어서 서운했는데….

내담자: 저승에 갈 거야?

남편령: 응, 가고 싶어.

내담자: 알았어, 보내줄게. 아픔 없는 곳에서 잘 살아.

2021년 3월 14일 일요일

오늘 내담자는 만수를 누리고 돌아가신 시아버지의 천도를 하기 위해 왔다. 시아버지 영혼도 잠자다가 일어나보니 영혼이 되어 있었다고 말했다. 나이도 100세 가까이 됐는데 이런 경우 우리는 보통 호상이라 하여 가장 부럽게 생각하는 죽음이다.

시아버지령: 에미야, 난 저승도 못 가고 이렇게 있구나.

며느리: 왜 못 가셨어요? 제가 무슨 잘못이라도 했나요?

시아버지령: 아니다, 에미야. 네가 나한테 얼마나 잘 했는데 그런 소리를 하냐.

며느리: 그러셨군요. 저승에 보내드릴게요.

시아버지령: 《정말 고맙구나, 에미야.》

며느리: (깜짝 놀라며)그러셨군요. 아버님 편히 가세요.

시아버지령: 고생 많았다. 정말 고맙구나. 잘 살다오.

며느리: 예, 아버님 편히 가세요.

어제 오늘의 경우는 갑자기 죽어 자신도 모르게 빠져나와 영혼이 된 경우이고 수호령이 멍한 상태에서 저승에 보고하러 가지 못했다. 늙어서 만수를 누리다 죽으면 모두 무사히 저승에 가는 것으로 생각했는데 꼭 그런 것만은 아닌 것 같다.

보통 영혼들은 쿠옐리스를 볼 수 없다. 쿠옐리스의 영이 너무 높아서다. 쿠옐리스를 제대로 볼 수 있는 영혼은 재천령과 귀례령밖에 없다. 대영령 정도라면 희미하게 볼 수 있다. 같은 영체인데도 영혼들이 볼 수 없을 정도로 영이 높으니 일반 사람들은 아예 생각도 하지 못할 일이다. 숙영매조차도 현재로서는 자력으로는 못 보고 쿠옐리스가 보도록 해주니까 볼 수 있을 정도니 인간들이 외계인과 접촉하는 것이 불가능할 수밖에 없다. 쿠옐리스는 전체적인 지구인들의 생활은 알고 있지만 세세한 부분은 알지 못한다. 숙영매와 같이 다니면서 하나하나 알아나가는 것에 재미를 느낀다. 요즘은 내가 아침마다 영혼들에게 차려주는 밥을 먹기도 하는데 어떤 음식인가 맛만 보는 정도다. 천왕성 외계인의 생활은 복잡하지 않다. 모두가 전생을 알고 있고 생각을 알고 있기 때문에 역사는 필요 없다. 필요한 정보는 텔레파시로 공유하면 된다. 언어학도 필요 없다. 언어는 쿠옐리스가 한국말을 공부한 것처럼 상황에 따라 그때그때 배우면 되고 금방 익힌다. 공부하는 것이 있다면 오로지 명상을 해서 영을 높이는 것과 과학자들은 우주를 연구하기 위한 물리학, 천문, 생물학 정도 된다. 자세한 이야기는 듣지 못했으나 천왕성에서 정부도 있고 정치 조직도 있는 것으로 알고 있다. 정치는 파가 있는데 지구에서 정당 또는 진보 보수 정도의 의미가 된다. 쿠옐리스는 돈에 대한 개념이 전혀 없다. 외계인 세계에서는 물건 거래가 없기 때문이다. 4차원 저승 세계도 그렇고 외계인 세상도 마음으로 필요한 걸 만들기 때문이다. 따라서 숙영매가 현재 내담자를 받고 상담하며 영업을 하는 것은 북한산신이 담당하여 상황에 따라 할지 말지 여부를 결정하고 쿠옐리스는 숙영매의 영을 높이는 것만 관여하고 있다. 실제로 숙영매는 쿠옐리스와 같이 다니면 기운이 많이 나는 것을 느낀다. 쿠옐리스의 강력한 기가 숙영매에게 전달되기 때문이다.

숙영매가 쿠옐리스로부터 텔레파시로 받아 쓴 천왕성 문자

65. 내담자의 전생을 통해서 본 윤회와 카르마

개업해서 본 전생 상담 사례를 보면 전생과 현생이 항상 이어진다는 것이 확실해진다.

사례 1

전생에 마님과 하인 관계였던 사람들이 아내와 남편으로 만났다. 이런 경우는 아마도 전생에 머슴이 마님을 충심으로 모셨던 공덕과 선업으로 이루어졌을 것이다. 또한 하인의 마음속에 있었던 마님에 대한 연모의 감정도 이런 결과로 이어진 것이다. 아무리 하늘같은 상전이라도 연모의 감정까지 억누를 수는 없다. 그러나 이런 경우는 남편이 아무리 잘해줘도 아내의 마음속으로는 남편이 하찮아 보이고 아랫사람으로 보이는 경우가 있다. 전생에서의 습을 버리지 못하는 것이다.

사례 2

전생에 사당패로 다녔던 사람들이 현생에서는 부부로 만나 둘 다 음악을 하며 살고 있다. 그것은 전생의 습이 그대로 이어진 것인데 전생에 사당패로 있었을 당시에는 부부가 아니었고 남자가 여자 밑에서 있었다. 그리고 남자가 여자한테 구박을 많이 받았다. 그러나 현생에서는 구박을 했던 카르마 때문에 아내가 남편한테 정성껏 잘 해주는 관계로 발전했다. 이는 아내가 전생에 자신이 지은 잘못을 반성하며 자신의 카르마를 정화하는 삶을 산다는 의미가 되는 것이다.

사례 3

여성 내담자는 전생에 조선 시대 세종 때 그리고 다른 전생에는 일본 에도 시대에 살았고 그때마다 살기가 너무 힘들어서 매춘 행위를 했었다. 현생에서도 젊었을 때 생활이 너무 힘들어서 매춘의 유혹이 끊임없이 일어났지만 힘들어도 그 일을 하지 않고 참고 살아왔다. 이런 경우는 전생의 습에서 벗어나 한 단계 영적 발전을 한 경우라 할 것이다.

사례 4

숙영매가 전생을 보다 보면 전생과 현생의 흐름이 자연스럽게 이어지는데 경우에 따라서는 이해가 안 갈 때가 있다. 여성 내담자의 전생을 봤는데 정여립이 전생으로 보였다. 나는 역사 공부를 하면서 조선 시대 때 내가 좋아하는 인물로 조광조와 정여립을 꼽는다. 그들은 개혁적인 마인드를 갖고 있었고 그 때문에 죽임을 당했다는 공통점이 있다. 개혁은 늘 상 기득권들의 공격을 받기 마련이다.

정여립은 선조 때 인물로 어릴 때부터 총명하고 똑똑했으며 젊은 나이에 임금 앞에서도 당당하게 자기주장을 펼칠 정도로 당돌한 인물이었다. 그는 관직을 버리고 낙향하여 대동계를 만들고 조직원들을 무술 훈련을 시키는 등 활동을 하였다. 그러나 서인 쪽에서 정여립이 모반을 일으킨다며 선조에게 고변을 하고 관군이 출동하여 정여립을 포위하자 자결하는 것으로 역사에 기록되어 있다. 역사는 이것을 정여립 모반사건으로 기록했고 이 때문에 정철이 이 사건을 조사하면서 천 명에 달하는 사람이 연루되어 죽어나갔는데 이를 기축옥사라고 한다. 나는 공부를 하면서 정여립 모반사건은 모함이라는 생각을 했었다. 또한 그렇게 생각하는 역사학자들도 많다. 그러나 숙영매의 명상 속에서는 그가 실제로 모반을 한 것으로 나타났다. 처음에는 너무 대단한 인물이 한 평범하게 사는 여자의 전생 속에서 나와 '이게 진짠가?'라는 의구심도 들었다. 하지만 그 내담자가 지난 인생을 어떻게 살았고 앞으로도 그녀의 인생이 어떻게 전개될지 알 수가 없는 상황에서 단지 여자라는 이유만으로 의심을 하는 것은 잘못이다. 한 가지 그 내담자로부터 알 수 있는 것은 그녀가 현재 사업을 하고 있고 여자이지만 성격이 대차고 여장부의 기질이 있다는 것이다.

　정여립이 총명하게 태어나서 과거에 급제했지만 관직을 버리고 나름대로의 삶을 살았던 것은 그가 타고난 공부파는 아니라는 것을 보여준다. 즉 책 속에 파묻혀 일생을 산다기보다는 자유분방하고 활동성 있는 삶을 더 선호했다는 것이다. 단지 우수한 머리로 태어나서 어릴 때 멋모르고 공부했지만 그의 본성이 나오면서 자신과는 맞지 않는 학문을 버렸을 것이다. 그것은 정여립 이후의 또 다른 전생에서 조선 시대 때 여성으로 살면서 공부보다는 사업을 하며 살았고 현생에서 다시 사업을 하고 있는 것으로 보아 윤회의 흐름이 정확하다는 것을 보여준다.

　내 경우를 보더라도 내 전생의 이진 장군과 현재의 나 한병대와는 겉보기에 어울리지 않는다. 하지만 내면을 들여다보면 비슷한 부분들이 보인다. 나는 사업을 해서 돈을 크게 벌어보겠다는 생각은 꿈에도 해본 적이 없다. 단지 공부를 해서 군인이나 공직자가 되어 월급 받아 생활하는 것이 인생의 최고 목표였다. 그것은 전생에 시험을 보고 관직에 올라 녹봉을 받아먹고 살았던 습과 연결된다.

　대부분 경우 전생에서의 습이 나이가 들어서 나타난다. 업이라고 하는 것은 습과 달리 전생에 했던 선행과 악행에 따라서 나타나는 결과를 말한다. 전생과 현생이 다르게 나타나고 전생에 굵직하게 살았어도 현생에서 어렵게 살며 모습이 달라져 사는 것도 어찌됐건 업으로 인한 참나의 뜻일 수밖에 없다. 내담자의 전생인 정여립이 분명히 역모를 꾸몄다면 자신으로 인해 기축옥사가 일어났고 그로 인해 죽은 사람들이 천 명에 이른다. 그것은 내담자가 그 이후의 생과 현생에서 풀어야 할 업보다. 물론 그 시대에 잔인하게 살생을 감행했던 책임자 정철도 다음 생에서 그 업보를 풀었어야 했을 것이다. 숙영매도 전생에 이름을 날리던 무녀였지만 현생에서는 자신의 끼와 본성이 전혀 나타나지 않고 몸과 마음이 망가져 살던 과거가 있었고 지금은 자신의 본성대로 살고 있다. 그것도 결국 그녀의 업과 습이 복합이 되어 나타난 결과일 것이다.

　사례 5

　숙영매가 전생을 보다 보면 항상 역사적 인물과 관계되어 나오는 경우가 많다. 역사적 사실과 부합되는 경우도 있으나 역사적 사실을 뒤집는 경우도 있다. 세종대왕은 성군으로 알려져 있고 후궁이 많았던 것으로 기록이 되어 있다. 후궁이 많다고 색을 밝혔다고 단언하기는 힘들다. 후궁을 많이 두기로는 3대 태종이 조선 시대 때 으뜸이고 고려 태조 왕건도 왕후와 후궁의 수가 무려 29명에 달했다. 왕건은 호족들과의 화해 정책의 일환으로 지방 토호의 딸들과 결혼함으로써 후궁들이 많았던 것으로 알고 있다. 이순신 장군의 여성 편력도 내 전생을 계기로 사람들의 생각을 뒤집는 반전이 있었다.

  오늘 전생을 보러온 내담자는 조선 시대 때 세종대왕의 후궁이었던 것으로 숙영매가 봤다. 숙영매가 본 세종대왕의 모습은 키가 크고 잘생긴 얼굴을 하고 있고 만 원짜리에 나와 있는 모습하고는 전혀 다르다. 내담자는 현생에서도 예쁜 모습이지만 전생인 후궁 때의 모습도 예쁘고 세종도 그 후궁을 좋아하고 후궁도 세종을 사모하는 것으로 느껴졌다. 참나도 그렇게 알려줬다. 그러나 세종의 여성 편력은 후궁들과 궁녀, 상궁에 그치지 않고 왕의 신분으로 평복으로 갈아입고 기방에 출입했던 것까지 숙영매가 봤다. '세종의 두 얼굴'이라고 참나의 음성이 들려왔다. 이것은 역사에 전혀 나오지 않는 사실이다. 앞으로도 전생을 보면서 뒤집히는 역사가 얼마나 많이 나올지 약간은 두렵다. 전생으로 인해 뒤집히는 역사에 대해서 역사학자들은 콧방귀를 뀌겠지만 그렇다고 내 입장에서 덮어버릴 일도 아니다.

66. 지구에 정착한 쿠옐리스신 그리고 천왕성

2021년 3월 15일 월요일

　쿠옐리스신은 숙영매의 영이 올라올 때까지 아예 집에서 같이 지내기로 했다. 쿠옐리스신의 영체가 둘로 분리되어 하나는 천왕성에, 다른 하나는 우리 집에 머무는 것이다. 둘은 텔레파시를 통해 각자가 하는 일을 서로 공유한다. 인간들은 도무지 이해할 수 없는 신들의 세계다. 앞으로는 시도 때도 없이 쿠옐리스신에게 질문을 할 수 있게 됐다. 오늘은 차원에 대해서 이야기를 했다. 천왕성 7차원이란 우리가 보는 3차원 물질 세계가 있고 7차원의 높은 세계가 있다는 뜻이다. 지구는 우리가 사는 물질 세계인 3차원 그리고 죽어서 가는 4차원 저승 세계가 있다는 것을 생각하면 이해하기 쉽다. 그리고 금성은 5차원, 수성은 6차원인데 태양은 11차원으로 태양계에서 가장 높은 차원이다. 그리고 나머지 화성, 목성, 토성은 모두 5차원, 달은 4.5차원이다. 북한산신도 태양계의 외계신과 채널링을 한 적이 있다고 했고 귀례령도 태양에서 온 외계신을 만난 적이 있다고 했다. 쿠옐리스신은 태양계의 다른 행성은 방문한 적이 있지만 태양은 너무 차원이 높고 뜨거워서 접근을 못했다고 했다. 우리가 육안으로 보는 것은 모두가 3차원이고 4차원은 같은 공간의 다른 차원이다. 어느 책에도 그리고 인터넷 어디를 찾아봐도 태양에 문명이 있다거나 외계인이 있다거나 하는 말은 전혀 없고 오로지 내 글에서만 언급하고 있다. 섭씨 6,000°C로 이글거리는 곳에서 문명이, 그것도 태양계 최고 차원의 문명이 있다는 것은 물질계의 인간으로서는 상상도 못할 일이기 때문에 그렇다. 고대의 지구인들이 태양신을 숭배했다고 하는 것은 실제로 태양 문명의 외계신을 숭배했다는 말이 아니고 태양 자체를 신으로 숭배했다는 말이다. 쿠엘리스신에게 태양계를 떠나 다른 별에 가본 적이 있냐는 질문에는 "없다."라고 대답했다.

"우리은하에는 몇 개의 별이 있나요?"

"1억만 개."

1억만 개라고 해서 무슨 소린지 잘 몰랐는데 1억이 만 개 있다는 말이니까 1조 개란 뜻이다. 한국말이 서투른 쿠엘리스신이 실수한 것이다. 천문학계에서는 우리은하에 별이 1천억에서 최대 7천억 개 존재하는 것으로 추산한다. 그래서 그 중간치인 4천억 개로 잡는데 쿠엘리스신은 1조 개라고 했다. 여기서 분명히 알아야 할 건 지구를 포함 태양계의 행성들은 별이 아니다. 별은 태양과 같이 스스로 빛을 내는 항성을 뜻한다. 따라서 태양계에서의 별은 태양 하나뿐인 것이다. 그러므로 쿠엘리스신이 말한 숫자와 천문학자들이 계산한 숫자가 정확히 일치하지는 않지만 얼추 맞는다. 그리고 지구의 지하 문명에 대해서도 이야기했는데 지하에 살고 있는 존재는 공룡이라는 말을 해서 놀랐다. 그 이유는 인터넷이나 유튜브에 끊임없이 나오는 이야기가 지구 속에 랩틸리언 즉 파충류가 살고 있다는 것인데 쿠엘리스신이 언급한 것은 단어만 다를 뿐 결국은 같은 의미이기 때문이다. 공룡들이 오래전에 멸종했다고 하는데 그들의 영혼이 진화해서 5차원 문명을 이루어 지저에 살고 있다는 말이 쿠엘리스신의 말로 밝혀진 것이다.

"그럼, 지저 문명의 존재들이 현재 지구 인류를 지배하고 있다는 말이 있는데 사실인가요?"

"그건 아니야."라고 쿠옐리스신은 부정했다.

2021년 3월 17일 수요일

쿠옐리스신과 이야기했다.

나: 천왕성에 살면서 거기 사람들과 지구에 대해서 이야기해본 적이 있나요?
쿠옐리스신: 보통 천왕성인들은 지구가 있고 물질 세계라는 것만 알지 구체적으로 잘 몰라.
나: 그래도 천왕성 과학자들은 지구를 방문하거나 연구하거나 하겠죠?
쿠옐리스신: 과학자들이 지구에 대해서 연구는 해도 아마 지금 나만큼은 모를 거야.
나: 태양에서 제일 가깝지만 4.5광년 떨어진 알파센타우리까지 가려면 쿠옐리스님은 순간이동으로 시간이 얼마나 걸릴까요? 가본 적은 없었다 그랬죠?
쿠옐리스신: 20분 정도면 돼.

이 대답도 역시 거리에 비례해서 시간이 걸린다는 것이 아니다. 쿠옐리스신이 천왕성에서 지구까지 빛의 속도로 2시간 반 거리를 30초 정도에 온다고 해서 4.5광년 떨어진 알파센타우리까지를 수학적으로 계산하여 시간 측정을 하는 것이 아니란 뜻이다. 또한 영이 높을수록 시간은 더 단축된다.

나: 쿠옐리스님은 태양계 밖으로 간 적이 없다고 해도 천왕성 과학자들은

가보지 않았을까요?

쿠옐리스신: 과학자들이야 여기저기 가보면서 연구들 많이 하지.

나: 태양계에는 물질 인간이 지구 이외에는 없는데 태양계 밖에서 지구와 똑같은 환경에 있는 행성이 있다면 거기에 물질적 존재가 살고 있지 않을까요?

쿠옐리스신: 이 우주에서 오로지 지구만이 물질 인간들이 살고 있어. 아무리 지구와 환경이 똑같다고 해서 인간이 살 수가 없어.

이 부분에 관해서는 나중에 추가 질문이 있어야 할 것 같다. 왜냐하면 물이 있고 온도가 적절하면 생명이 자연발생할 수 있다는 과학자들의 말과 대치되는 말이기 때문이다.

나: 나는 평소에 우리가 사는 세상이 가상 세계라고 주장하는데 영혼의 세계와 외계신의 세계는 가상 세계가 아니겠죠?

쿠옐리스신: 당연하지. 오로지 지구인들만이 아무것도 모르고 사는 거야.

숙영매에게 귀례령과 접속해서 한 가지 물어보게 했다. 귀례령이 전에 태양에서 온 외계신과 대화를 했다고 했는데 태양이 그렇게 고차원 별이면 거기서 온 외계신과 쉽게 만날 수 있다는 것이 의문스러웠기 때문이다. 쿠옐리스신은 귀례령의 대답에 부정적인 반응을 보였다.

쿠옐리스신: 그렇게 될 수가 없어. 태양신은 우리도 만나기 힘든 존재야.

귀례령: 그런가요? 그러면 제가 잘못 알고 있었나 보네요.

귀례령은 즉시로 자신의 잘못을 수정했다. 아마도 귀례령은 그 외계인이 태양계의 다른 행성에서 왔다는 말을 태양에서 왔다고 잘못 이해했던 것 같다.

나: 그럼, 귀례령이 만난 외계신은 어떻게 생겼지?
귀례령: 키가 120~130cm 정도고 눈이 컸습니다.
나: (웃으며)어쩌면 천왕성에서 왔을 수도 있네.
숙영매: 그러게….
나: 천왕성에는 동물, 식물이 있나요?
쿠옐리스신: 식물은 포도 한 가지밖에 없고 동물은 코알라와 비슷한 종류 그리고 개와 비슷한 종류가 있어. 천왕성인들이 애완용으로 키우고 있어.
나: 포도는 자연 발생하는 건가요, 재배하는 건가요? 그리고 그걸 캡슐로 만든다는데 누가 만들죠?
쿠옐리스신: 낮은 계급의 영들이 재배하고 공장에서 캡슐로 만들어.
나: 포도를 그냥 먹을 수도 있나요?
쿠옐리스신: 그냥 먹을 수도 있고 캡슐로 만들면 더 맛있긴 하지만 일종의 조미료 같은 거야. 그냥 먹는 게 좋아. 난 그냥 먹어.
나: 바다나 강 같은 물은 있나요?
쿠옐리스신: 바다나 강은 없고 물이 필요하면 마음먹는 대로 나와서 먹을 수 있어. 물은 천왕성 지하에 있고 어느 곳에나 꼭 필요한 거야.
나: 천왕성의 인구는 어떻게 되나요?
쿠옐리스신: 3억 명이 넘어.
나: 지구처럼 나라가 여러 개 있나요?

쿠엘리스신: 나라라기보다는 두 개의 파로 갈라져 있고 말하자면 진보와 보수로 나뉘어져 있지.

나: 전쟁도 하나요?

쿠엘리스신: 전쟁도 하지만 지구처럼 무기를 사용하는 것은 아니고 영적으로 싸워.

나: 두 파가 대립하는 이슈가 어떤 게 있나요?

쿠엘리스신: 여러 가지가 있는데 지구에 관한 것 중 진보파는 물질화를 시켜서 지구인들을 깨우치게 하자는 파, 보수는 쓸데없이 알아듣지도 못하는 지구인들에게 신경 쓸 일이 뭐가 있느냐는 정도.

나: 물질화해도 영체와 물질체의 결합이지만 순간 이동은 가능하죠?

쿠엘리스신: 당연하지. 그게 안 되면 물질화의 의미가 없어.

나: 우주 비행선은 어떤 원리로 움직이나요?

쿠엘리스신: 기지국에서 전파를 보내면 그 전파에 의해서 움직여.

2021년 3월 18일 목요일

오늘 천도시킨 90세 된 노인 영혼의 말을 들어보면 잠자다가 일어나서 물을 마시려고 컵을 집으려 하니 컵이 잡히질 않고 통과했다고 한다. 영화 〈사랑과 영혼〉에서 남자 주인공인 샘 영혼이 악당들을 잡으려고 하는데 그냥 통과하는 장면을 연상하게 했다. 노인 영혼은 그때까지도 상황이 이해가 안 됐고 다시 자려고 자리에 와보니 자기가 누워 있더라는 것이다. 그제야 자기가 죽어서 영혼이 된 걸 알았다. 그나마 이 정도면 자기가 죽은 걸 바로 알게 된 경우인데 그만큼 영혼으로 빠져 나왔을 때도 희미하다거나 그런 게 아니고 완벽하게 살아 있을 때의 모습과 너무나 똑같아서 구분이 안 된다는 말이다. 살아 있을 때 영혼에 대한 관념도 없고 아무 생각 없이 살았던 사람이 죽어서 자기가 죽은 줄도 모르고 떠돌아다니는 것이 이해할 만하다. 영화 〈식스센스〉에서 주인공 브루스 윌리스가 죽은 줄 모르고 다니는 장면이 영화가 아니고 실제로 일어나고 있는 현실이다. 문제는 수호령이다. 숙영매가 그 노인 영혼 옆에 있는 수호령을 보니 멍한 상태였다. 몸의 주인이 죽었음을 저승에 보고하러 가야 할 수호령이 자기 책무를 하지 않고 멍하게 있을 정돈데 살아생전에 다른 악귀들은 어떻게 막아낼 수 있었는지 의아하다. 내가 전에도 한 번 언급했지만 다른 영혼이 들어갈 수 있는 문이 너무 작아서 그런 것이 아닐까 생각한다. 우리는 그런 경우를 영적으로 무디다고 말한다.

2021년 3월 19일 금요일

숙영매는 어제 저녁 또 몸이 아프기 시작하여 잠을 자다가 오늘 오전에 다시 회복됐다. 쿠옐리스신은 숙영매의 영오름을 해독한 것 같다고 다음과 같이 말했다.

"아마도 이런 식으로 조금씩 아프다 회복되다 하면서 영이 올라오게 될 것 같다."

나는 오늘 퇴근하면서 포도를 사갖고 들어갔다. 쿠옐리스신이 천왕성에서 포도를 먹는다고 하길래 맛이 비슷한지 물어보기 위해서다.

"모양은 똑같은데 우리 포도는 이것보다는 크기가 두 배 정도 되고 맛도 달라. 그리고 낮은 곳에서 재배하기 때문에 따기도 좋아."라고 했다.

그리고 저녁을 먹으면서 내가 물었다

"지구인들은 이것저것 여러 종류의 음식을 먹지만 천왕성에 있는 포도 한 송이보다는 영양소가 덜하지 않나요."

"덜한 정도가 아니고 형편없는 수준이야."

쿠옐리스가 이렇게 대답했다. 집에 있는 다른 영혼들과는 달리 쿠옐리스는 유난히 말이 많다. 현재 숙영매의 영 높이는 것을 책임지고 있는 것도 이유겠지만 "이건 하지 마. 이건 해야 해. 빨리 운동하러 나가야 해. 지구인들은 어쩌고저쩌고…"라고 말을 많이 한다. 숙영매는 몹시 좋아하고 재밌어 한다. 그리고 쿠옐리스의 전생에 대해서도 이야기했다.

"나는 옛날에 지구에서 산 적이 있어. 그때 나는 부족장의 딸이었는데 아빠가 전쟁을 많이 했지. 전쟁을 하면서 나무로 뾰족하게 창을 만들어서 적을 죽이곤 했어. 그런데 그것이 얼마나 오래 전인지는 정확히 기억이 안 나지만 몇만 년 전일 거야. 그때도 나는 명상을 하면서 최고 경지에까지 올라갔고 천왕성에 가서 살 수 있었어."

2021년 3월 21일 일요일

어제 이런 일이 있었다. 숙영매가 친정 식구 모임에 가 있는데 내담자로부터 전화가 와서 타로를 봐달라고 하니 숙영매가 말했다.

"지금 제가 다른 곳에 있어서 곤란한데 내일 와주시면 안 될까요?"

"죄송한데 오늘 꼭 보고 싶은데 지금 어떻게 안 될까요?"

이렇게 부탁하여 숙영매가 생각해낸 것이 대영령한테 부탁해보는 것이었다. 대영령은 《사후세계의 비망록 Ⅰ》에서 나왔듯이 숙영매가 1년여 전 타로 맹인이 되었을 때 숙영매를 도와주기 위해서 타로를 잠깐 익힌 적이 있었다. 그래서 대영령을 집으로 보낸 다음 내담자에게 타로 번호

13장을 부르게 했다.

"1번부터 78번까지 아무 번호나 13장을 불러 보세요."

"12, 34…"

이런 식으로 13개의 번호를 받고 숙영매는 대영령에게 그것을 텔레파시로 보냈다. 대영령은 그것들을 받아 타로 78장을 한 장 한 장 순서대로 세어가면서 13장을 끄집어내어 완드5, 은둔자, 채리어트… 이런 식으로 13장을 숙영매에게 텔레파시로 보내고 그것으로 상담을 하게 했다. 한마디로 있을 수 없는 이야기로 들린다. 영혼들이 책을 본다는 말은 들어봤지만 지금 대영령이 한 일은 물질 타로 78장을 하나하나 세어가며 순서대로 카드를 꺼내 그 내용을 텔레파시로 보냈고 그것으로 내담자에게 상담을 해줬으니 나로서는 이해가 안 가고 영혼과 살고 대화하는 숙영매조차도 그들의 세계를 이해할 수 없는 일이다. 그래서 물질 인간의 상식으로는 영적 현상을 이해할 수가 없고 그냥 "아, 이런 일이 일어나는구나."라고 생각할 수밖에 없다. 과학자들이 양자의 세계에서 일어나는 신기하고 이해할 수 없는 일을 이해한다기보다는 그냥 "이런 일이 일어나는구나."라고 받아들이는 것과 같다.

2021년 3월 22일 월요일

오늘 천도 내담자는 집에서 해바라기를 많이 사다가 진열해 놓고 있었다. 해바라기가 좋다고 해서 갖다놨다고 한다. 북한산신도 전에 해바라기가 행운을 가져다주니까 갖다놓으라고 하신 적이 있었다. 스트랜지스 박사가 쓴 《미 국방성의 우주인》에서는 해바라기가 금성에서 온 꽃이라고 언급이 되어 있어 거기에 대해서 쿠엘리스에게 물어보니 다음과 같이 말했다.

"해바라기는 외계에서 온 식물이 맞아. 지구의 식물이 아니야. 그런데 금성은 절대 아니야. 지금으로서는 어디서 왔는지 알 수는 없는데 내가 알아보고 알려줄게."

오늘 내담자의 아버지도 91세로 잠자다가 돌아가신 경우라 호상이라 생각했는데 저승에 가지 못했다. 숙영매가 수호령에게 물었다.
"왜 저승에 보고하러 가지 않으셨어요?"
"호상이라 저승에서 알아서 오는 줄 알았는데 오질 않았네."
숙영매는 어이가 없어했다. 정말 영혼들과 대화를 하다 보니 별일 다 있다. 어찌됐건 내담자의 아버지 영혼도 저승에 가고 싶어 하니 저승사자를 호출하여 보냈다. 재천령이 말했다.
"그런데 장례식장이나 사람이 많이 죽어나가는 요양 병원 같은 곳에서는 저승사자가 와서 대기하고 있다가 위의 사례처럼 수호령이 보고하러 가지 못할 때 망자의 영혼을 데려가는 경우도 있어요."

2021년 3월 24일 수요일
쿠엘리스신과 이야기했다.

지구에서의 진화인데 쿠엘리스신은 수천만 년 전 공룡과 같이 살았던 기억을 이야기했다. 그때 쿠엘리스신도 인간이었는데 당시 인간은 네 발로 다녔고 차츰차츰 두 발로 진화했다고 한다. 고고학계에서는 인류의 출현을 3백 만 년~7백 만 년 전으로 추정한다. 쿠엘리스신은 인간의 유전자를 가진 존재가 네 발로 다니다가 두 발로 진화했는데 그 시기가 바로 수백만 년 전이라고 이야기하고 있는 것이다. 고고학계에서는 인류가 4~5백 만 년 전에 갑자기 출현했다고 하는 것과 대치되는 말이다. 고고학계에서는 '두 발로 다녀야 인간이다'라는 관념 때문에 그런 것 같다. 인간들이 네 발로 다니던 그 시기에 공룡들이 두 발로 다니며 그들의 문명을 형성했고 인간보다 더 높은 수준이었다는 것으로 보아 지금 현재 공룡들이 5차원 지저 문명을 이루고 있다는 사실이 충분히 이해가 됐다. 쿠옐리스신은 계속 윤회하며 진화해왔다. 몇만 년 전에 영적 깨달음을 얻었고 바로 천왕성에 갔으며 거기서 다시 현재 상위권으로 영적 수준이 올라갔다고 한다. 그녀는 지구에 있을 때는 지구인의 모습을 하고 있었지만 천왕성에서 사는 동안 천왕성인의 모습으로 변했다. 그리고 아직도 숙영매에게 자신의 본모습을 보여주지 않고 있다. 공룡의 멸망에 대해서는 여러 가지 설이 있다. 쿠옐리스신은 환경 변화 그리고 다른 이유로는 몸집이 너무 커져서 먹을 게 없어서 멸종했다고 말한다. 물론 큰 공룡에 한해서다. 고고학적으로도 인간들보다 먼저 공룡들이 지구를 지배했던 것은 사실이다.

그리고 아틀란티스와 레뮤리아 대륙에 대해서 물어봤지만 존재하지 않았던 대륙이라고 말했다. 아틀란티스는 플라톤이 자신의 저서에서 1~2만 년 전에 존재했었다고 주장한 대륙인데 결국은 사람들이 상상으로 만들어놓은 가공의 세계라는 것이 쿠옐리스신의 투시로 확인되었다. 쿠옐리스신의 대답은 직접 경험한 것은 전생 기억으로, 경험하지 않은 것은 투시를 바탕으로 이야기했다. 나는 그것을 믿고 글로 옮기고 있다.

67. 수성에서 온 신, 모세와 예수

2021년 3월 28일 일요일

쿠엘리스신에게 예수에 대해서 질문을 했다. 그녀는 예수가 6차원 행성인 수성의 외계신이 물질화된 정자를 마리아의 자궁에 인공수정을 하여 착상한 후 수성의 영체인 외계신이 들어가 나온 인물이라 했다. 즉 기독교에서 예수는 신이라고 하고 음모론에서는 외계인이라고 하는 말들은 다 맞다고 보면 되겠다. 예수가 '하늘에 계신 아버지'라고 말할 때는 하늘을 보며 자신의 생물학적 아버지를 지칭한 것이다. 마리아는 상당히 높은 수준의 영을 가진 여성이었고 가톨릭에서 성모마리아로 추앙하는 것은 충분한 근거가 있다. 예수가 지구에 온 것은 인간들에게 영적 깨우침을 주기 위한 것이었지만 예수가 일찍 죽는 바람에 실패했다고 한다. 그러나 당시의 수성의 외계신들이 예수를 통하여 지구인들에게 전하려는 메시지는 지금 완전히 왜곡되어 있다고 말했다. 영국 BBC 방송국 기자들 세 명이 쓴《성혈과 성배》에서 보면 예수가 당시 젊은 나이에 골고다에서 죽은 것이 아니고 프랑스로 도망가서 80세까지 살다가 죽은 것이라고 되어 있는데 쿠엘리스는 여기에 대해서 다음과 같이 말하며 부정했다.

"그건 아니고, 그때 골고다에서 죽은 게 맞다."

쿠엘리스신은 예수의 생애에 대해서 다음과 같이 이야기했는데 현재 우리가 알고 있는 사실과 상당히 다르다.

예수는 그렇게 태어났고 6세 되던 해 인도에서 온 야만이라는 사람이 예수 탄생의 비밀을 알고 인도로 데려갔다. 그리고 24년 동안 명상 수행을 하고 득도를 하여 30세에 다시 이스라엘로 돌아와서 사람들에게 복음을 전하다가 36세에 로마군에 의해서 처형당했다.

여기서 우리가 주목해 봐야 할 것은 예수가 태어날 때 동방박사가 구세주의 탄생을 경배하러 왔다고 마태복음에 나와있다. 동방이면 동쪽이다. 야만은 동방박사와 연관이 있는 것이 아닐까 생각해 볼 수도 있다. 나중에 알아봐야 할 일이다.

예수가 인도에 가서 공부했다는 이야기는 리바이 도우링 작《보병궁복음서》와 1894년에 노토비치(Nicholas Notovitch)가 쓴《알려지지 않은 예수 그리스도의 삶(Unknown Life of Jesus Christ)》등과 같은 책에서 나온다. 모든 책에서 한결같이 말하고 있는 것은 예수가 12세 때 인도로 갔고 공부하고 돌아온 것이 30세, 그리고 로마군에게 처형당한 것이 33세로 되어 있다. 다시 한 번 확인했지만 쿠엘리스는 예수가 인도에 간 것이 12세가 아니고 6세 때라고 했고 예수는 어렸을 때부터 말을 일찍 깨우치고 상당히 똑똑했다고 한다. 그리고 처형당한 것은 33세가 아닌 36세라고 했다. 우리가 알고 있는 지식과 일치하면 좋겠지만 다른 것은 어찌할 수가 없다. 내 입장으로서는 쿠엘리스신의 말을 못 믿고 다른 사람의 말을 믿는 것도 말이 안 된다. 사실 나이가 중요한 것은 아니고 예수의 행적이 더 중요하다. 리바이 도우링 목사는 명상 속에 들어가 아카식 레코드에 접속하여 예수의 행적을 봤다고 주장하는 것이고 노도비치는 인도에서 자신이 본 책을 근거로 주장하는 것이다. 쿠엘리스신도 투시로 본 사실을 말하고 있다. 누가 더 정확한 것인가 하는 문제는 독자의 판단에 달려 있다. 성경에는 예수가 12세가 됐을 때 아버지 목수 일을 도왔다고 하고 그 이전과 그 이후는 기록이 없다. 그리고 30세부터 다시 기록이 시작된다.

쿠엘리스신은 유대인들이야말로 지구인들 중에 최고의 민족이며 가장 똑똑하고 청결하고 우수한 민족이라고 했다. 유대인들이 그동안 수많은 박해를 당한 것은 지구적으로도 큰 손실이라고 말했다. 그리고 예수를 인도로 데려간 인도인 야만은 석가모니 싯다르타보다 훨씬 영이 높고 깨달음이 깊으며 외계 행성에 대해서 잘 알고 있었고 예수가 수성에서 왔다는 것을 알고 있었다고 한다.

모세도 수성의 신으로 있다가 인간의 몸을 받고 지구에서 태어난 사람이라고 했다. 그러나 야훼에게서 받았다는 십계명은 모세가 신에게 내용을 전달받고 모세 자신이 돌에다가 내용을 새긴 것이지 신이 힘을 써서 새긴 것이 아니라고 한다. 내 생각에 적어도 수성의 신들이라면 '나 외에 다른 신을 섬기지 마라' 또는 '우상을 섬기지 마라'라는 독재적이고도 이상한 말은 하지 않을 것으로 생각하는데 쿠엘리스신은 십계명은 내용이 정확하지 않다고 한다. 또한 역사적으로 많은 외계신들이 지구 역사에 많은 영향을 주고 깨우침을 주려고 했지만 실패했고 그들은 주로 수성과 금성에서 왔다고 한다. 지금 숙영매를 계기로 외계신들이 다시 지구인들을 깨우치게 하려 하고 있지만 현재 진행형이다. 천지창조설 그리고 아담과 이브는 전혀 없는 만들어진 말이고 외계인 음모론에서 나오는 인간의 유전자 조작설 즉 외계인들이 지구에 와서 원시 인류와 자신들의 유전자를 결합 조작하여 현생 인류를 만들었다는 주장도 부인했다. 쿠엘리스는 구약과 신약에 관해서는 오히려 구약이 진실된 내용이 많고 신약은 많은 부분이 거짓이라고 한다. 기독교인들이 구약을 별로 신뢰하지 않고 신약 위주로 공부하는 것과는 상반된다.

  쿠옐리스신이 주장하는 이와 같은 사실들은 내가 성서에 대해서 해박한 지식이 있는 것도 아니기에, 우리가 알고 있는 사실들을 뒤집는 것이 부담스럽다. 수천 년 전 이야기다. 성서는 수천 년의 역사서다. 평소에 하나부터 열까지 다 정확하게 기록되어 있을 거라는 생각은 하지 않았지만 엄청나게 많은 사람들이 철석같이 믿고 있는 역사서를 내가 뒤집을 수 있을까 하는 부담감이 있다. 쿠옐리스신은 예수가 자신이 살고 있는 천왕성이 아니고 수성에서 왔다고 이야기했다. 예수는 인류 역사에 너무도 지대한 영향을 끼친 인물이다. 여기서 진실이 무엇인가에 관한 한 나 개인적으로는 쿠옐리스신의 말을 믿고 이렇게 글로 쓴다.

  쿠옐리스신은 내가 질문하는 모든 것에는 평소에 관심이 없었지만 내가 질문할 때마다 순간적으로 투시로 그때 상황을 본다. 그 때문에 쿠옐리스신도 많은 에너지가 소비된다.

  인간의 삶에 윤회라고 하는 관념을 제거하면 삶의 진정한 깨달음을 얻을 수 없다. 윤회는 불교나 힌두교의 가르침이 아니고 전 우주적 가르침이고 상식이다. 아마도 예수의 윤회에 대한 가르침이 그의 사후에 제거되었을 것이고 이것은 교회 권력자들이 인간을 신이라고 하는 절대적 존재에 귀속시킴으로써 인간을 노예화하는 데 이용했을 것이다.

  그리고 쿠옐리스신은 석가에 대한 외계인설은 부정했고 싯다르타는 인간으로 윤회를 하면서 명상을 오래 하고 진화를 거듭하며 깨달음을 얻은 사람이라고 말했다. 다만 그의 뛰어난 혁명가적 리더십이 그를 역사적으로 오래 기억하게 만들었을 것이라는 나의 생각에 동의했다. 아무리 올바르고 착하게 살아도 명상을 통하지 않고서는 지구적 윤회의 고리를 끊을 수 없다.

쿠엘리스신과 차원에 관한 이야기도 했고 차원은 온 우주에서 단어는 다르지만 같은 개념으로 존재한다고 했는데 거기서 우연히 아라비아 숫자에 관한 이야기가 나왔다. 아라비아 숫자는 우주 공통이라고 쿠엘리스신이 말했다. 이건 너무도 놀라운 사실이다. 아라비아 숫자는 지구 공통 문자. 그런데 지구를 넘어서 어느 별이든 행성이든 1234567890은 우주 공통으로 쓰고 있다는 말이다. 결국은 옛날 어떤 신이 지구인 누구에게 숫자를 가르쳐 준 것이 지금까지 쓰여지고 있다는 이야기다.

사실 내가 궁금한 것마다 쿠엘리스신에게 미주알고주알 질문하기는 너무 부담스럽다. 지금 쿠엘리스신에게 중요한 것은 숙영매의 영이 올라오게 하는 것이고 온 정신을 거기에 쏟고 있다. 쿠엘리스신은 나한테 말했다.

"숙영이 영이 올라오면 모든 것을 다 알게 될 거야. 지금 중요한 것이 뭔지를 먼저 생각해."

또한 보이저 1호가 태양계를 벗어났다고 하는 사실을 알고 있냐고 쿠엘리스신에게 물었을 때

"보이저 1호는 중간에 날아가다가 부서져 산산조각이 났어."라고 했다. 나는 또 한 번 충격을 받았다. 그럼 나사에서 찍었다는 창백한 푸른 점은 무엇인가?

나사는 보이저 1호가 태양계를 벗어나 60억 km 떨어진 지점에서 카메라를 돌려 지구를 찍었다고 했다. 그리고 지구를 '창백한 푸른 점'으로

묘사했다. 가만히 생각해 보니 보이저 1호가 태양계를 벗어나 계속 비행 중이라는 증거는 전혀 없다. 그들이 그렇게 말하면 그런가 보다 하고 믿는 수밖에 없다. 쿠옐리스신의 증언대로라면 아마도 우주에 날아다니는 암석 조각과 부딪혀 부서진 것 같다. 우주에는 수많은 암석 파편들이 날아다니는 것은 익히 알고 있다. 그리고 이어서 말했다.

"보이저 1호는 원래 토성까지만 가는 것을 목표로 했는데 목성도 채 가기 전에 충돌한 거야."

화성과 목성 사이는 소행성 벨트라고 하여 수많은 암석 조각이 날아다니는 구간이다. 생각해보면 그렇다. 지구에서 61억 km 떨어진 지점에서 지구 사진을 찍었다고 한다. 지구에서 명왕성까지 평균 거리가 59억 km인데 그 정도 거리라면 태양이 밝게 빛나는 별 정도로 보인다. 지구가 보일 수가 없다. 만약 창백한 푸른 점, 그 지구 사진이 진짜라면 화성이나 목성 부근에서 찍고 난 후 충돌해서 부서졌을 가능성이 있다.

2021년 3월 30일 화요일

예수에 대한 추가 질문을 했다.

나: 예수가 지구에 온 것은 자발적이었나요 아니면 누가 보낸 건가요?

쿠옐리스신: 스스로 온 건 아니고 윗선의 지시로 지구인을 깨우치게 할 목적으로 파견된 거야.

나: 그렇게 했는데 결국은 그 미션이 실패한 거네요. 그러면 그때 예수가 죽은 후 다시 수성으로 갔나요?

쿠옐리스신: 그럼 당연히 돌아갔지. 돌아가서 지금도 살고 있어.

나: 지구에 다시 올 계획은 없으신가요?

쿠엘리스신: 절대 없어. 지구인에 대한 감정이 안 좋아.

나: 하긴 지구에 와서 그렇게 당하고 좋은 감정이 생길 리가 없겠죠. 다시 오지도 않겠지만 실제로 온다고 해도 어리석은 지구인들에게 사기꾼 취급당하겠죠.

지금도 자신이 하나님의 둘째 아들이라는 둥 하나님으로부터 직접 계시를 받았다는 둥 하며 자신의 종파를 확장해 나가는 사람들이 있다. 지금 예수가 재림한다고 해도 그것이 진실인지 거짓인지 판별할 수 있는 능력이 인간에게는 없다.

쿠엘리스신이 전에 숙영매는 단순한 사람이라고 말했다. 단순해야만 명상을 하기 쉽고 영이 오르면서 깨달음을 얻는 데 유리하다고 했다. 공부를 많이 하고 논리적으로 분석하고 따지기 좋아하는 것은 명상을 하는 사람에게는 최대의 적이다. 그래서 사람들이 명상 수행을 하기 위해서 은둔 생활을 하며 지내는 것 같다. 내가 쿠엘리스신에게 물었다.

"그럼 천왕성뿐만이 아니고 다른 행성에 있는 외계신들은 모두 단순하나요?"

"그럼 단순하지. 생활 자체도 지구처럼 이렇게 복잡한 것이 없고 생각할 것도 별로 없어. 네가 예수에 대해서 나한테 물어보는 것도 우리한테는 관심 밖의 일이야. 굳이 알고 싶은 일이 있으면 누구든지 투시해서 보면 다 알 수 있기 때문에 평소에 다른 일엔 관심들이 없어."

이어서 말했다.

"단순하지만 재밌어. 자기가 만들고 싶은 거 있으면 무엇이든 마음으로 만들고 맘에 안 들면 다시 부수고 새로운 거 보고 싶으면 무엇이든 투시를 해서 보고, 가고 싶은 데가 있으면 어디든지 순간 이동으로 가고… 지구인들처럼 고민하고 걱정하고 불안해하는 일도 없어."

듣고 보니 너무나 당연한 말이다. 우리 인간들은 거짓말을 일상으로 하니 무엇이 참인지 거짓인지 도무지 알 수가 없다. 지금 내가 예수에 대해서 글을 쓰는 것도 열 명 중 아홉은 거짓이라고 생각할 것이다. 그만큼 여기 말 다르고 저기 말 다르고 우리가 평생을 속으며 살아왔기 때문이다.

쿠옐리스신은 일반 영혼들이 볼 수가 없을 정도로 높은 영을 가진 7차원 천왕성 외계신이다. 현재로서는 숙영매도 자력으로는 못 보고 쿠옐리스신이 보게 해주게끔 하니까 볼 수가 있다. 그나마 숙영매가 육신을 가진 인간으로서 영이 높기 때문에 그 정도 할 수 있는 것이다. 숙영매가 영이 완전히 올라오면 그때는 숙영매 자력으로 쿠옐리스신을 볼 수가 있게 될 것이다. 여하튼 높은 영을 가진 쿠옐리스신이 투시로 봤다면 엉터리로 보일 리가 없고 본 것과 다르게 말할 리도 없다. 그래서 누가 뭐래든 나는 쿠옐리스신의 말을 믿는다. 성서의 말씀과 다르다고 기독교인들에게 돌팔매질을 당해도 어쩔 수 없다. 중세 시대 같으면 화형당하기 딱 좋다.

68. 난관에 봉착한 박 시장령

2021년 3월 31일 수요일

　박 시장령의 일은 자꾸 미뤄지고 있다. 제일 큰 문제는 박 시장이 자살했다는 것. 어떠한 경우라도 자살은 죄가 되고 큰 카르마를 남긴다. 그리고 지난 6개월 동안 검찰청 앞에서 무리하게 명상을 하여 영체가 너무 망가졌다는 것. 박 시장령은 그렇게 하는 것이 맞다고 생각했을 것이다. 한이 맺힌 채로 먹을 것도 없이 그렇게 물만 몇 모금 마시면서 명상을 하면 영이 세져 한을 풀 수 있을 거라 착각했다. 북한산신과 다른 산신들이 박 시장령을 도와주게 되면 산신들 자신의 영이 깎인다. 카르마 법칙에 의해서 모든 일을 해결하도록 해야지 인위적으로 억지로 하는 이런 일은 하늘의 법칙에 어긋나는 일이다. 그럼에도 불구하고 도와주려고 하는 이유는 이 나라를 이렇게 놔둘 수가 없기 때문이다. 악이 판치는 세상으로 방치할 수 없기 때문이다. 그것은 노무현 전 대통령의 경우도 마찬가지다. 비록 그가 살아생전 큰일을 했다고는 해도 자살의 업보는 결코 가볍지 않다. 어떤 스님은 노무현의 자살을 '살신성인'이라는 말로 미화하지만 카르마의 법칙은 절대 그런 것이 아니다. 집에 있는 영혼들 중에서도 자살한 영혼들이 몇 있다. 자살한 영혼은 내세에도 반드시 자살 충동이 일어나게 되어 있다. 그것을 이겨내지 못하면 잘못된 습이 윤회를 통해서 계속 이어진다. 다시 태어날 때는 모든 것을 잊고 본능만 가지고 가기 때문이다. 지금 박 시장령은 북한산에서 북한산신의 치료를 받고 있다.

쿠엘리스신도 한마디 했다.

"지금 그게 중요한 거야? 숙영의 일이 더 급하고 중한데 무슨 일에 신경 쓰고 있는 거야!"

2021년 4월 1일 목요일

오늘 전국의 산신들 1,000명 정도가 집에 와서 박 시장령에게 기를 넣어주며 치료를 했다. 산신들은 자신들의 영이 깎이지만 북한산신의 부탁도 있고 스스로 해야겠다는 마음으로 그렇게 한 것이다. 쿠엘리스신은 반대하면서 다음과 같이 말했다.

"만약에 살해당했다면 얼마든지 도와줄 수 있어. 그러나 자살은 아니야. 절대 용서받지 못해."

내 생각에도 박 시장은 자살을 하지 않고 끝까지 명예 회복을 위해서 싸워야 했다. 하다 못해 자살하기 전에 유서에 성추행이 없었다는 것을 자세히만 써놨어도 진보 세력들이 이렇게 곤혹스러워지는 않을 것이다. 죽으면 모든 게 끝날 것이라는 단순한 생각이 그로 하여금 큰 죄를 짓게 하는 원인이 되었다. 나는 쿠엘리스신에게 말했다.

"이건 박 시장 개인의 일을 떠나서 사회적이고 국가적인 일입니다. 이해해 주세요."

박 시장령은 다음과 같이 북한산신에게 간절히 호소했다.

"무슨 일이라도 하겠습니다. 도와주세요."

지금 그는 산신들에게 고마움의 눈물을 많이 흘렸다. 박 시장령은 자신의 망가진 영체를 스스로 회복하는 데도 몇 년이 걸리는 일이고 회복한다고 해서 스스로 그 문제를 해결하기도 힘들다. 그냥 이대로 놔두면 박원순 성추행 사건은 세월이 지나면서 잊힐 일이다. 민주당 쪽 사람들은 2차 가해 공포에 몸 사리고 있고 소수의 진보 진영 사람들만 그의 억울함을 토로하겠지만 천안함과 세월호 사건처럼 그리고 현대사에서 수많은 사건들이 보수 우익들이 의도한 대로 왜곡되었듯, 늘상 그렇게 역사가 진행될 것이다. 통탄할 일이다.

2021년 4월 2일 금요일

밤 9시경 서울 변동 한천로의 어느 공원에서 산신들이 모여서 대책을 논의했다. 1천 명 정도의 산신들이 반반으로 갈렸다. 가장 큰 문제는 박 시장의 자살이다. 도와줘야 한다는 파는 박 시장 개인의 일보다 나랏일이라고 주장했고 도와주지 말아야 한다는 파는 어디까지나 개인의 일이고 자살의 죄를 용서할 수 없다고 주장했다. 쿠엘리스신은 아직도 반대의 입장이다. 박 시장령은 고개만 푹 수그리고 있다. 박 시장령은 영체도 아직 회복이 안 된 상태라 한 번 더 산신들의 기를 받아야 한다. 공원에 1천 명의 영체가 모여서 회의를 하고 있지만 육신을 가진 이는 숙영매 혼자다. 다른 사람들이 보기에 여자 혼자 앉아 있는 것으로 보인다.

밤 11시 30분경 숙영매가 집에 들어왔다. 산신들 회의가 끝나고 들어온 것인데 회의 결과는 나오지 않았다. 쿠엘리스신이 가장 심하게 반대했다. 내가 쿠엘리스신에게 물었다.

"사람을 모함해서 자살에 이르게 하는 것이 더 큰 죄인가요, 아니면 자살하는 것이 더 큰 죄인가요?"

"자살한 죄가 더 크다."라고 대답했다. 나는 더 이상 할 말이 없다. 쿠옐리스의 이 말을 나는 이렇게 해석했다. 인간이 육신을 입고 태어나는 것은 이 세상에서 해야 할 사명이 있기 때문이다. 타인의 육신을 해하건 자신의 육신을 해하건 모든 것은 자기 것이 아니므로 무엇이든 함부로 죽이는 것은 똑같은 살인죄에 해당한다. 사람들이 윤회와 카르마의 기본만 알고 있어도 함부로 행동을 못하고 남은 물론이고 자신을 해하는 일조차 함부로 하지는 않을 것이다. 아무튼 쿠옐리스신은 내일 모레 일요일 이후 최종 결정을 하겠다고 했다. 최종 결정은 영이 제일 높은 쿠옐리스신이 한다.

2021년 4월 3일 토요일

오늘도 천도 요청이 들어왔다. 서울 어느 사창가의 포주였는데 숙영매에게 다음과 같이 말했다.

"제가 데리고 있던 미애라는 아가씨 한 명이 자살했는데 계속 그 아가씨가 꿈에 보이고 안 좋은 일만 생기고 해서 상담하러 왔어요."

"왜 자살을 했어요?"

"글쎄, 그걸 모르겠어요."

재천령과 귀례령이 현장에 가서 보니 미애 영혼이 가지 않고 있어서 집으로 데리고 왔다.

숙영매: 왜 저승에 안 갔니?

미애령: 아줌마 때문에 안 갔어. 아줌마가 나한테 일만 죽도록 시키고 못되게 굴어 힘들어서 죽었는데 나를 저승에 보내려고 해? 어림도 없어!

숙영매: 그러지 말고 집 주소를 알려줘. 그래야 가족들이 알지. 가족들 안

보고 싶어?

미애령: 죽고 나서 다 보고 왔어요. 여기에 이렇게 있는 것도 억울합니다. 아직까지 복수를 못했어요. 일이 끝나면 그때 갈게요.

포주:(깜짝 놀라며 무릎을 꿇고 용서를 빈다.) 내가 잘못했어. 네가 얼굴이 예쁘니까 너를 힘들게 했어. 제발 용서해다오.

미애령: 아니오, 절대 못 갑니다.

숙영매는 참 난처한 상황이다. 달래도 보고 꾸짖어 봤지만 막무가내로 안 간다고 했다. 귀례령이 영혼의 세계를 이야기하며 설득하려고 했지만 말도 못하게 하며 안 간다고 했다.

숙영매: 할 수 없네요. 며칠 있다가 간다고 하니 있을 때만이라도 아침에 밥도 차려주면서 용서를 비세요.

포주: 이렇게 한이 맺힐 줄은 몰랐습니다. 제가 잘못했어요. 인기가 많아서 잠도 안 재우고 일만 시켰습니다.

숙영매: 할 수 없네요. 며칠간 정성을 다 하세요. 미애 양은 5일 동안 시간을 줄 테니까 아줌마와 원한을 풀도록 해. 만약 5일 후에도 안 가려고 한다면 그때는 강제로 보낼 거야.

미애령: 감사합니다. 5일 후에 가겠습니다. 그때까지는 제 한을 풀게 내버려두세요.

숙영매: 알았어. 그렇게 하도록 해.

가끔 이런저런 사연으로 영혼을 바로 보내지 못할 때가 있다. 미애령은 스무 살에 납치되어 사창가로 끌려와서 이십대 중반에 이렇게 한이 맺힌 채 자살했다. 21세기에 이렇게 인권의 사각지대가 있는 것이다. 우리나라의 법에 아직도 허점이 많은 것도 있지만 공직자들의 부패도 억울한 사람이 생기는 원인이다. 미애령의 이야기를 들어보니 복수를 했다거나 자기 가족을 만나고 왔다거나 했던 것으로 보아 영은 상당히 높은 것 같다. 살아생전에 너무 힘들어서 기도를 많이 했다고 하는데 아마도 그 기도가 이 영혼의 영을 높여주는 원동력이 되었을 것이다.

2021년 4월 4일 일요일

박 시장령은 숙영매에게 북한산신께 잘 말씀드려서 도움을 받을 수 있게 해달라고 부탁했다. 그러나 숙영매가 말했다.

"지금 이 문제는 북한산신님이 결정할 일이 아니에요. 북한산신님도 도와주고 싶어 하시죠. 최종 결정은 쿠옐리스가 할 거예요."

"쿠옐리스요?"

"예, 천왕성에서 온 외계인이에요. 영이 최고로 높아요."

"아, 그런 일이 있었어요? 정말 놀라운 일이네요."

나는 박 시장령이 집에 있기 때문에 재천령이나 다른 영혼들이 쿠옐리스신이 여기 있다는 것을 말했을 줄 알았는데 의외였다. 재천령은 그렇게 냉정하기도 하고 무뚝뚝하다. 전에도 언급했지만 집에 있는 영혼 중에서 쿠옐리스신을 볼 수 있는 영혼은 귀례령과 재천령밖에 없다. 당연히 박 시장령도 쿠옐리스신을 볼 수도, 존재를 인식할 수도 없다. 옛날에는 하늘에서 내려오는 존재를 신이라고 했는데 현대 용어로는 외계인이다. 사실 그들은 신이 맞다. 물질 인간들은 지금 과학 기술이 이만큼 발달했다며 오만을 떨고 있지만 영적인 면이건 과학 기술이건 그들에 비하면 감히 쳐다보지도 못할 정도의 수준이다.

이번 보궐 선거가 궁금해서 북한산신께서는 선거 결과를 어떻게 보고 계신가 물어보니 숙영매는 즉시로 북한산신께 텔레파시를 보내어 묻고 다음과 같이 대답했다.

"서울, 부산 모두 근소한 차로 민주당이 이긴다는데."

69. 고통이 시작되는 숙영매

2021년 4월 6일 화요일

오전 9시경 숙영매의 통증이 다시 시작됐다. 요번 통증은 밥을 못 먹을 정도로 극심하다. 쿠옐리스신은 약 10분만 고통을 멈추게 해줄 테니 밥을 천천히 먹으라고 했다. 쿠옐리스신은 자신의 에너지를 써서 고통을 멈추게 했다. 이런 경우도 역시 쿠옐리스신의 영이 깎인다. 자신의 목적을 위해서 영력을 쓰는 것은 영이 깎이는 일이다. 그래서 영적 존재들은 한없이 명상을 하며 자신의 영을 높이는 일을 한다. 숙영매는 집에 있는 땅두릅과 오렌지 그리고 빵 한 조각을 먹고 다시 들어가 자기 시작했다. 이것 역시도 쿠옐리스신이 강제로 재우는 것이다. 고통을 잊게 하기 위해서다. 잠을 잔다고 해서 숙영매의 영이 올라오다 멈추는 것은 아니라고 한다.

오후 4시경 숙영매는 일어나서 내담자 한 명 받고 운동을 나갔다.

밤 10시경 그녀는 들어와서 몸이 다시 아프기 시작하여 들어가 잤다.

숙영매에게 이런 일도 있었다. 아픈 상태에서 밤에 자고 있는데 누군가와 대화를 했고 무슨 말을 했는지 기억이 안 난다고 했다. 쿠옐리스신에게 물어보니 숙영매의 영이 올라오면서 영과 대화를 한 것이라고 한다. 대화 내용은 특별한 건 없다. 숙영매가 영에게 물었다.

"언제 영이 올라오죠?"

"조금 더 기다려야 해. 좀 더 몸 관리를 하고 완전히 건강해졌을 때 올라와야지 지금은 위험해."

숙영매는 내담자의 전생을 봐줄 때 참나와 대화를 한다. 그러면 지금 이 존재는 무엇인가. 참나와 다른 존재인가? 쿠옐리스신에게 거기에 대해서 물었다.

"참나와는 달라. 더 큰 존재야."

라고 대답했는데 정말 영의 세계는 알 수가 없다. '참나'는 불교계나 영성계에서 쓰는 단어다. 나는 영과 참나를 거의 같은 의미로 썼다. 단어를 그렇게 만들었기 때문에 그렇게 쓰는 것이지 인간의 몸속에 영적 존재가 둘이 존재한다면 《큰 영》, 《작은 영》 이렇게 표현할 수도 있겠다. 또는 영성계에서 쓰는 《상위자아》, 《하위자아》라고 표현할 수도 있겠다. 심리학에서는 인간 능력의 90%는 잠재의식에 있고 표면의식으로 10% 미만으로만 쓴다고 한다. 인간이 잠재의식을 다 발휘하면 초능력을 발휘할 수도 있다고 한다. 그리고 숙영매는 육신을 가진 인간으로서 지금 심리학에서 말하는 잠재의식을 끄집어내려고 하는 것이다. 그러기 위해서 쿠옐리스를 포함한 모든 신들이 온 힘을 쓰고 있다.

2021년 4월 5일 월요일

지구 시간으로 84년이 천왕성에서 1년이다. 즉 우리의 여든네 살이 그들에게는 한 살이다. 여기에 대해서 쿠옐리스신과 몇 가지 질문과 답변을 주고받았다. 천왕성에서의 시간 단위는 태양의 주위를 한 바퀴 도는 연 단위가 있고 월·일까지 있기는 하지만 그렇게 중요한 개념은 아니다. 천왕성 나이로 열 살에서 열다섯 살 정도 되면 죽는데, 죽음이 지구인과 같은 개념이 아니고 잠을 자는 것이다. 천왕성 시간으로 몇 년 정도 지속되고 그 기간 동안은 명상도 아무것도 안 하며 천왕성 7차원보다 한 차원 높은 곳, 지정된 곳에서 자면 된다. 말하자면 지구의 저승과 같은 곳이다. 죽음이 끝나면 그냥 깨어나기도 하고 아기로 출생하기도 한다. 출생은 정부의 인구 조절과 자신의 의지가 복합되어 여성의 신체에 인공수정하여 이루어진다.

쿠옐리스신은 박 시장령에 대해서 다음과 같이 결론을 내렸다. 일단 쿠옐리스신은 박 시장령을 호되게 혼냈다. 박 시장령은 쿠옐리스신을 못 보기 때문에 숙영매가 전달해주었다.

"아무리 힘들어도 자살을 하면 어떡하나! 죽을힘을 다하고 해결을 봐야지. 남아 있는 사람들은 어떻게 하라고 하는 거야!"

그리고 나보고는 다음과 같이 말했다.

"병대는 서두르지 마. 숙영이 영이 올라오면 다 해결할 수 있어. 이건 영혼들의 힘으로 해결해야 할 건 아니고 사람의 일은 사람이 해결해야 해. 숙영이 영이 올라오면 충분히 해결할 수 있으니까 그때까지 기다리도록 해."

70. 보수 쪽 산신들의 선거 개입

2021년 4월 8일 목요일

북한산신이 엄청 화를 내며 말했다.

"나는 여태 투시를 해서 틀려본 적이 없어. 보수 쪽 산신들이 총출동해서 사람들에게 심을 심어 홀리고 마음을 움직이게 했어. 내 이것들을 전부 없애버릴 것이야! 내가 잠시 방심을 했구나. 세상이 미쳐 돌아가고 있어."

북한산신은 전국에 있는 산신들 30%는 보수 쪽이라고 전에 말한 적이 있었다. 전국에 있는 산의 개수는 4,440개이니까 약 1,400명 정도가 보수 쪽 산신들이다. 지금 보니까 산신이 아니고 악령들이다. 있을 수가 없는 일이 벌어졌다. 북한산신은 어젯밤에 선거 진행 상황을 보고 너무도 이상해서 알아보니 보수 쪽 산신들이 장난을 쳤다는 것을 알게 됐다. 북한산신은 즉시로 보수 쪽 산신들에게 전쟁을 선포하고 한 놈도 빠짐없이 모두 저승으로 쫓아버리겠다고 선언했다. 글을 쓰면서 보수 쪽을 악령들이라고 쓰기는 다소 부담스럽다. 그러나 부동산 투기에 거짓말에 미투 사기에 모함에 온갖 부패의 오물을 잔뜩 뒤집어쓰고 있는 인간들에게 표를 준다는 것은 정상적인 사회에서 일어날 수 없다. 민주당이 잘못해서 이런 결과가 나온 것이 아니다. 서울은 원래 민주 진보 쪽이 강한 곳이다. 작년 총선에서 민주당에 표를 던진 사람들이 금방 마음이 변해서 이런 결과가 나올 수가 없다. 사람들이 그렇게 어리석지 않다. 이 사회에 얼마나 악령들이 판을 치고 있는지 선거 결과를 보면서 절실히 느꼈다. 서울에서 진보 진영이 20% 가까운 차로 패배한 것은 악령들이 장난을 치지 않고는 일어날 수가 없는 수치다. 숙영매는 북한산신이 틀렸다는 것에 실망했다. 그러나 신들과의 싸움에서 잠시 방심을 했기 때문에 그렇게 된 것이지 예언이 틀렸다고 실망할 필요는 없다.

"병대가 나한테 많이 실망하겠구나."

북한산신이 이렇게 말하자 숙영매가 북한산신에게 말했다.

"오히려 저보다 더 상황을 이해를 하고 있어요."

박원순 영혼은 선거 결과에 펑펑 울며 눈물을 쏟았다고 한다.

2021년 4월 9일 금요일

소탐대실, 보수 쪽 산신들은 1년짜리 시장인 작은 것에 집착하여 큰 것을 잃었다. 어리석은 자는 늘상 그렇다. 그들은 해서는 안 될 짓, 인간의 머리에 심을 심고 홀리는 일을 했다. 그런 것은 악귀들이나 하는 짓이다. 신의 세계에서는 금지된 법이다. 그로 인해 영이 깎이고 지구에서 쫓겨나갈 신세에 처해 있다. 저승으로 쫓겨가는 것이 아니다. 그들도 영들이 높기 때문에 저승에 가면 활개치고 다닌다. 비교적 약한 신들은 4.5차원 달로 갈 수도 있고 높은 신들은 6차원 수성, 7차원 천왕성, 해왕성 등 고차원으로 붙들려 간다. 그렇게 해서 가면 감금된다고 한다. 북한산신은 이런 일은 인간 역사상 처음 있는 일이라 하며 탄식했다.

"지금 산신뿐만이 아니고 지구인들도 전부 미쳐 돌아가고 있어."

생각해 보면 그렇다. 사람들이 과학이라는 물질적 환상에 빠져 영적인 것을 무시한다. 거기에다가 일부 영능력도 없는 사람들이 어려움에 처한 사람들을 속여서 돈을 버는 경우도 많이 있다 보니 점점 미신과 사기꾼들이라는 관념이 머릿속에 박혀 있다. 여기서 심이라는 것에 대하여 잠깐 설명을 하자면 《사후세계의 비망록Ⅰ》에서 처음 언급했었는데 영혼들이 사람의 머리에 심고 그것으로 사람을 지배하는 원리이다. 즉 우리가 평소에 이야기하는 귀신에 홀렸다고 하는 것이 바로 그 말이다. 그것은 결국 수호령과 심을 심으려 하는 악령과의 싸움인데 수호령이 약하면 심어질 수 있다. 빙의하고는 다른 개념이다. 물론 그런 짓은 악령들이나 하는 짓이다. 산신이 되어 그런 일을 하는 것은 말이 안 된다. 그리고 영이 높고 센 영혼들이 할 수 있고 낮은 영혼들은 할 수 없다. 보수 쪽 산신들은 1,400여 명이나 되기 때문에 하나하나 잡아가면 시간이 얼마나 걸릴지 모르지만 지금 북한산신의 결심이 완고하기 때문에 모두 없애는 건 시간문제다. 그들이 가고 난 빈자리는 다른 산신들이 대신할 것이다.

71. 심령 현상에 대한 이해

2021년 4월 12일 월요일

　지난 며칠 동안 숙영매는 아프다 가라앉다를 반복했다. 아플 때는 극심한 고통이 오고 쿠옐리스신이 손을 쓸 수가 없을 정도다. 쿠옐리스신이 할 수 있는 일은 잠을 재우는 것인데 너무 심한 고통이 오면 재우는 것도 쿠옐리스신의 힘으로 안 된다. 작년 6월 집단귀들이 쳐들어왔을 때 숙영매는 그 고통이 아이를 낳을 때보다도 더 고통스러웠다고 했다. 당시 그 고통이 한 달 정도 지속이 되었고 이겨냈다. 지금 고통은 산통의 10배라고 이야기한다. 설마 열 배까지야 되는지 모르지만 그만큼 견디기 힘들다는 이야기다. 고통의 지속 시간은 약 1시간 정도이고 다시 가라앉는다. 이러니 영이 한 번에 올라온다면 고통 때문에 죽을 수도 있다는 말이 나올 수밖에 없다. 그런데 오늘 고통은 지속 시간이 길다. 지난밤부터 12시간째 계속됐고 밤새도록 잠을 못 잤다. 숙영매는 이를 악물고 버티고 있다.
　"이겨낼 수 있어, 이겨낼 거야."
　숙영매는 고통이 끝나면 다시 온몸이 날아갈 듯이 상쾌하다. 오늘 밤 다시 고통이 올 거라 예상하고 있다.

　유튜브를 보면 공포와 귀신을 주제로 방송하는 사람들이 있다. 나는 호기심보다는 숙영매를 통한 영적 현상을 알아가는 것 외에 다른 곳에서 일어나는 영적 현상을 알아보기 위해서 가끔 보고 있다. 웬만하면 그냥 넘어가지만 몇 가지 숙영매의 경험과 다른 이야기들이 있어 설명이 필요할 것 같다.

첫째, 아무리 영안이 트인 사람이라도 영상 속에서는 귀신의 형체를 볼 수도 느낄 수도 없다. 직접 그 현장에 있지 않고서는 또는 원거리 투시 능력이 있지 않고서는 절대로 영상을 통해서는 영체를 볼 수 없다. 유튜브에서 무속인이 빙의된 사람을 퇴마하는 영상을 숙영매에게 보여주었는데 그녀는 영상 속에서 귀신의 모습을 볼 수가 없었다. 어떤 경우에는 유튜브 속에서 의뢰인이 영상 통화를 하는 상태로 자신의 집에 있는 영가들을 봐달라고 하자 무당이 스마트폰에 있는 영상을 보며 여기도 있고 저기도 있고 귀신이 어떤 모습과 어떤 표정을 짓고 있고 거기에다 소리 지르는 것까지 묘사한다. 그러나 숙영매의 말로는 불가능한 일이라고 한다. 영혼들은 스마트폰, 영화, TV 등 영상 속에 있는 모습이나 소리를 들을 수가 없다. 단지 물건 자체의 모습과 물건이 부딪치는 소리는 들을 수 있는데 그것과 같은 이치라고 생각하면 되겠다.

둘째, 폴터가이스트 현상이라고 하여 귀신이 물건을 움직인다고 하는 영상을 볼 수 있는데 이 역시 불가능한 일이라고 귀례령이 말했다. 폴터가이스트 현상은 영혼이 염력을 써서 물건을 움직인다는 설명이 나오는데 그것은 북한산신 아니라 쿠엘리스신도 할 수 없는 일이다. 그러나 사람의 마음을 움직여서 몸을 다스리는 일은 가능하다. 접신과 빙의 그리고 심을 심는 일이 다 거기에 해당한다.

셋째, 귀신을 봤다는 사람은 흔히 그 귀신이 걸어다닌다거나 뛰어다닌다고 하는데 숙영매의 경험으로는 이해가 안 가는 말이다. 숙영매는 영혼을 볼 때 완벽한 사람의 형태로 몸과 두 다리가 완전히 있는 것을 보기는 하나 걷는 것이 아니라 스르르 떠다니는 모습을 본다. 위로 뜨기도 하고 밑으로 내려오기도 한다고 한다. 숙영매는 두 다리를 움직여서 이동하는 영혼의 모습을 한 번도 본 적이 없다. 상식적으로 비물질체인 영체가 물질체인 땅을 딛고 걸어 다닐 필요가 있는가 생각해보면 알 수가 있을 것이다. 그러나 막 죽어서 몸에서 빠져나와 살아생전 습관대로 두 다리를 움직이며 걷는 경우는 간혹 있다고 한다. 여기서 한 가지 유념해야 할 것은 우리가 살고 있는 곳은 3차원 물질 세계라는 점이다. 따라서 영혼들이 저승에 갔을 때는 4차원 공간이고 거기서는 그들도 걸어 다니고 뛰어다니고 해야 한다.

그리고 사람이 앞에 있을 때 그 사람의 뒤쪽에 있는 물질이 보이질 않는 것처럼 영혼이 앞에 있을 때 영혼의 뒤쪽이 숙영매의 눈에는 보이질 않는다. 이 말은 숙영매가 영혼을 볼 때는 사람과 구분을 할 수 없을 정도의 유사한 모습으로 본다는 의미이다. 물론 숙영매는 투시 능력이 있기 때문에 보려고 맘먹으면 뒤에 있는 물체를 볼 수 있다.

넷째, 심령사진이다. 재천령은 심령사진은 불가능한 일이라고 말한다. 영혼은 절대 카메라에 찍힐 수가 없다는 말이다. 심령사진은 과거 필름 사진에서만 나타나는 현상이다. 물리적으로 설명하면 사진을 인화할 때 다른 사람의 필름이 실수로 붙어서 묻거나 또는 빛이 반사되어 나오면서 이상한 형상이 나타날 수 있다. 실제로 디지털 카메라 시대에 들어서면서는 심령사진이 나온 예가 없는 것으로 알고 있다. 심령사진이건 흉가건 우리는 귀신, 영혼에 대한 두려움이 있다. 노벨물리학상 수상자 마리 퀴리는 다음과 같이 말한다.

"두려워해야 할 것은 아무것도 없다, 다만 이해해야 하는 것이 있을 뿐이다."

퀴리 부인이 영혼 현상을 두고 이런 말을 한 것은 아니겠지만 이 세상에 나타나는 귀신과 같은 미지의 현상은 두려워하거나 미신으로 치부해야 할 것이 아니고 이해하고 연구해야 할 과제다.

2021년 4월 15일 목요일

숙영매가 본격적으로 아프기 시작한 지 일주일째다. 나와 이야기할 시간도 없다. 밤에 아플 때는 고통 속에서 밤을 꼬박 샐 때도 있다. 어제 저녁 8시쯤 숙영매는 아픈 것이 가라앉아 운동하러 나갔다가 밤 11시쯤 귀갓길에 집 근방에서 갑자기 아프기 시작하여 걷지 못할 정도가 되었다. 마침 근방에 여성 귀가 도우미 일명 '안심 스카우트'가 있어서 그들의 도움을 받고 겨우 집에 올 수가 있었다. 그에 대해서는 나도 전에 말은 들었지만 실제 본 적은 없다. 남녀 두 명으로 구성된 이들은 인적이 드문 으슥한 골목길에서 늦은 밤 여성의 귀갓길을 돕고 있다. 박원순 시장이 살아 있을 때 만든 제도인데 때마침 숙영매가 도움을 받았다.

"구급차를 부를까요?"

"아니에요, 이건 신병과 같은 거기 때문에 병원에 갈 필요가 없어요."

"아, 그래요? 그럼 집이 어딘가요?"

이렇게 그들의 부축을 받고 겨우 집에까지 올 수 있었다. 쿠옐리스신은 숙영매가 아파하는 모습을 보고 좋아했다.

"이제 됐다."

올 것이 왔다는 뜻이다. 그러나 체력이 문제다. 체력이 받쳐줘야 하는데 올라오다가 멈추고 하며 끝까지 올라오지 않는다. 지금은 쿠엘리스 이외에 재천령, 귀례령, 대영령 세 명의 영혼이 따라다니면서 숙영매의 상태를 보며 돕고 있다.

2021년 4월 27일 화요일

오늘 내담자는 얼마 전 갑자기 심장마비로 죽은 40대 남편의 천도를 요청했는데 남편 영혼은 저승에 안 가고 집에 있었다.

아내: 여보, 저승에 못 간 거야?
남편 영혼: 응, 나도 모르겠어. 난 살아 있는데 내가 누워 있는 거야.
숙영매: 영우 씨(가명), 영우 씨는 영혼이에요. 죽은 거죠.
아내: 당신 죽은 것도 몰라?
남편 영혼: 《모르겠어, 나도… 뭐가 뭔지.》
아내: 저의 남편 목소리예요. 어떻게 이런 일이… 당신 저승에 보내줄 테니까 저승에 가야 해.
남편 영혼: 알았어, 갈 거야. 무서워.
아내: 알았어, 잘 가고 좋은 세상으로 가.
남편 영혼: 고마워, 잘 살아야 해. 잘 있어.
아내: 당신도 잘 가. 아이는 내가 잘 키울게.
남편 영혼: 고마워, 정말 잘 살아야 해.

남편 영혼은 재천령과 귀례령에 이끌려 숙영매한테 올 때까지 자신의 죽음을 모르고 있었다. 똑같은 사례는 작년에 세 살짜리 아이 영혼의 경우가 있었는데 어른인데도 자신이 죽은 걸 며칠이 지나도록 어떻게 모를 수가 있었는지 의아하기만 하다. 분명히 죽어 있는 자신의 모습도 봤을 거고 물건도 잡히지 않았을 테고 벽도 통과했을 텐데 말이다. 어찌됐건 숙영매를 만나 지금이라도 현재 상황을 이해하고 저승에 갔으니 다행이다. 내담자 역시 사랑하는 이를 보내어 마음 편하게 지낼 수 있게 됐으니 다행이다.

또 다른 내담자는 80대 노인 영혼인데 대장암이었고 너무나 아프고 힘들어 가족들 모르게 자살했다고 딸에게 이야기했다. 그러자 딸은 너무 놀라면서 눈물을 펑펑 쏟아내며 통곡했다.

"얼마나 힘드셨으면 자살을 하셨어요?"

그러자 노인 영혼은 말했다

"지금은 아픈 데도 없고 너무 편하다."

나는 전부터 시한부 인생의 안락사에 대해 긍정적 생각을 갖고 있었는데 이 노인의 사례를 보니 더욱더 그 필요성이 느껴진다. 어차피 곧 갈 것을 말년에 왜 그렇게 고통 속에서 지내야 하는지. 인생을 열심히 살고 갈 때가 됐을 때 아쉬워하지 말고 편하게 갈 수 있게 하는 마음이 필요하다.

2021년 5월 4일 화요일

지난달 3일 어느 사창가의 포주가 와서 그녀 밑에서 일하다가 자살한 미애라는 여성의 천도 상담을 했었다. 그리고 그 영혼은 한이 맺혀 가지 않고 5일만 있다가 가겠다고 한 적이 있었다. 오늘 한 달이 넘어 그 포주가 왔다. 포주는 한 달 동안 영업을 못했다고 한다.

숙영매: 이제 저승으로 가야지?

미애령: 예, 아줌마한테는 갔다고 말해주시고요. 저는 여기 있게 해 주세요.

포주: 정말 미안하다. 뼈저리게 반성하고 있으니 이제 저승으로 가려무나.

미애령:《예, 알았어요. 불쌍한 아가씨들 잘 좀 대해 주세요.》

포주: 많이 반성했다. 이제 장사해도 되겠니?

미애령: 그렇게 해주세요. 부탁합니다.

이렇게 해서 미애령은 포주에게는 갔다고 하고 우리 집에 있기로 했다. 재천령은 영이 높은 영혼들이 있으면 집에 데려다 놓는데 미애령도 그중 한 명이 되었다.

오늘은 황당한 일인지, 신기한 일인지 모를 일이 일어났다. 숙영매는 내담자가 오면 상담 후 그 내용을 정리한다. 그런데 분명히 한 명이 왔는데 상담 내용은 두 개가 적혀 있었다. 숙영매가 무슨 영문인지 몰라 당황하고 있길래 내가 말했다.

"영혼들한테 한 번 물어 봐."

그러자 재천령은 다음과 같이 말했다.

"아, 참, 엄마 왜 그렇게 정신이 없어요? 내일 내담자 것을 써놨잖아요."

이 말은 즉 숙영매가 자기도 모르게 내일 일을 봤고 그것을 마치 오늘 본 것으로 생각하고 쓴 것이다. 다시 말해서 명상 상태에 들어가지 않아도 미래를 볼 수 있게 됐다는 것이고 그 내용을 오늘 본 것으로 착각하고 자세하게 쓴 것이다. 내일 만약 글에 쓴 것과 똑같은 사람이 방문하고 글에 쓴 것과 똑같은 내용이 실제로 벌어진다면 숙영매 스스로도 놀랄 것이다. 그리고 숙영매는 그 글을 썼던 상황을 기억하지 못하고 있다.

2021년 5월 5일 수요일

오늘 천도 내담자가 오자 숙영매는 어제 자신이 노트한 것을 내담자에게 보여주었다. 내담자도 깜짝 놀라고 숙영매도 놀랐다. 이름, 나이, 상황 모두가 같다. 1년 여 전 내가 숙영매에게 최면을 걸어 미래의 일을 보게 했고 99%가 일치했다. 딱 한 가지 안 맞았던 게 숙영매가 당시에 타로 맹인이라는 마법(?)에서 예상보다 일찍 풀려나서 틀린 것이었다.

2021년 5월 11일 화요일

숙영매가 다시 극심한 고통에 시달리고 있다. 그동안 계속 고통은 있었지만 쿠옐리스신과 북한산신이 필요할 때는 고통을 잡아주어 완화해 주기도 했다. 다만 오늘 평소보다 그 고통이 좀 더 심해졌고 쿠옐리스신과 북한산신이 잡아주는데도 불구하고 최고로 고통스럽다. 그동안 수많은 고통을 참아왔던 숙영매도 이번만큼은 견디기 어려운 것 같다. 아마도 그들이 잡아주지 않는다면 극심한 고통으로 죽을 수도 있다는 이야기다.

숙영매에게 이번 생에서 주어진 삶의 의미는 그리고 사명은 무엇일까? 이것도 다 우주의 법칙에 의해서 짜여진 각본일까? 북한산신과 쿠옐리스신 그리고 다른 영혼들은 숙영매가 영을 받은 후 역사적으로 큰 이름을 남기고 갈 것이라고 믿고 있다. 물론 나야 현재로서는 숙영매가 어디서도 들어본 적이 없는 초능력을 발휘하고 있다는 것은 알고 있지만 앞으로 일어날 일은 잘 모르겠다.

쿠옐리스신을 통해서 들은 우주의 신들은 너무 경이롭다. 어디가 최고일지 모를 태양계와 태양계를 넘어서 존재하는 초 고차원의 신들을 생각하면 항상 숙연해진다. 태양에서 8.6광년 떨어진 시리우스만 해도 태양보다 더 크고 밝다. 또 그보다 더 큰 별이 상당히 많이 존재한다. 이 우주를 움직이는 큰 힘의 실체가 무엇인가 모르겠다. 아마도 기독교인들은 이런 나의 고민을 보고는 교회에 나와서 하나님의 말씀을 들으라고 말할지 모른다. 실제로 내가 젊었을 때 이런 문제를 미국인 몰몬교회 선교사에게 말하자 그는 다음과 같이 나를 설득하려 했다.

"바로 당신이 이야기하는 절대자(absolute power)가 바로 하나님(God)입니다. 교회에 나오세요."

하지만 내가 원하는 것은 그게 아니었다. 남이 쓴 책으로 또는 남의 사상으로 깨우치기에는 너무나 각자의 생각이 다르다. 단지 어느 한 분야, 한 명의 철학자 또는 한 명의 학자 한 종교에 꽂혀 그의 사상을 따르는 것은 위험하다. 그렇기 때문에 끊임없이 명상을 하여 영을 높이고 스스로 깨달아야 한다. 쿠엘리스신도 몇만 년 전 옛날 지구에서 물질 육신의 옷을 입고 있을 때 누군가의 도움으로 명상 기도를 하면서 깨우침이 있었을 것이라 생각하지만 결국 스스로 깨달아 천왕성으로 갔다. 우리 하나하나는 모두가 아무 의미 없이 태어난 인생이 아니다. 영을 높이지 못하고 깨닫지 못하면 영원히 윤회의 굴레를 벗어날 수 없다. 우주는 컴퓨터 시뮬레이션 가상 세계라고 주장하는 과학자들도 있다. 지구가 자전과 공전을 하고 태양계도 그리고 우리은하도 더 나아가 우주 전체가 정교한 컴퓨터처럼 움직이는데 그들의 과학적 시각으로 바라보는 우주는 혹시 정교하게 짜여진 프로그램은 아닐까 의심해볼 만도 하다.

숙영매는 약 14시간 정도 고통 속에 있다가 저녁 때 회복이 되어 운동하러 나갔다.

72. 각 행성으로 쫓겨 가는 보수 쪽 산신들

2021년 5월 15일 토요일

　숙영매의 고통은 도대체 언제 끝날지 모르는 것이라 더 고통스럽다. 쿠엘리스신도 북한산신도 모르니 모두가 답답하다. 북한산신은 쿠엘리스신에게 다음과 같이 제안했다.
　"이쯤에서 끝내고 투시 연습을 하게 하면 될 것 같은데 어떻겠습니까?"
　그러나 쿠엘리스신은 반박했다.
　"무슨 소리! 여태까지 참아 왔는데 끝까지 가야지 여기서 포기하면 뭐가 돼?"
　북한산신은 내심 불안한 마음이 있기 때문이다. 숙영매가 너무나 고통스러워하는 모습을 보면 자살이라도 하지 않을까 불안하다. 북한산신은 산신 생활 2천여 년 동안 숙영매 같은 제자들이 많았지만 모두가 실패했다. 중도에 포기하거나 고통 속에서 죽거나 자살하거나 신내림을 받거나 해서 끝났다. 그 고통이 아기 낳는 것의 열 배라고 하니 죽지 않는 것이 다행일 정도다. 숙영매가 고통 속에 몸부림을 치면서 울면 옆에서 쿠엘리스신이 껴안아 주며 같이 운다. 쿠엘리스신은 그만큼 숙영매에게 온 힘을 다하고 있다. 지금 북한산신과 쿠엘리스신이 고통을 잡아주는데도 이 정도인데 안 잡아주면 그냥 죽는다는 이야기다. 만약 숙영매가 포기하거나 실패하거나 하여 잘못되면 쿠엘리스신은 천왕성으로 울면서 돌아갈 것이다. 육신을 가진 인간으로 하여금 외계신의 세계를 알리게 하려고 이렇게 왔지만 실패하고 돌아가면 향후 얼마 동안 더 인간이 미개한 상태로 남아 있게 될지 쿠옐리스신은 초조하기만 하다. 지구인들은 태양계 내에 이렇게 많은 형제들이 있다는 것을 모르고 있다. 외국의 외계인 경험자들이 태양계 내의 금성에 대해서는 많이 이야기하지만 그밖에 모든 행성과 그 행성을 도는 위성에서도 영체의 외계인들이 존재한다. 특히 태양에서조차 11차원에서 신들의 문명이 있다는 말은 아마도 내가 인류 최초로 언급한 것일 거다.

보수 쪽 산신들의 퇴출 문제는 현재 진행 중이고 반 정도 제거됐는데 다른 행성에서 신들이 직접 와서 잡아가고 있다. 북한산신에게 반발하는 보수 쪽 산신들이 집단으로 북한산신에게 공격하는 일도 있었는데 진보 쪽 산신들의 도움으로 막아내기도 했다. 산신이 제거된 산에는 저승에서 산신급의 높은 신들이 임명되어 내려오고 있다. 앞으로 한두 달이면 모두 제거되어 교체될 계획이다. 문제는 보수 쪽 산신들이 사람들에게 심어놓은 심인데 현재 달 또는 다른 행성으로 쫓겨간 상태에서는 심이 심겨진 사람들의 건강 상태가 안 좋아지고 극우 성향이 남게 되기 때문에 하나하나 찾아서 제거해야 한다. 그것을 진보 쪽 산신들이 하고 있지만 쉽지 않다. 산 사람에게 심을 심고 조종하는 행위는 영혼 세계에서 금지되어 있다. 세상의 악인들에게 심을 심어서 착한 사람으로 만드는 것도 안 된다. 이 모든 것이 다 금기 사항이다. 인간들이 스스로 해야 할 일 그리고 하지 말아야 할 일을 구분하여 깨닫고 행동할 때까지 신들은 기다려야 한다. 글을 쓰면서 보수는 악, 진보는 선이라는 느낌을 주는 것이

나로서는 다소 부담스럽다. 실제로 보수적 성향을 지닌 사람 중에도 착실하게 세상을 사는 사람들이 많다. 반면 진보 쪽 사람들 중에서도 하지 말아야 할 짓을 하는 사람들도 있다. 문제는 상류층 자본 계급이 여론을 호도하고 왜곡해서 사람들의 판단력을 흐리게 하는 데 있다. 언론과 검찰, 사법은 현재 돈의 노예가 되어 자신들의 돈벌이와 권력 잡기에만 급급하고 있는 게 문제다. 검찰은 과거 독재 정권 시절 독재자의 충견 역할을 했지만 독재 권력이 없어지고 민주 정부가 들어선 지금 자신들이 갖고 있는 수사권과 기소권이라는 힘으로 스스로 권력자가 되었고 자본 계급과 결탁하여 온갖 부정부패를 저질러도 처벌받지 않는다. 언론도 '언론의 자유'라는 허울 좋은 말로 포장하며 각종 거짓말과 왜곡을 뱉어내는 쓰레기가 되었다.

20대 청년들이 보수화가 됐다는 것은 최근 들어 보이는 현상이지만 아무리 그래도 지난 보궐 선거에서 70%가 넘는 20대 남성들이 오세훈을 찍은 것은 보수 쪽 산신들의 장난질 이외에 설명할 방법이 없다. 70대 노인의 정치 성향과 똑같은 현재의 20대는 정치에 관심도 없고 정치적 입장을 정립한 경우도 보기 힘들다. 옛날 20대와는 상당히 다르다. 지금 20대는 태어날 때부터 이미 모든 것이 짜여져 있고 제도권화되어 있는 사회에서 스스로 뭔가 개척하고 이겨나가는 동기가 부족하다. 온실 속에서 오로지 부모의 그늘 밑에서 시험 문제 정답 찍기 연습에만 몰두해 왔다. 그들은 그들만의 인터넷 커뮤니티에 주로 매몰되어 있고 거기서 역사, 사회, 문화 등 모든 정보를 습득하고 판단한다. 이십 대 청년들은 그렇게 잘못된 정보에 오염되어 있다. 그럼에도 불구하고 20대가 부모의 정치 성향보다도 보수화됐다는 것은 자연스럽지 않다. 보수 쪽 산신들의 장난질이 아니더라도 20대가 이렇게 된 것은 모두 기성세대의 책임이다. 어떡하든 자기 자식만이라도 경쟁에서 이기고 좋은 대학 보내고 편안하게 살게 해주겠다는 잘못된 부모의 마음에서 비롯된 것이다. 현재의 교육은 잘못됐다. 평등과 협력의 가치를 존중하고 스스로 모든 문제를 풀어나가게끔 역량을 키워나가는 교육 혁명이 필요하다. 인생은 누구나 똑같이 출발해야 하고 학업을 마칠 때까지 무상 교육과 대학 평준화가 필요하다. 필요하면 유산 상속 금지-사후 재산 100% 국가에 귀속 등 극단적 처방도 필요하다. 어릴 때부터 돈방석에서 자라난 아이들의 인성이 어떠할지 제 3자의 입장에서 보면 자명하다. 물론 유산 상속 금지는 지금 당장 실천하자는 말이 아니고 장기간에 걸쳐 토의를 거쳐 실행하는 것이 바람직할 것이다.

2021년 5월 21일 금요일

　오늘은 아버지 어머니 제사라서 대영령 보고 큰집에 가서 인사를 드리고 오라 했다. 나는 코로나 5인 이상 집합 금지를 이유로 가지 않았다. 원래 오늘 아버지 제사였는데 8년 전 어머니와 합친 것이다. 대영령이 가서 보니 어머니 영혼은 안 오시고 아버지 영혼만 오셨는데 불만이 많았다고 했다. 내가 대영령한테 물어보니 음식에서 마늘 냄새가 난다고 했다. 내가 전에 형수한테 마늘 넣지 말라고 말했었는데 한두 번 안 넣더니 다시 넣기 시작했던 것 같다. 대영령을 포함한 집 안에 있는 영혼들은 마늘을 넣건 매운 음식을 내놓건 아무 상관없이 잘 먹는데 저승의 신들은 마늘을 몹시 싫어한다. 아버지는 내가 중학교 1학년 때 간경화로 돌아가셨다. 아버지 영혼은 내가 어머니 제사를 따로 지내고 대화도 나눈다는 소리를 듣고 그때 오신다고 하면서 다음과 같이 말씀하셨다고 한다.

"그냥 수저만 하나 더 얹어놓으면 돼."

올해 양력 시간으로 12월 23일이 제사인데 그때 두 분의 음식을 차리고 아버지의 저승 생활 이야기도 들을 수 있을 것 같다.

73. 노무현 대통령 영혼

2021년 5월 23일 일요일
　잠깐 쉬면서 스마트폰을 보니 노무현 대통령 12주기 추모식이 거행되고 있었다. 보고 있으면서 대통령 영혼이 저승에서 오셨을까 하는 생각이 들었지만 숙영매가 자고 있어서 알아보질 못했다.

낮 12시 40분경
　나는 약속이 있어 외출하기 전에 점심을 먹고 있는데 숙영매가 일어나서 그녀와 이야기를 시작했다.

나: 오늘 노무현 12주기 추모식인데 노무현 대통령님이 오셨을까?
숙영매: 오셨겠지.
나: 지금은 추모식이 끝났으니까 왔어도 이미 가셨을 텐데.
숙영매: 갔어도 아마 주위에 있는 영혼들에게 물어보면 알 수 있을 거야.
나: 맞아, 그렇게 하면 되겠구나.

　그래서 재천령에게 봉하마을 주소를 알려주고 가서 알아보게 했다.
　재천령은 봉하마을에 다녀온 후 다음과 같이 말했다.
　"아직 안 가셨어요."
　나는 다시 재천령에게 말했다.

"그러면 박 시장 영혼과 함께 가서 그분께 전후 사정을 설명하고 배웅해 드리고 오도록 해."

12시 50분

밥을 먹고 있는데 숙영매가 갑자기 말했다.

"아, 예, 오셨어요?"

알고 보니 노 대통령 영혼이 집에 오신 것이다. 나는 밥 먹는 것을 잠시 중지하고 노 대통령 영혼과 이야기를 시작했다. 노 대통령 영혼이 예상치 않게 방문해서 나도 약간 당황했지만 그래도 이야기를 시작했다. 노 대통령 영혼은 정장에 넥타이 차림으로 왔다. 박 시장 영혼도 양복에 넥타이 차림인데 나는 보질 못하지만 숙영매는 두 분에서 몹시 반가워하고 좋아했다고 한다. 원래 나는 재천령에게 배웅만 해드리라고 부탁한 건데 노 대통령 영혼이 다음과 같이 말하며 자청해서 오게 된 것이다.

"그래? 그런 일이 있어? 그럼 그분들이 누군지 보고 가야지."

나: 저승에서는 잘 계신가요?

노 대통령령: 잘 있네.

나: 벌써 가신 줄 알았는데 아직 계셨네요. 얼마나 시간 여유를 주나요?

노 대통령령: 3시간을 줘. 아까 10시에 왔으니까 이제 1시면 가야 한다네.

나: 아, 보통 저승의 조상신들이 오면 시간을 1시간밖에 안 주는데 대통령님에게는 3시간을 주는구나. 아무래도 추도식하는 데 시간이 많이 걸리기도 하고 전직 대통령에 대한 예우겠죠?

노 대통령령: 맞아.

나: 저승에서 이승의 소식을 듣나요?

노 대통령: 막 죽어서 오는 이들에게 조금씩 들어서 대략 알고는 있네.

나: 그 영혼들이 대통령님한테 잘 대해주나요? 혹시 살아생전 대통령님한테 욕을 하던 영혼은 없었나요?

노 대통령: 응, 모두가 잘 대해주고 욕을 하거나 안 좋은 말을 하는 이들은 없었어.

나: 그런 못된 영혼들은 아마도 다른 곳으로 갔나 보네요. 대통령님도 보수 세력의 모함과 검찰 때문에 돌아가셨고 박원순 시장님도 보수 세력 쪽의 미투 모함에 돌아가셨고 세상이 너무 미쳐 돌아가고 있습니다.

노 대통령: 그러게, 난 아직도 한이 풀리지 않네.

나: 그때 떨어지실 때 심경은 어떠셨나요?

노 대통령: 그때는 순간적이었어. 당시에 우울증도 심했고 신경 쇠약에 이것저것 따질 생각도 안하고 순간적으로 뛰어내렸는데 많이 후회하네.

나: 우울증은 아무래도 검찰의 수사 때문에 생긴 거겠죠?

노 대통령: 그래, 참담한 심정이었고 그것 때문에 우울증이 심했어. 젊었을 때도 그것들이 총을 가지고 다니면서 협박하고 상당히 힘들었지.

나: 죽고 나서는 정신이 명료하셨나요? 기억이 안 난다거나 그렇지는 않았나요?

노 대통령: 모든 기억이 뚜렷이 났고 정신이 더 맑고 또렷한 느낌이 들었어.

노 대통령의 이 말은 확실히 그분의 영이 높은 것으로 해석된다. 영이 높기 때문에 사후에 맑은 정신으로 돌아오는 시간이 그만큼 빠르다는 이야기다.

나: 저승을 오가는 것은 스스로 하시나요?

노 대통령령: 처음에는 거기 신들이 데려다 줬는데 지금은 혼자 할 수 있네.

나: 그럼 영이 많이 높아지신 거네요. 명상을 많이 하세요?

노 대통령령: 거기서는 할 게 명상밖에 없어.

나: 혹시 전생이 기억나시나요?

노 대통령령: 장군이었던 기억이 나.

나: 이름이 뭐였나요?

노 대통령령: 김성이었고 임진왜란 때 많은 공을 세웠는데 윗선에서 공을 다 가로챘어.

나: 그렇게 공을 세웠어도 결국 무명 장수로 남았네요. 육군이었나요, 수군이었나요?

노 대통령령: 육군이었어.

나: 혹시 다른 전생은 기억이 안 나나요?

노 대통령령: 그것 이외에는 기억이 안 나.

나: 대통령님이 가신 후로 많은 사람이 모함으로 고초로 겪었어요. 혹시 한명숙 총리도 모함으로 감옥에 갔다 온 거 아세요?

노 대통령령: 그래? 그런 일이 있었나? 지금 알았네.

나: 살아 계실 때 영혼이나 사후 세계를 믿었었나요?

노 대통령령: 나는 믿고 있었어.

나: 우리에게 당부하고 싶은 말 있으신가요?

노 대통령령: 부디 자네가 숙영매를 도와서 이런 사실들을 세상에 알릴 수 있게 해주게.

나: 예, 알겠습니다. 저도 그것이 제가 해야 할 일이라는 것을 압니다.

73. 노무현 대통령 영혼

노 대통령령: 시간이 다 됐어. 이제 가봐야겠네.

나: 예, 안녕히 가세요.

숙영매: 안녕히 가세요.

추도사 중에 "대통령님 하늘에서 보고 계시죠?"라고 하는 말이 나왔다. 그러나 저승에서는 이승을 볼 수 없다. 저승에서 이승을 보려면 높은 신들이 투시로 보는 방법은 있을 것이지만 보통 영혼들은 힘들다. 다만 한국의 풍습으로 제사 때마다 오면서 잠깐 여기 사는 모습을 엿볼 수 있고 막 죽어 이승에서 오는 영혼들을 통해서 이승 생활에 대한 대략의 이야기를 들을 수는 있다. 노 대통령 영혼도 현재 이승에서 일어나고 있는 일은 잘 모르지만 살아생전의 일에 아직도 한이 맺혀 있다. 짧은 시간 인터뷰를 끝내고 노 대통령 영혼은 저승으로 복귀했다. 저승 생활에 대해서 좀 더 물어보고 싶었는데 아쉬웠다. 내년엔 노무현 추모식 때는 적어도 현장에서 기자들 그리고 참석자들과 함께 인터뷰할 수 있을지 모르겠다. 그리고 노 대통령 영혼은 말년의 나이 많은 모습이 아니고 젊었을 때의 외모를 하고 있었고 모습이 좋아 보였다고 숙영매가 말했다.

2021년 5월 29일 토요일

언제 끝날지 모르는 숙영매의 몸 아픔은 계속되고 있고 이제는 이골이 나서 웬만한 아픔에는 그냥 지낸다. 어제 한 번 큰 진통이 지나가고 지금은 약간 완화된 상태다. 음식은 믿을 수 없을 만큼 적게 먹는다. 어느 날은 아예 아무것도 안 먹기도 하고, 먹는 날이라도 과일 몇 조각과 다른 음식을 조금 먹는다. 많이 먹는다는 날도 보통 사람들 한 끼 식사의 반 정도 먹는다. 그래도 기운이 없거나 하는 일은 없다. 이것도 미스터리한 일이다. 사람이 이렇게 안 먹고 살 수도 있구나 하는 생각이 든다.

6,000만 년 전에 살았던 공룡에 대해서 우리는 공룡을 단순한 동물로 생각한다. 무슨 근거로 그런 생각을 하는가? 그들과 대화를 나눠본 적이 있는가? 오히려 공룡은 지구상에서 인간들보다 훨씬 선배다. 그들이 지적 생명체일 수도 있다는 생각은 전혀 하지 않는다. 인간과 다르게 생겼다고 지적 존재가 아니라고 생각하는 것 역시 인간들의 큰 착각이다. 전설로만 전해 내려오는 용은 인간을 뛰어넘는 신적 존재다. 어쩌면 용은 6천만 년 전 공룡과 같은 선상 위에 있는 존재 즉 공룡이 진화한 존재일 수도 있다. 쿠엘리스는 내 생각이 맞다고 말했다.

74. 어느 노스님의 임종 그리고 49재

2021년 6월 7일 월요일

오후 3시

집에서 5km 정도 되는 거리에 사찰이 하나 있는데 내가 가끔 등산하면서 지나치곤 했던 곳이다. 그곳에 있는 90세 된 노스님 한 분이 숙영매를 만나고 싶다고 해서 집 근처에 있는 철학관에서 만났다. 철학관 선생은 숙영매가 빙의 퇴마를 할 때 가끔 옆에서 도와준 적이 있고 지금은 숙영매로부터 타로 수업도 받고 있다. 도와준다는 의미는 별게 아니고 빙의령에 씌운 사람이 몸부림치지 못하게 옆에서 붙들고 있기만 하면 된다. 빙의령을 끄집어내는 것은 재천령과 귀례령이 하면 된다. 그 노스님은 철학관 선생으로부터 구《영혼일기》 1권부터 3권까지 건네받고 읽은 후 죽기 전에 꼭 한 번 숙영매를 만나보고 싶다고 해서 이렇게 만나게 된 것이다. 그 노스님도 도력이 높아 영혼을 볼 수 있다. 그러나 영혼들과 대화는 시도해본 적이 없다고 한다. 노스님과 함께 두 스님이 따라왔는데 나이가 60세 정도 되어 보였다. 그 스님들은 영혼은 못 봐도 느끼기는 한다고 한다. 느낌이라는 것은 영혼이 옆에 있을 때 느껴지는 싸늘한 기운을 말한다. 노스님은 다음과 같이 말했다.

"나도 영혼을 보기는 하지만 그 영혼들과 대화를 해볼 생각은 해본 적이 없어. 지금은 내가 왜 그런 시도를 해보질 않았는지 후회가 되네요."

오늘 그 노스님은 재천령과 대화를 했는데 대화가 가능했다. 영혼들과의 대화는 오늘에서야 처음 해봤다고 한다. 천도재를 지낼 때도 간혹 망자의 영혼을 보기는 했어도 그들과 대화는 없었다고 한다. 물론 노스님도 저승과의 교류가 불가능하니 저승사자를 호출할 수 없고 그 영혼을 저승에 보내줄 수도 없었다. 음식을 잔뜩 차려놓고 재를 지낸다고 저승사자가 알아서 와주는 것이 아니기 때문이다. 그리고 49재에 대해서 내가 구《영혼일기》 2권에 쓴 내용을 보고 49재에 대해서 처음 알았다는 말도 했다. 나는 구《영혼일기》 2권에서 49재에 관한 것을 북한산신에게 질문한 바 있었는데 북한산신은 다음과 같이 대답한 적이 있었다.

"49재란 옛날에 부모를 공경하는 의미로 만들었을 뿐 숫자는 아무런 의미가 없다."

그래서 노스님은 앞으로는 49재도 천도재도 지내지 않게 할 것이라는 말도 했다. 사실 스님들이 구《영혼일기》를 읽었을 때 49재에 관한 나의 부정적인 글에 어떻게 반응할까 약간은 걱정을 했었는데 그래도 수긍을 해줘서 고마웠다. 그리고 노스님은 숙영매에게 다음과 같이 말했다.

"내가 죽기 전에 숙영매를 꼭 한 번 봤으면 했는데 이렇게 만나서 이야기하니 다행입니다. 《영혼일기》가 널리 퍼져서 많은 사람들이 읽도록 하면 좋겠습니다."

약 1시간 정도 대화하다가 돌아갔다.

저녁 8시 반

철학관 선생은 운동을 나갔던 숙영매한테 전화를 해서 오늘 왔던 노스님이 임종했다는 이야기를 했다. 사실 노스님은 어제 숙영매와 약속을 해서 오늘 만나기로 했었는데 오늘 아침 갑자기 아팠고 그럼에도 불구하고 억지로 몸을 일으켜 차를 태워달라고 요청하여 숙영매한테 왔던 것이다. 이후 노스님은 절로 돌아간 후 물 한 잔 달라고 하여 마시고 자리에 누우면서 다음과 같이 말하고 임종하셨다고 한다.

"오늘 숙영매를 만나서 너무 다행이었어."

내일 숙영매는 문상을 갈 예정이다.

2021년 6월 8일 화요일

낮 12시경 숙영매와 철학관 선생은 법정 스님의 장례식에 갔다. 어제 그 노스님의 법명이 법정이다. 시신이 안치된 법당에는 삼십 명 정도의 스님들이 염불을 외우고 있었고 밖에는 신도들이 울면서 기도하고 있었다. 숙영매가 들어서자 법정 영혼이 숙영매를 반기며 말했다.

"기다리고 있었습니다."

옆에는 저승사자 두 명이 와 있는데 옛날식 복장을 하고 있었다. 그녀가 법정 영혼과 이야기하고 있는데 갑자기 북한산신이 방문했다. 법정 영혼은 몸 둘 바를 몰라 하며 감격해 했다.

"숙영매님을 만나고 나니 이렇게 높으신 분도 만나게 되는군요."

약 10분 정도 이야기하면서 북한산신은 법정 영혼에게 말했다.

"자네만 괜찮다면 저승에 가지 않고 내 옆에서 명상하면서 영을 높이고 이승에서 좋은 일하며 살 수도 있을 것이네."

법정 영혼은 긍정적으로 받아들였다. 저승사자들은 북한산신이 요구하면 거부하지는 못하고 망자의 영혼을 놔두고 그냥 돌아가야 한다. 아마도 법정 영혼은 이승에 남아 있을 것 같다.

법정 영혼의 영은 재천령, 귀례령, 혜산령, 민재령, 초롱령, 대영령 등 우리 집에 있는 높은 영혼들보다는 낮지만 그래도 10위 안에는 들어간다. 어제 법정 스님을 모시고 왔던 두 명의 스님은 법정 스님이 구 《영혼일기》를 읽으라고 해서 간밤에 밤을 새서 세 권을 다 읽었다고 한다. 그리고 법정 스님은 유언으로 그 절에서 49재를 없애라는 말을 했다고 한다.

2021년 6월 11일 금요일

"법정 스님의 영이 높으면 순간 이동이 가능하겠네?"
라고 내가 숙영매에게 물었다.
"아무리 영이 높다고 해도 몸에서 빠져나오고 바로 할 수는 없어. 그건 배워야 해."
"그런가? 우리 집에 있는 영혼들 모두가 순간 이동을 할 수 있는 건 재천이한테 배워서 그렇구나. 그럼 재천이는 누구한테 배웠지?"
"재천이는 우리 집에 오기 전에 계룡산신님과 같이 있었으니까 그분한테 배웠어."
"영이 높아야 하는 것도 중요하지만 배우지 않으면 할 수가 없는 거구나. 법정 스님도 이제 금방 배우겠네."
"그렇지, 조만간에 인사차 오신대."
"박 시장 영혼은 지금쯤 순간 이동이 가능하지 않을까? 시간이 어느 정도 지났는데…."
"박 시장님은 지금 북한산신님 옆에 계셔."
"그래? 그럼 거기서 순간 이동도 배우고 영도 많이 높아지셨겠네."
"응, 지금은 안 되지만 열심히 하고 계셔."
어머니 영혼이 했던 말씀이 생각난다.

74. 어느 노스님의 임종 그리고 49재

"영이 낮은 것들은 걷거나 교통수단을 이용해."

이승에서나 저승에서나 영이 낮으면 순간 이동을 할 수가 없다. 영혼들의 순간 이동은 아무리 들어도 신기하기만 하다. 가고자 하는 곳의 주소에 집중하면 그곳에 도착하는 것은 더욱 더 신기하다. 그리고 영이 높을수록 더 먼 거리를 더 짧은 시간에 갈 수 있다.

2021년 6월 12일 토요일

법정 스님의 유언으로 그 절은 49재를 없애기로 스님들끼리 합의를 봤으나 신도들이 반발을 하고 있다. 신도들의 입장에서는 법정 스님이 유언을 했다는 것도 납득이 안 가고 절에서 49재를 부정한다는 것도 이해할 수 없는 일이기 때문이다. 숙영매가 오전 9시 반쯤 철학관 조 선생과 함께 그 절에 가보니 100명 정도 되는 신도들이 와 있었다. 곧 북한산신과 법정 영혼도 절에 도착하여 신도들과 이야기를 시작했다. 물론 신도들이나 스님들은 그들 영체를 볼 수 없다. 신도들에게는 숙영매가 진짜 영혼을 보고 대화를 할 수 있는지를 확인하는 것이 중요하다.

《숙영님의 말이 맞다. 49재를 없애도록 해라.》

결국 이렇게 법정 스님의 음성이 숙영매의 입에서 나오자 신도들과 스님들은 놀라며 울기 시작했다. 이렇게 약 1시간여에 걸친 신도들과의 대화는 끝이 났다. 숙영매는 사찰 밥을 좋아하기 때문에 잠시 쉬었다가 점심을 먹으려고 했는데 그때까지도 계속 사람들이 숙영매에게 몰려들자 쿠옐리스신은 철학관 조 선생으로 하여금 막도록 숙영매한테 말했다. 사진도 많이 찍었다. 쿠옐리스신은 몹시 화가 나서 말했다.

"사람들이 왜 그러는 거야! 지금은 때가 아니야. 숙영은 지금 영이 더 올라와야 돼. 사람들에게 이렇게 오픈하면 어떡해."

　나 역시도 몹시 우려스럽다. 지금은 때가 아니다. 지금 숙영매가 세상에 알려지면 숙영매가 영을 끄집어내는 데 큰 장애가 된다. 쿠옐리스신은 그것을 기운으로 억누르고 있고 북한산신도 억누르고 있다. 실제로 그들은 지금까지 그렇게 하고 있었지만 둑에 틈새가 생겨 물이 조금씩 새고 있다가 끝내 터져나오는 듯한 느낌이 난다. 그러나 막아야 한다. 내 생각에 이번을 마지막으로 앞으로는 어느 누구에게도 질문이나 방문 요청을 허용해서는 안 될 것 같다.

2021년 6월 16일 수요일
　지금까지 빙의와 천도를 요청했던 사람들은 남성들보다는 여성들이 훨씬 더 많다. 여성들이 자신의 자녀들이 이상한 말이나 행동을 보일 때 직감적으로 정신병보다는 귀신 들림을 생각하는 것은 타고난 영적 감각 때문일 거라 생각한다. 요즘 여성들은 과거와 달리 남성 못지않게 또는 더 많이 배운 경우가 많고 사회적 활동도 많다. 그러나 사회적 활동을 한다고 해도 여성이라는 영혼의 수천 년에 걸친 영적 감수성은 남성의 것보다 우위에 있을 수밖에 없다. 그것은 오랜 윤회를 거치면서 행했던 기도의 힘일 것이다.

　지난번에 사찰에서 일어났던 일에 대해서 쿠옐리스신의 화는 아직도 풀리지 않았다. 아직은 숙영매가 세상에 알려지면 안 되는데 철학관 조 선생이 신도들에게 전화번호를 알려준 것이다. 그래서 신도로부터 전화가 많이 걸려왔고 한 번 받기도 했다. 쿠옐리스신과 북한산신은 숙영매가 세상에 알려지는 것을 기운으로 억누르고 있는데 그 때문에 쿠엘리스신이 불필요한 기운을 낭비하고 숙영매도 무의미하게 자꾸 시간만 흘러가니까 화를 내는 것이다. 철학관 조 선생은 신도들을 일일이 만나 다음과 같이 부탁했다.

"지금은 영을 끌어올려야 할 때니 연락하지 말아주세요."

지금 내가 SNS에 쓰는 영혼일기는 많은 사람들이 보는 것도 아니고 사람들의 생각에 진실이 아니고 허구일 수 있다는 생각을 하기 때문에 숙영매에게 별문제가 되지는 않는다. 그러나 절에서 일어났던 것처럼 여러 사람들 앞에서 실제로 초능력을 발휘하면 순식간에 세상에 퍼져나가기 때문에 현재로서는 곤란하다.

북한산신도 그렇고 쿠엘리스신도 말한다.

"인간들 세상은 너무도 변덕이 많아."

신들이 사는 외계의 세상은 다섯 살짜리 꼬마의 삶처럼 상당히 단조롭지만 인간들 세상은 너무 복잡하다. 복잡한 세상은 결코 좋은 것이 아니다. 그만큼 거짓과 왜곡 그리고 오해와 편견이 난무하는 세상이라는 말이다. 때문에 법은 끊임없이 국회에서 만들어진다. 인간들은 끊임없이 법망을 피해서 존재하지 않았고 있을 수도 없을 부정행위를 한도 끝도 없이 만들어낸다. 예언가들의 예언이 빗나가는 것은 순리를 벗어난 인간들의 변덕, 그에 따라서 예기치 않은 일이 발생하기 때문이다.

우리 집에는 결계가 쳐져 있다. 그것은 3년 전쯤 숙영매가 영적으로 약했을 때 집단 잡귀로부터 공격을 당하자 북한산신이 숙영매를 보호하기 위해 쳐놓은 것이다. 20년 전쯤인가 어떤 드라마를 보면서 주인공이 결계를 치는 장면이 있었다. 그때 결계를 검은 연기로 묘사했는데 거기에 대해서 숙영매한테 물어보았다.

"결계가 쳐져 있는 것이 보이나?"

"응."

"어떻게 생겼지?"

"선으로 되어 있어."

"선이 여러 개로 쳐져 있는 모양이지?"

"맞아."

마치 질긴 낚싯줄로 창살을 쳐놓은 것처럼 여러 겹으로 만들어놓은 것 같은 모습이 상상이 된다. 이처럼 우리가 막연히 말로만 듣던 단어들이 숙영매를 통하여 현실로 다가올 때 그 단어를 만든 사람들은 그들의 경험으로 만들었겠구나 하는 생각이 든다. 단어가 존재하는 한 대부분은 실체가 존재한다. 참으로 어려운 이야긴데 반대로 단어가 파생되어 왜곡되는 경우도 많다. 진실과 허구를 가려내는 것은 아무리 공부를 많이 했다고 해도 인간으로서 버거운 일이다. 고서나 구약 성서를 읽다 보면 현대인으로서 이해가 안 되는 단어나 구절이 많이 나온다. 현대인들은 "그 구절은 이런 뜻이 아닐까?" 또는 "이 단어는 실제로 저런 뜻일 거야." 이런 식으로 각자의 뇌피셜로 해석을 한다. 그러나 단어는 단어 그대로 받아들이는 것이 좋을 듯하다. 성서는 책 한 권짜리다. 그냥 한 번 읽으면 된다. 마태복음에서 《오병이어》 구절이 나오는데 빵 다섯 개와 물고기 두 마리로 오천 명을 먹였다는 말이다. 이것을 글자 그대로 받아들이면 되지 자꾸 다른 식으로 해석한다면 그거야말로 불경스러운 일 아닐까. 가끔 정치권에서 말 가지고 논란이 일어나면 진위가 왜곡되었다는 말을 한다. 실제로 언론이 말꼬투리 잡는 경우도 있고 표현력이 부족하여 일어날 수도 있는 일이다. 또는 본심을 들키고 변명하는 것일 수도 있다. 말은 있는 그대로 받아들이면 된다. 말 하나를 가지고 여러 해석이 나온다면 그 말이 진실성이 결여되어 있거나 꼬투리를 잡는 것이다. 진실은 하나일 뿐 여러 개일 수가 없다.

2021년 6월 21일 월요일

"지금 사무실은 빼도록 해라. 그곳은 숙영매가 있을 곳이 아니다."

북한산신은 숙영매에게 이렇게 말했다. 사실 지난 7개월 정도 사무실에 나가지 못하고 간헐적으로 집에서 내담자를 받았다. 간밤에도 숙영매가 많이 고통스러웠나 보다. 입술이 불어터졌다고 나한테 터진 입술을 보여주었다. 북한산신의 계획으로서는 숙영매가 투시 능력만 완벽하게 생기면 완성될 것이라고 예상했었다. 그런데 생각지도 않게 천왕성의 쿠옐리스신이 등장했다. 북한산신으로서는 생각도 하지 못했던 일이 벌어진 것이다. 이처럼 대한민국의 최고신인 북한산신도 더 높은 차원에서 이루어지는 일을 감지하지 못했다는 말이다. 쿠옐리스신이 숙영매에게 바라는 수준은 북한산신이 숙영매에게 바라는 수준을 훨씬 뛰어넘는다. 다시 말해서 쿠옐리스신은 숙영매가 더 큰 영을 받을 수 있다고 보고 또 그것을 요구하는 것이다.

75. 오거돈 시장의 성추행 사건

　오거돈 전 부산시장의 성추행 사건이 이상하다. 이 사건은 사건의 전말이 뉴스에 전달이 되질 않았기 때문에 도무지 알 수 없는 사건이었다. 오거돈 시장은 성추행 폭로가 이어지고 나서 즉시로 인정하고 사퇴했다. 오늘 나온 뉴스를 보면 자신이 치매가 걸린 것이 아닌가 하고 병원 치료를 받았다 한다. 즉 자기도 모르게 직원을 성추행했고 내가 왜 그랬을까 라고 하며 후회하고 한탄했다는 이야기다. 전에 재천령이 악귀가 지하철에서 남성 승객에게 잠깐 빙의하여 성추행을 하게 했고 재천령은 그 악귀를 붙잡아 저승으로 쫓아버렸다는 것을 이야기한 적이 있었다. 그것도 두 번씩이나 그런 일이 있었다. 또한 2년 전 곰탕집 성추행 사건은 재천령과 내가 귀신 들림 사건으로 잠정 결론을 내린 바 있다. 즉 술에 취한 남성에게 잠깐 악귀가 빙의되어 여성을 성추행했고, 남성은 이를 기억하지 못했다는 것이다. 요번에 오거돈 전 시장이 성추행 후 치매 치료를 받았다는 기사를 보고 이번에도 순간 빙의가 아닌가 하는 생각이 들었다. 나는 오거돈 시장에 대해서는 전혀 모른다. 그의 심성이 어떤지 여성관이 어떤지 어떤 가치로 인생을 살아왔는지 알 수 없다. 그는 나이가 70세가 넘었다. 이번 성추행 사건으로 그의 50년 가까운 공직 생활과 인생 전체가 부정당했다. 눈물을 흘리며 사죄를 해도 천하에 몹쓸 인간이 되었다. 언론에서는 오거돈 전 시장이 치매 치료를 받았다는 내용을 형량을 줄이기 위한 꼼수로 보도하고 있다. 만약 내 촉대로 순간 빙의로 생긴 일이라면 참 안타까운 일이다. 재천령에게 이 이야기를 하자 다음과 같이만 말했다.

"아빠 말을 들어보니 그럴 가능성이 충분히 있네요."

재천령도 그때 추행 현장에 있지 않고서는 알 수가 없는 일이다. 북한 산신과 쿠옐리스신은 물론 재천령과 귀례령도 투시로 그때 그 현장을 볼 수는 있겠으나 요청할 수는 없는 일이다. 설사 본다 해도 현재로서는 달라질 것도 없고 무의미한 일이다.

2021년 6월 24일 목요일

오늘은 일곱 살 난 내담자 딸의 몸속에 있는 빙의령을 끄집어냈다. 뇌 속에 여자 영혼 두 명이 들어가 있었는데 그렇게 사악해보이지는 않았다. 그래서 숙영매가 그들에게 물었다.

"너희들 그렇게 나쁜 애들 같지 않은데 왜 아이의 몸속에 들어가 있었지?"

"그냥 호기심에 사람 몸속에 들어가 보면 어떨까 해서 들어갔어요. 잘못했습니다. 용서해주세요."

"저승에 보내줄 테니 저승에 가라."

"저승엔 가기 싫어요. 착하게 살 테니까 제발 여기서 살게 해주세요."

숙영매는 두 영혼들이 진심으로 뉘우치고 간절하게 빌길래 재천령과 의논하여 그냥 놔두기로 했다. 영혼끼리는 거짓말을 하는지 진실한지 알수 있다. 대신 내담자의 집에 수호신으로 하여 그 아이를 지키게 했다. 재천령은 그들이 본시 착한데 잠깐 실수한 거 같고 수호신으로 지키게 해도 괜찮을 것 같다고 해서 그렇게 하기로 했다. 그런데 여기서 빙의에 관해서 새로운 사실을 알아냈다. 정상적인 영혼이라도 사람 몸속에 들어가면 정신을 잃을 수 있다는 것이다. 모든 영혼이 다 그런 건 아니고 낮은 등급의 영혼들이 주로 그렇다. 그렇기 때문에 빙의된 사람이 미친 행동을 하는 것은 몸속에 들어간 영혼들이 그 몸을 지배하되 자신을 망각한 상태에서 미친 행동을 하기 때문에 그런 현상이 일어나는 것이다.

76. 별자리의 기원

2021년 6월 26일 토요일

　별을 헤는 밤, 언제부터인지 우리는 이런 밤을 잊고 살았다. 초등학교 때 장독대에 올라가서 본 밤하늘의 별은 꽤 많았다. 많은 별자리 중에서 오리온자리는 밤하늘에 왕좌인 것처럼 웅장한 자태를 뽐낸다. 그러나 초등학교 4학년 겨울방학 때 경기도 외가 시골에서 본 밤하늘은 환상 그 자체였다. 까만 도화지에 갖가지 보석을 뿌려놓은 듯한 밤하늘은 내 평생에 잊지 못할 광경이었다. 옛날 사람들은 이런 광경을 늘상 보고 살았을 것이다. 밤이 되면 가로등과 도시 불빛, 네온사인 속에서 쉴 새 없이 향락 문화에 취해 사는 현대인들과는 판이하게 다른 삶을 살았고 우리는 그때 그 사람들의 감성을 전혀 알 수가 없다. 초저녁 서쪽 하늘에 있는 금성은 예나 지금이나 늘상 밝게 빛난다. 네온사인 도시의 불빛들을 비웃기라도 하는 양 금성은 늘상 그 밝은 빛을 뽐내고 있다.

　그런데 밤하늘의 별자리는 누가 만들었을까?

　황도 12궁은 어떻게 만들어졌을까?

　쿠엘리스신은 다음과 같이 설명했다.

　"별자리는 태양계 안에서 공동으로 쓰이고 있어. 다만 행성마다 이름이나 모양이 조금씩 다르지."

　"그럼 지구인들이 쓰는 별자리는 다른 행성에서 전수해준 건가요?"

　"맞아."

《환단고기》와 《단기고사》에 보면 오성취루(五星聚婁)가 기록되어 있다. 오성취루란 수성, 금성, 화성, 목성, 토성이 가까운 곳에 모여 일렬로 줄을 서는 것처럼 보이는 현상이다. 최근 천문학계에서는 슈퍼 컴퓨터로 시뮬레이션하여 그때 기록됐던 것이 사실이라는 것을 증명해보이기도 했다. 서기 전 1733년의 일이라고 하니까 지금으로부터 3,700년 전에 천문학이 상당히 발달해 있었다는 이야기다. 고조선 시대의 단군들은 모두가 명상과 운기조식을 했던 도인들이었다. 천문학과 명상… 당시에 그들은 이 사실을 어떻게 알았을까? 나는 태양계 행성의 신들이 지구인들에게 가르침을 주었거나 아니면 그들이 행성신 자체일지도 모른다는 생각을 하고 있다. 단군 신화에는 9,000년 전 환인 하느님의 아들 환웅이 하늘에서 내려왔다는 이야기가 나온다. 하늘이란 즉 다른 행성을 뜻한다. 그들은 다른 행성의 신들일 것이다. 역사가들은 《환단고기》를 위서라고 폄하하지만 나는 역사서 중에서 《환단고기》를 가장 신뢰한다. 왜냐하면 그때의 인간들이 가장 순수한 마음을 갖고 역사를 기록했을 거라 생각하기 때문이다.

2021년 6월 27일 일요일

정원이가 우울증으로 병원에 입원한다고 나한테 말했다. 정원이가 고등학교 때부터 정신과 치료를 받고 있다는 말은 듣고 있었지만 크게 신경 쓰지는 않았다. 엄마 숙영매와 떨어져 살면서 요즘은 숙영매와도 대화가 잘 통하는 것 같아서 괜찮겠지, 라고만 생각했는데 이렇게 심각한지는 몰랐다. 잠깐 동안 정원이와 대화를 했다. 정원이는 초등학교 때부터 엄마를 싫어했다. 숙영매가 딸에게 너무 모질게 했던 것이 원인이었다. 숙영매는 그것이 사랑이라고 생각했다. 내가 정원이한테 물었다.

"이제는 엄마를 용서할 수 있겠니?"

"........"

대답이 없다. 최근 들어서는 오히려 나보다 엄마와 대화를 많이 하고 있기 때문에 용서할 수 있다는 말이 나올 줄 알았는데 충격이었다. 나는 정원이의 잠재의식 속에 있는 엄마에 대한 원망과 나에 대한 야속함 때문에 그것이 우울증으로 나타나는 것으로 생각하고 있다. 이런 경우는 최면 치료가 적당할 것 같은데 정원이는 그것을 거부한다.

숙영매와 정원이는 악연이다.

숙영매의 영능력은 정원이의 희생으로 만들어졌다.

이게 도대체 무슨 소리인가?

만약 숙영매와 정원이가 사이가 좋아서 어릴 때부터 다정한 모녀지간으로 지냈다면 숙영매는 자신의 영적 능력을 발휘하지 못하고 지난 55년을 그렇게 살았던 것처럼 죽을 때까지 그렇게 평범하게 살았을 것이다.

이 무슨 운명의 장난인가?

정원이는 고등학교를 졸업하면서 엄마가 싫어 따로 떨어져나가 자취하며 살고 있다. 그때 숙영매는 자식과의 이별에 상심하고 수면제 20알을 먹고 자살을 시도했지만 구사일생으로 살아났고 일주일 동안 금식을 하며 스스로 회복했다. 그녀의 영능력은 그때부터 나타나기 시작했고 그녀 앞에 아기 영혼이었던 대영령이 나타났던 것이 시작이었다.

정원이와 숙영매의 전생 인연은 전에 언급한 바 있다. 임진왜란 당시 조선에 왔던 일본 종군무녀였던 숙영매와 조선 스님이었던 정원이와의 악연이 있었다고 하는데 그것은 박진여 선생이 봤던 것이다. 숙영매도 자기 딸과의 전생 인연을 본 적이 있었다. 숙영매가 임진왜란 전후 일본에서 무녀로 살았고 정원이는 그녀의 밑에서 일하면서 숙영 무녀의 구박과 서러움 속에서 일했다. 어느 것이 더 정확한지 알 수 없으나 이처럼 전생을 봤다고 해서 100% 정확하지는 않다는 뜻이기도 하다. 그러나 내 경험으로는 90%의 정확도는 틀림없이 있다. 중요한 건 전생과 현생은 반드시 원인과 결과로 흐름을 같이 한다는 것이다. 정원이가 어릴 때부터 보인 일본에 대한 애정 내지 집착은 숙영매가 본 전생에 좀 더 무게가 실린다. 내 수호령한테 물어보니 다음과 같이 말했다.

"정원이는 임진왜란 당시 주인이 속해 있는 군 막사에서 군사들 밥해주며 지냈고 주인하고는 그냥 스쳐지나가면서 인사하는 사이였어."

그래서 숙영매는 정원이의 수호령을 불러 이야기를 했는데 수호령은 다음과 같이 말했다.

"주인(정원)은 전생에 일본에서 무녀(숙영매) 밑에서 심부름을 하면서 구박을 받으며 힘들게 살았던 거 맞아. 그리고 조선 임진왜란 당시 무녀를 따라 조선에 왔고 거기서 조선군에 투항해 군사들 밥을 해주며 살다가 결혼도 해보지 못하고 죽었어. 정말 안타까워. 지금쯤 주인은 활기차고 자신 있게 살아야 하는데 저렇게 우울증에 걸리고 힘들게 살고 있어."

이 말을 들으니 가슴이 많이 아프고 태어날 때마다 순탄한 삶을 살지 못했던 것이 너무나 안타깝다. 두 수호령의 말이 일치하는 것을 보니 숙영매가 본 전생이 정확한 것 같다.

내담자의 전생을 볼 때는 내담자에 대해서 전혀 모르는 백지 상태에서 보는 것이 중요하다. 현재의 상황을 알고 있으면 스토리가 만들어져 전생이 잘못 나오는 경우가 있다. 물론 전생을 보는 사람이 스토리를 만든다는 말은 아니고 영의 차원에서 만들어진다. 때문에 전생을 의뢰하는 사람은 이름과 생년월일 이외에는 어떠한 정보도 주지 않는 것이 중요하다.

숙영매는 조선 말 명성황후의 시종으로 있다가 을미사변 때 명성황후와 함께 죽은 또 다른 전생이 있었다. 내 해석으로는 숙영매가 임진왜란 때 조선에서 저지른 카르마 때문에 그때 그렇게 죽어 자신의 카르마를 정화했을 것이다. 이번 생에서는 정원이와의 카르마를 어떻게 해결하게 될지, 그것은 현재 진행형이다.

2021년 7월 2일 금요일

싯다르타는 보리수 밑에서 무엇을 깨달았을까?

깨달음을 얻기 위해서 책을 많이 들여다봐야 할까?

깨달음의 실체는 불분명하지만 내 나름대로 정의해보자면 시간과 공간을 넘나들 수 있는 투시 능력이라고 할 수 있다. 그러나 '깨달았다'라는 동사는 우리 일상에서 늘상 쓰는 단어이기도 하다. "내가 그때 그 일을 하면서 깨달았는데 말이야…"라는 식으로 새로운 것을 알아냈을 때 쓴다. 깨달음이란 다분히 동양적 언어다. 글공부와 깨달음과는 전혀 관계가 없다. 불교는 깨달음을 중시하는 종교다. 스님들 중에 남들이 쓴 책을 열심히 공부하는 경우가 많은데 남들이 쓴 책을 수천 권 읽는다고 깨달음을 얻을 수 있다고 생각하면 큰 착각이다. 그것은 몰랐던 지식을 습득해서 알게 됐다(realize)는 정도의 뜻이다.

쿠엘리스신은 몇만 년 전 지구에 책이 존재하지 않았을 때 깨달음을 얻고 천왕성으로 갈 수 있었다. 북한산신은 2,200년 전 그때도 책이라는 것이 귀했던 시절 깨달음을 얻고 육신을 벗은 후 산신이 될 수 있었다. 우리는 단순히 몇만 년 전 지구인들을 원시인으로서 아무것도 모르는 동물 정도의 수준일 것으로만 생각한다. 그러나 실제는 이렇게 전혀 다르다. 여하튼 깨달음은 책으로 얻어지는 것은 아니고 오히려 책을 많이 읽음으로써 깨달음과 멀어질 수도 있다는 사실이 아이러니하다. 사람은 살면서 주위의 수많은 타인들과의 관계를 맺으며 얽히고설킨 삶을 풀어나가고 있다. 지금은 수천 또는 수만 년 전의 북한산신과 쿠엘리스신이 직면했던 분위기와 다르다. 깨달음은 점점 멀어지고 있다. 우리가 승용차를 운전하고 컴퓨터와 스마트폰을 만지작거리며 세상 돌아가는 것을 모두 다 안다고 착각을 하고 있다. 아이러니하게도 과학 발전은 인간을 점점 바보의 길로 인도하고 있다. 뉴스의 홍수 시대에 바보들이 전달하는 거짓 뉴스를 알고 바보가 되기보다는 차라리 모르는 것이 현명하다.

북한산신은 인간들의 정치와 경제 사회에 대해서 잘 알고 있다. 어떻게 알 수 있을까? 북한산에 신문이 배달이 되는 것이 아니다. 그런 건 있어 봤자 그것으로 세상을 판단할 수는 없다. 비결은 바로 투시에 있다. 신들은 시간과 공간을 넘어서 자신이 보고 싶은 것은 투시로 볼 수 있다. 내가 쿠엘리스신에게 예수나 우주에 대해서 물어봤을 때 순간적으로 투시로 보고 답을 해준 것이다. 인류의 역사는 왜곡으로 가득 차 있다. 현재 역사의 초안을 잡는 사람들은 다름아닌 기자들이다. 그러나 지금 지구상에 있는 대부분 언론도 거짓과 왜곡으로 가득 차 있다. 기자들이 때로는 잘못 보기도 하고 제대로 본 것도 자신들의 이익에 부합해 왜곡시켜 보도하는 일이 부지기수다. 자신들의 이익에 반하면 아예 보도를 안

한다. 언론이 해야 할 보도를 하지 않는 것도 거짓으로 분류된다. 기득권 지배 계급은 늘상 진실보다 자신의 이익에 부합하는 행동만 하다 보니 거짓으로 나아갈 수밖에 없다.

정원이가 오늘 병원에 입원했다. 입원 수속을 밟으면서 인간의 무의식에 대해서 잠깐 이야기했다. 무의식이라는 단어는 누구라도 들었을 만한 아주 익숙한 단어다. 그러나 그것을 제대로 이해하는 사람은 없다. 프로이트가 했다는 이 말은 프로이트 스스로도 완전히 이해하지는 못했을 것이다. 그는 의식을 원초아(ID), 자아(ego), 초자아(superego)로 나누었다. 그러나 그는 근본적인 것을 성 욕망에 기초를 두고 있기 때문에 그의 무의식은 나의 생각과는 많이 다르다. 무의식은 우리의 의식 깊은 곳에 존재하는 신적 자아다. 《잠재의식》, 《내면의 나》, 《부처님》, 《하느님》이라고 표현하기도 한다. 우연히 만나는 것처럼 보이지만 만남은 늘상 필연이고 그것은 우리의 신적 자아인 무의식이 주관하는 것이다. 숙영매와 나는 900년 전 몽고 시대 때 부부의 인연으로 만났고 지금 다시 부부의 인연을 맺었었다. 세계 수십억 인구 중에서 인연들이 이렇게 다시 만나는 것은 결코 우연이 아니다. 나뿐만이 아니고 인연은 모든 사람에게 마치 컴퓨터 프로그래밍처럼 잘 짜여져 일어난다. 《무의식은 우리 표면의 식이 모르는 사이에 항상 우리의 모든 운명을 결정짓고 카르마를 운영하고 있다.》 나는 정원이의 우울증이 상처 입은 무의식의 작용으로 생겼을 것이라고 설명하려고 했으나 제대로 이해를 했을는지 잘 모르겠다. 정원이의 증세가 입원 치료로 깔끔하게 완쾌되면 정말 좋겠지만 그럴 가능성이 그리 높지 않아 보인다.

2021년 7월 6일 화요일

보수 쪽 산신들은 모두 붙잡혀 갔다. 가까운 달에서 멀리는 명왕성까지 인간의 언어로 쓰면 구속 수감되었다. 대신 저승에서 새로운 산신들이 임명되어 곳곳에 배치되고 있는데 아직 완전히 마무리가 된 것은 아니다. 저승에서 산신을 선별하는 과정에 신경을 많이 쓰고 있기 때문이다.

밤 10시경

숙영매가 순간이동으로 북한산에 가서 북한산신을 보고 왔다. 이로서 세 번째 순간 이동이지만 북한산에 간 것은 처음이다. 이번 역시 내가 직접 보질 못했고 들을 때마다 믿기 힘들다. 쿠옐리스신과 재천령이 숙영매 옆에 꼭 붙어서 눈을 감으라고 한 다음 이동했는데 시간은 몇 초 정도 걸렸다. 그러나 숙영매의 느낌에는 5분 정도 걸린 것 같다고 말한다. 왜 그런 느낌이 드는지는 잘 모르지만 쿠옐리스는 거기에 대해서 다음과 같이 말했다.

"그렇게 느끼는 것은 단순해져서 그러는 거야. 그렇게 단순해져야 영이 높아져."

북한산에 가보니 조그만 암자가 하나 있고 거기에 80세 정도로 보이는 육신을 가진 여승이 한 명 있었다. 그녀가 홀로이 북한산신을 모시고 있다. 그 옆으로 토굴이 하나 있는데 북한산신이 기거하는 곳이다. 육신의 눈으로 보면 토굴이지만 영적인 눈으로 보면 아주 좋은 저택이다. 정말 믿기 힘든 이야기이고 지금은 신들의 도움으로 순간 이동을 하지만 영이 다 올라오면 스스로 할 수 있게 된다. 북한산신도 다음과 같이 언급한 바 있다.

"숙영매가 스스로 순간 이동을 할 수 있게 될 때 그때 바로 영이 완전히 올라온 것이다."

지금 알게 된 사실이지만 그 여승도 북한산신을 볼 수는 없지만 음성으로 대화는 가능하다고 한다.

2021년 7월 7일 수요일

아침 5시 반쯤 숙영매는 일어나서 어딜 나가려는지 준비를 하고 있다가 나한테 물었다.

"지금이 아침이야?"

그녀는 아침과 저녁을 혼동하고 저녁 운동 나갈 준비를 하고 있었던 것이다. 전에도 이렇게 오전 오후를 혼동했던 일이 몇 번 있었다. 숙영매는 자신이 착각을 했고 이런 일이 가끔 일어나는 것에 대해서 자괴감을 느꼈다. 나는 전에 이런 것을 잘 이해하지 못했지만 지금에서야 그것이 긍정적인 일이라고 이해한다.

"영을 받으려면 단순해야 한다."

이 말은 쿠옐리스신이 한 말이다. 단순해지다 보면 가끔 바보 같은 행동도 할 수가 있다.

"지금 숙영매한테 병대가 없으면 안 된다."

북한산신이 이렇게 말했던 것도 같은 맥락이다. 단순해지다 보면 실수가 잦아지기 때문에 옆에서 보조해줄 사람이 필요할 수밖에 없다. 책을 많이 읽은 사람, 논리적으로 따지기 좋아하는 사람들은 영이 올라오기 어렵다. 깨달음을 얻기도 힘들다. 표면의식이 너무 강해서 깊은 곳에 있는 영(무의식)이 올라오기 힘들기 때문이다.

77. 무속인의 천도 방법

2021년 7월 8일 목요일

숙영매는 구의동 엄마를 보러 갔었는데 올 때는 운동 겸 걸어서 집에 왔다. 오는 중에 아차산역 부근에서 60대 중반으로 보이는 남성이 숙영매를 보고 다음과 같이 말을 걸어왔다.

"누구신지 모르지만 몸에서 광채가 나는 것이 보통 분이 아니시네요."

숙영매가 보아하니 그 남자의 뒤에는 그가 모시는 신인 듯이 보이는 영체가 있었다. 그는 동소문동에서 영업을 하고 있는 현직 박수무당이었다. 북한산신은 숙영매에게 이렇게 말했다.

"그 사람은 너한테 도움을 줄 사람이니 대화를 해보도록 하거라."

그는 현재 자기가 모시고 있는 신이 5명이라고 말했고 다른 영혼들과 대화를 하고 싶어도 신들이 못하게 해서 할 수가 없었다고 말했다. 무속인을 지배하는 신들은 모두가 예외 없이 그 무속인이 자신만을 섬길 것을 요구한다. 아마도 질투심과 혹시라도 배신을 할지 모른다는 불안감 때문일 것이다. 숙영매가 만난 그 박수는 영이 높고 그가 모시는 5명의 신들도 비교적 센 편이었다. 쿠옐리스신은 그를 따라온 신에게 다음과 같이 말했다.

"당장 나머지 4명 모두 이곳으로 오라고 해."

곧 다섯 명의 신들은 오자마자 쿠옐리스신 앞에 무릎을 꿇으며 큰절을 올렸다. 생전 보지도 못한 너무나 높은 신이 앞에 있으니 어쩔 줄 몰라

했다.

"너희들이 이렇게 영이 높은 사람을 구속하며 힘을 못 쓰게 하고 하인 부리듯 하면 어떡하나! 이 사람은 영적으로 크게 될 사람이고 절대로 너희들을 배신할 사람이 아니니 다른 영혼과 교류를 할 수 있도록 도와주거라."

이렇게 쿠옐리스신이 그들에게 따끔하게 일침을 가하니 그들은 다음과 같이 대답했다.

"예, 앞으로 그리 하도록 하겠습니다."

그리고 숙영매는 박수와 이런저런 이야기를 나누었다. 그도 무속인으로서 천도를 하는데 망자의 영혼을 데려갈 저승사자를 본 적이 없다고 한다. 다만 신들이 다음과 같이 얘기를 해주면 천도재를 끝낸다고 한다.

"이제 (저승사자가 영혼을) 데려갔으니 끝났다."

여기서 말이 나온 김에 나는 귀례령한테 김금화 만신에 대해서 물어보았다.

"김금화 만신이 저승과 교류가 가능한 사람이었다고 들었는데 실제 저승사자를 호출하고 저승사자를 볼 줄 아는 사람이었나?"

"아니오, 직접 하지는 못했습니다. 그러나 김금화도 신들의 도움으로 영혼을 저승에 보낼 수 있었습니다."

전에 내가 잠깐 이해를 못하고 직접 보낸 것으로 생각했는데 지금 생각해보니까 신을 모시는 사람은 신들이 보내는 것이 당연한 일이다.

그리고 그 박수도 당연히 쿠옐리스신이 너무 높은 차원이라서 쿠옐리스신을 볼 수 없다. 그러나 쿠옐리스신과 5명의 신들이 합쳐서 힘을 쓰니 박수의 눈에 희미하게 윤곽으로나마 쿠옐리스신의 모습이 보였다. 박

수는 너무나 황홀하고 감격해하며 고마워했다. 그리고 쿠엘리스신에게 큰 절을 올렸다. 7차원의 높은 신을 볼 수 있다는 것은 그만큼 그로서는 큰 영광이었다. 숙영매는 박수와 1시간 정도 이런저런 이야기를 나누었다. 그리고 전화번호를 교환하고 언제 한 번 숙영매를 찾아오겠다고 약속하고 헤어졌다.

2021년 7월 10일 토요일

박 시장령은 어젯밤 자신의 제사에 다녀왔지만 마음이 무겁고 안 좋다. 가족들이 어렵게 살고 있는 모습을 보니 그래도 명색이 서울시장을 지냈던 사람인데 너무 무책임하게 가족을 내팽개치고 그렇게 홀로이 간 것이 너무 맘에 걸렸다. 서울시장은 조선 시대 때 같으면 한성부 판윤이다. 부귀영화를 맘껏 누렸을 정도의 직위다. 같은 직위의 오세훈 시장이 수십억 원의 돈을 갖고 부귀영화를 누리는 것과 정반대로 박 시장은 빚만 남기고 갔다. 물론 그 빚은 유족들에게 넘겨지는 것이 아니긴 하지만 그렇다고 남겨진 재산도 없다. 주위에서 박 시장의 사정을 잘 알고 유족들을 도우려 해도 눈치를 봐야 하기 때문에 힘들다. 박원순령은 하루이틀 정도 북한산에서 마음을 추스르고 다시 명상 수행을 하여 영을 높여야 한다. 어찌됐건 자신의 억울함부터 풀어야 한다.

2021년 7월 16일 금요일

정원이가 퇴원했다. 완쾌되어 퇴원한 것이 아니고 별로 나아지는 기색이 보이질 않기 때문이다. 입원과 퇴원을 스스로 결정했다. 정신병동에는 자해하는 환자들이 많아서 줄이라든지 뾰족한 것을 갖고 입원할 수 없다. 유리컵도 안 되는 것이 컵을 깨고 자해를 할 수도 있기 때문이다. 자해는 빙의의 가능성이 높다고 정원이한테 말하니까 이렇게 대답했다.

"이래서 아빠하고는 말이 안 통해."

이렇게 정원이는 철저하게 영적 현상을 부정한다. 어쩌면 엄마에 대한 악감정이 엄마의 영능력을 부정하는 원인일 수도 있다.

"병원에 엄마하고 비슷한 증상을 가진 애가 있었는데 환영이 보이고 환청이 들린대, 몸에 신령이 들어왔다는 말도 하고… 엄마도 입원해서 치료를 받았으면 좋겠어."

정원이는 계속 이야기했다.

"엄마가 거짓말을 하는 줄 알았는데 걔를 보니까 엄마도 일종의 정신병인 거 같아."

"엄마는 그 영능력으로 퇴마도 하고 있잖아."

내가 이렇게 말을 해도 한숨만 쉴 뿐 들은 척도 하지 않았다. 앞으로 더 이상은 그 일에 대해서 서로 말을 하지 않기로 했다. 보이지 않는 것은 어디까지나 믿음의 영역이고 숙영매가 영이 완전히 올라와서 특별한 능력을 시각적으로 보여줄 수 있을 때까지는 쇠귀에 경 읽기다. 정원이는 집에 와서 어렸을 때 있었던 일을 이야기하면서 많이 울었다. 엄마한테는 악감정이 있었지만 나한테도 서운한 감정이 있었다는 것을 이야기했다. 아빠로서 딸에게 무심했던 것은 나도 알고는 있었지만 정원이의 입에서는 그런 이야기가 나온 것은 처음이다.

우리가 손으로 탁자를 누르면 통과하지 않는다. 여기서 "왜 통과하지 않지?"라고 의문을 가지는 것이 과학적 사고방식이다. 의문을 갖지 않으면 과학은 발전할 수 없다. 뉴턴이 나무에서 사과가 떨어지는 것을 보고 왜 사과가 위로 올라가지 않고 나무에서 떨어져 땅으로 내려오는지 의문을 가졌기 때문에 중력 법칙이 나올 수 있었다. 손으로 탁자를 눌렀을 때 통과하지 않는 것은 과학적 용어로 전자기력 때문이다. 어린 시절 검정 고무신을 신고 다니다 보면 신발 속으로 흙이 들어온다. "왜 흙이 들어오지?"라는 엉뚱한 의문점부터 나는 "왜"라고 하는 질문으로 끊임없이 어른들을 괴롭히거나 웃게 만들었던 기억이 난다. 우리가 사는 세상을 3차원이라고 한다. 차원이 과학적 용어인가? 사람들은 차원을 컴퓨터 그래픽을 이용하여 과학적으로 설명하기도 한다. 설명을 열심히 한 사람도 들은 사람도 사실 차원이라는 것이 뭔지 그 실체를 알 수가 없다. 누구도 그 실체를 경험한 사람은 현재 없기 때문이다. 단지 1차원은 선, 2차원은 면이라는 사실을 바탕으로 우리가 사는 세상은 3차원 입체라는 것을 알 수 있을 뿐이다.

어두운 밤 공동묘지나 폐가에서 무엇인가를 보거나 느낀다고 했을 때 그것을 과학적으로 설명하고 분석하는 데에는 상당히 인색하다. 인색한 정도가 아니고 펄쩍 뛰며 질색한다. 영적 현상은 정신 분열 정도로 생각하기 때문에 과학적으로 접근하지 않는다. 과학은 오로지 현미경 또는 망원경으로 관찰해서 보여야만 인정하고 하다못해 방정식으로 딱 떨어져야 이론으로라도 성립하는 형이하학이기 때문이다.

그러나 보이지도 않는 차원이라는 것을 과학적으로 설명하려고 하는 것처럼 영적 현상도 과학적으로 연구할 필요는 있다. 나는 영적 현상을 또 다른 차원으로 이해하고 있다. 미신이라는 틀에서만 벗어날 수 있다면 차원과 영적 현상을 연결시켜 인류의 과학이 한 단계 업그레이드되는 계기가 될 수 있을 것으로 보인다. 현재 과학적으로 증명된 자전과 공전, 중력, 전자 등은 옛날에는 황당한 생각이었다. 지금 황당하다고 생각하는 것이 미래에도 황당한 생각으로 남아 있을까? 인간들은 과학적으로 많이 발전했지만 물질적 수준에 머무는 한 다른 차원은 절대 이해하지 못하고 저급 단계에서 한 치도 벗어나지 못할 것이다.

78. 우리 몸속에 있는 주인 영혼

2021년 7월 18일 일요일

　빙의는 인간의 육신에 다른 영혼이 침투하는 것으로 정의할 수 있다. 그러면 나의 영혼은 내 몸속에서 어떤 형태로 존재하는가? 숙영매는 내 머릿속에서 내 영혼이 보인다고 말한다. 내가 말을 하면 내 영혼도 같이 말을 한다고 하고 크기는 손가락 한 마디 정도다. 그리고 빙의령들이 뇌 속으로 침투하면 주인 영혼은 밑으로 쫓겨가 있다. 그리고 주인 영혼이 뇌 속에 있다고 해도 빙의령들이 내장이나 장기 속에서 있게 되면 주인 영혼은 뇌 속에서 힘을 못 쓰고 조용히 있다. 수호령도 마찬가지로 힘을 쓰지 못한다. 또 뇌 속으로 들어가는 빙의령들은 열이면 열 다 악질들이다. 숙영매가 주인 영혼을 보기 시작한 것은 작년 7월 집단귀들의 공격을 버텨내고 수호령과 산신령의 모습을 자력으로 볼 수 있을 때부터였다고 하니 참으로 믿기 힘들고 신기한 일이다. 마치 영화 〈아바타〉에서 로봇 머릿속에 있는 사람이 팔다리를 움직이며 행동하면 로봇도 똑같은 행동을 하는 모습이 연상된다. 17세기 살았던 철학자 데카르트는 육체라는 기계에 영혼이 깃든다고 했다. 그리고 그는 뇌 속에 있는 송과체가 영혼이 거주하는 곳이라고 했다. 실제로 재천령과 숙영매의 투시를 통해서 그것은 사실로 확인됐다. 그러면 데카르트는 그것을 어떻게 알 수가 있었을까? 그가 직접 영혼을 볼 수 있었던 사람이었는지는 불확실하다. 그러나 근대 철학의 시조라 할 만한 철학자의 입에서 그러한 사실들이 언급된 것은 의미 있는 일이다.

2021년 7월 28일 수요일

재천령은 그의 환생 시기를 앞당겨 계획하고 앞으로 이삼 년 후에 실행하려고 한다. 세상에 나와서 특별히 해야 할 것이 있다고 한다. 아마도 그가 전생에 항상 일찍 죽어서 할 일을 제대로 못했기 때문에 그럴 거라 생각한다. 재천령은 신급으로 영이 충분히 높기 때문에 자신이 원하는 집안에 태어날 수 있을 것이다. 귀례령은 영이 엄청나게 높아졌고 환생 계획은 없으며 산신으로 임명될 예정이다. 여성신은 주로 삼신 할매라 하여 주로 여성의 잉태를 담당하지만 귀례령의 경우는 특별한 케이스다.

재천령과 대화를 했다.

"영혼도 냄새를 맡나?"

"음식을 조리할 때 나는 냄새는 못 맡지만 상에 올려놓는 것은 맡을 수 있어요."

"그러면 변소나 시궁창에 있는 냄새도 맡을 수 있나?"

"그건 아니고요."

"그런 곳은 왜 들어가 있지? 예부터 측간 귀신이라고 해서 변소를 지키는 귀신이 있다는 말이 있는데…"

"변소는 자기가 들어가고 싶어서 들어가 있는 게 아니고요. 강제로 붙잡혀 들어가 있는 겁니다."

"그래? 누가 그런 일을 하는데?"

"영혼들 중에는 악신들이 있어서 약한 영혼들을 괴롭히는 영혼들이 있어요. 개네들이 괜히 힘자랑하고 신 행세를 하는 거죠."

"아하, 그러니까 깡패 귀신들이구나."

"예, 맞아요. 지금은 그런 것들이 거의 다 사라졌지만 아직도 시골에서 재래식 변소가 있는 곳에서는 그런 악습이 존재합니다."

천도 상담을 하면서 어떤 영혼이 "영혼 세계도 만만치 않아."라고 했던 것이 기억이 난다. 결국 영혼의 세계는 인간의 세계와 별반 다르지 않다. 저승의 세계도 인간 세상과 근본적으로 똑같다고 했던 내 수호령의 말도 역시 같은 맥락이다. 재천령의 말을 들어보니 인간의 심성은 죽은 후 몸에서 빠져나왔다고 크게 달라지지 않는다.

2021년 8월 9일 월요일

숙영매가 한동안 몸 아픔이 가라앉아 이제 영이 다 오른 것이 아닐까 생각했는데 지난 일주일 가까이 다시 몸이 아프고 있다. 도대체 어디가 끝인지 신들도 감을 잡지 못하고 있다. 숙영매는 7월 말이 되기 전에 영이 올라올 것이라고 예상했는데 완전히 빗나갔다. 나는 사실 숙영매를 통해서 신들과 대화하여 질문하고 싶은 것이 수없이 많으나 현재 완전히 두절된 상태다. 쿠옐리스신과 북한산신이 그것조차도 금지시켰기 때문이다.

2021년 9월 7일 화요일

숙영매가 저녁 운동을 나갔다가 도중에 몸 아픔이 시작되면서 초주검이 되어 집에 돌아왔다. 집에 있어도 극심한 고통에 울면서 얼굴에 눈물 범벅이 되었다. 쿠옐리스신은 한 가지 의식을 치러야겠다고 말했다.

"지금 샤워실에 가서 찬물로 목욕하고 들어가서 명상하고 있어."

초가을이지만 찬물로 목욕하는 것은 쉽지 않다. 그러나 숙영매는 쿠엘리스신의 말대로 샤워하고 명상을 하고 있는데 쿠엘리스신은 숙영매의 주위를 돌면서 그녀의 머리를 토닥거렸다. 이렇게 약 30분을 하자 깨질 듯한 머리가 누그러지고 몸도 상당히 많이 좋아졌다. 무슨 원리로 그렇게 되는지 모르지만 그렇게 완화가 되고 숙영매는 다시 잠을 자기 시작했다. 쿠엘리스신은 이런 일이 대여섯 번은 일어날 것이라고 말했다.

2021년 10월 4일 월요일

오늘은 재천령과 잠깐 정치에 관한 이야기를 했다. 5년 전 이재명 후보와 문재인 후보가 대선 경선을 할 때 우연히 이런 사실을 접한 적이 있었다. 1900년을 전후로 이재명이라는 독립투사가 살았던 적이 있었다. 그는 현재 이재명 후보와 이름뿐만이 아니고 한문자까지 똑같다. 그는 1909년 이완용을 칼로 찔러 중상을 입히고 난 후 잡혀서 사형당한 인물이었다. 어떤 사람은 이재명 후보의 전생이 이재명 독립지사일 거라는 말을 하기도 했다. 그래서 혹시나 해서 재천령에게 이재명 후보의 전생을 물어보았다. 그러나 독립투사 이재명은 현재 대통령 후보 이재명의 전생은 아니었다. 현재 이재명 후보의 전생은 조선 시대 때 벼슬을 거부하고 초야에 묻혀서 글만 읽던 선비였다. 독립투사 이재명은 현재 저승에 있고 죽은 지 이미 100년이 넘어 환생 준비를 하고 있다고 한다. 우연히 이름이 똑같아서 일어난 오해다. 이재명 후보는 사법 시험에 합격한 후에 전두환에게 검사 임명장 받는 것이 싫어서 변호사를 선택했다고 한다. 그것은 그가 전생에 벼슬과 부귀영화에 마음을 두지 않고 썩어빠진 조정에 나가기를 거부했던 것과 흐름을 같이 한다.

숙영매는 지난 9월 초 아픔이 있었고 중순쯤 한 번 더 아픔이 있었다. 그리고 지금 다시 몸 아픔이 있어서 방에서 나오지 않고 있다. 쿠옐리스신의 말대로라면 이제 아픔이 두세 번 남았는데 두고 봐야 할 일이다.

2021년 10월 8일 금요일

숙영매가 지금 며칠째 아프고 있다. 며칠 더 갈 것이라고 한다. 여러 곳에서 신들이 와서 그녀에게 응원을 해주고 있다. 저승에서도 오고 산신들도 오고 태양에서도 왔다. 저승에서 온 신은 옛날 대감들이 쓰던 뾰족뾰족한 모자(아마도 정자관을 말하는 듯함)을 썼고 검은 색 단복에 금장을 둘렀다. 복장으로 봐서는 아마도 저승사자라기보다는 저승에서 높은 직위에 있는 신인 것 같다. 태양에서 온 신은 머리와 눈이 크다. 태양에 11차원의 문명이 있다는 사실을 전에도 언급한 적이 있었는데 그렇게 높은 신까지 방문했다는 사실이 놀랍다. 그들은 한결같이 숙영매에게 격려와 응원의 말을 해주었다.

"힘내라, 버텨라. 여기서 포기하면 안 된다."

특히 쿠옐리스신도 숙영매에게 용기를 주었다.

"아마 이번이 진짜 마지막인 것 같다. 힘내라."

나한테는 비상용으로 가끔 먹는 수면제가 있는데 숙영매가 너무 고통스럽고 잠도 못 잘 때 먹었더니 마음의 안정이 오고 잠이 왔다고 했다. 쿠옐리스신도 숙영매를 재우기는 하지만 너무 아플 때는 잘 안 될 때가 있다. 쿠옐리스신은 이렇게 말했다.

"수면제라도 있어서 다행이다."

2021년 10월 9일 토요일

어제 숙영매와 통화하고 난 후 나는 태양신이 방문한 것에 대해서 기술했는데 오늘 좀 더 자세히 그에 대한 이야기를 들을 수 있었다. 무엇보다 쿠옐리스신이 흥분했다. 쿠옐리스신도 태양신을 처음 봤기 때문이다. 11차원이라는 너무 높은 차원에 있는 신이기 때문에 7차원 쿠옐리스신도 감히 접근할 수 없는 신이다. 어제 언급했듯이 눈과 머리가 유난히 크고, 키는 120cm 정도로 어린이의 키다. 비물질체이기 망정이지 우리 인간들처럼 물질 육신이라면 그런 가분수형 신체는 목 디스크에 심각한 영향을 끼칠지도 모르겠다. 옷은 입지 않았고 팬티 한 장 걸쳤으며 몸은 선탠을 한 듯한 옅은 갈색이었다. 쿠옐리스신은 저승뿐만이 아니고 태양계의 신들이 모두 숙영매에게 관심을 갖고 지켜보고 있다고 말했다. 특히 저승에서 온 신에 대해서 숙영매는 직감적으로 그가 저승에서 왔다는 느낌이 들자 그가 말했다.

"너를 데리러 온 것이 아니다. 넌 아직 죽을 때가 안 됐다. 힘들어도 버티라고 말을 해주러 왔다."

즉 다시 말하지만 영혼들은 생각이 그대로 전달되기 때문에 숙영매의 생각이 저승신에게 그대로 전달이 되어 그 생각을 받아서 저승신이 대답을 한 것이다.

나는 어젯밤에 하도 이상한 꿈을 꿔서 그 꿈 이야기를 했고 신들에게 신들도 꿈을 꾸는지 물어보았다. 그런데 신들도 꿈을 꾼다고 한다. 더군다나 우리 인간들처럼 꿈을 꿀 때는 그게 꿈인지 자각을 하지 못한다고 한다. 참으로 신기한 일이다.

79. 김건희의 전생

2021년 10월 14일 목요일

　요즘 윤석열에 대한 무속 논란이 한창이다. 그 중간에서 김건희가 핵심 역할을 하고 있다. 작년에 내가 숙영매에게 부탁을 해서 김건희의 전생을 보게 한 적이 있었는데 그녀는 중세 유럽 때 마녀사냥에 희생되어 화형을 당했던 전생이 있었다. 당시에 내가 김건희의 전생에 관심을 가졌던 이유는 그들 부부의 행동이 조선 시대 을사사화 때 대윤이었던 윤원형과 정난정의 모습과 겹쳤기 때문이었는데 그런 건 아니어서 관심을 끊었다. 그러나 최근 나오는 뉴스를 보면 김건희는 유난히 사주 또는 점술이나 도에 관심이 많은 것 같아서 그때 생각이 났다. 아마도 그것은 전생으로부터의 흐름일 것이다. 나 역시 그 방면에 관심이 많다. 사주는 통계학적인 학문의 영역에 가깝고 일종의 프로그램이다. 사주를 잘 보느냐 못 보느냐는 그 사람이 얼마나 공부를 했는가와 영적 감각이 얼마나 뛰어나느냐가 합해져야만 판단할 수가 있다. 점술도 그 사람이 얼마나 영적 수준이 높은가에 따라서 미래를 보는 능력에 차이가 생길 수밖에 없다. 어느 한 사람에게 가서 사주나 점을 봤는데 맞질 않았다고 대한민국에 있는 사주나 점술이 전부 엉터리라고 말하면 그것도 곤란하다. 그리고 전에도 언급했듯이 미래란 정해져 있다고 해도 상황이 변하면서 바뀔 수 있다는 것을 항상 염두에 둬야 한다. 가까운 미래보다 먼 미래가 더욱 더 맞히기 힘들다.

일기예보는 지나간 날씨와 현재 기상 상태의 모든 데이터를 슈퍼 컴퓨터에 집어넣은 다음 분석해서 미래의 날씨를 예측한다. 그래도 요즘은 슈퍼 컴퓨터와 그것을 분석할 수 있는 실력 있는 전문가들이 있어 가까운 미래의 날씨는 비교적 잘 맞힌다. 그러나 먼 미래의 날씨일수록 맞힐 확률이 점점 떨어진다. 예언도 이와 비슷한 것이라고 볼 수 있겠다.

김건희는 어려운 환경에서 자랐지만 상류 사회로의 신분 상승을 꿈꿨던 것 같다. 그녀는 전생에 신기가 있어 사람들 앞에서 행세를 할 수 있었다고 해도 거대한 교회 권력 앞에는 무기력하게 무너졌다. 그것이 트라우마가 되어 잠재의식 속에 남아 있을 것이다. 따라서 이번 생에서 신기가 숨어 있어도 그 끼를 발휘하기보다는 돈과 권력을 좇아가는 부나방이 될 수밖에 없었을 것이다. 때문에 자신이 할 수 있는 것은 옳은 일이든 그른 일이든 닥치는 대로 한다. 재벌이 되었건 검사가 되었건 실제 권력에 접근하거나 점술가도 찾아다닌다. 그러나 내가 보기에 김건희는 번지수를 잘못 찾은 것 같다. 사리사욕과 재물에 물든 도사나 스님들은 영도 높지 않을 뿐 아니라 그들에게서 제대로 된 조언을 구하기 힘들다. 그들에게 기대느니 차라리 집에서 혼자 열심히 기도 명상을 하여 전생의 흐름을 따라 스스로 영을 높이는 것이 본인의 발전을 위해 좋을 것이다. 스스로 깨우치지 못하면 현생도 전생의 습대로 안 좋게 흘러갈 수 있다.

숙영매가 지금 열흘째 아프고 있다. 중간에 두 번 잠깐 완화되는 듯하더니 아픔이 계속되고 있다. 그 강도도 점점 세어진다. 쿠옐리스신이 재워주기는 해도 너무 아프니까 역부족이라 수면제를 먹기도 한다. 수면제가 분명 몸에 안 좋은 것은 사실이나 지금은 죽느냐 사느냐의 기로에 서 있기 때문에 먹어야 한다. 오늘은 춥다고 몸을 심하게 떨고 있다. 재천령이 숙영매를 도와주기 위해서 자신이 알고 있는 영이 높은 영혼들을 총소집했는데 그 수가 수천이 되는지 집 안에 가득 차 있다. 그 때문에 추운 것이다. 우리는 재천령이 영혼들 중에서는 최고인 줄 알았는데 재천령보다 영이 높은 영혼들도 상당히 많다. 아무튼 신들을 비롯하여 전국의 높은 영혼들까지 숙영매에게 집중되어 있다. 북한산신은 숙영매가 혹시라도 고통을 견디다 못해 자살이라도 하지 않을까 전전긍긍한다. 그러나 숙영매는 말한다.

"자살은 안 해. 내가 왜 자살을 해? 끝까지 버틸 거야."

2021년 10월 29일 금요일

지금 산신 세계에 정치 문제로 비상이 걸렸다. 지난 보궐 선거 이후 보수 쪽 산신들은 모두 다른 행성으로 쫓겨가 감옥에 수감됐고 그 자리는 4차원 저승에서 온 다른 산신들로 채워져 있지만 인간 세계에서의 일이 심각하다. 보수 쪽 산신들이 보궐 선거 때 젊은이들에 심어놓은 심이 나라에 적지 않은 영향을 미칠 것이기 때문이다. 심을 심는 것은 수월해도 빼는 것은 쉽지 않다. 그리고 이 세상에는 악령들이 너무도 많고 그들이 합치면 그 힘이 만만치 않다. 미래는 정해져 있지만 상황에 따라서 바뀔 수 있다. 인간들의 마음이 너무나 변덕스럽다. 자질이 너무 떨어지는 사람이 대통령이 되면 이 나라가 나락으로 떨어지는 것은 시간문제다. 악령들은 윤석열을 대통령으로 만들기 위해서 온 힘을 다하고 있기 때문에 영혼 세계에서도 전쟁이 벌어지고 있다. 진실을 알면서 진실을 숨기는 것은 사악한 거다. 보수 우익을 지지하는 평범한 대중들이 악인 것이 아니다. 사법, 검찰, 부동산 투기꾼들 그리고 자본 권력들과 여기에 편승한 90%에 달하는 우익 성향의 언론과 인터넷 포털이 선량한 대중들의 눈과 귀를 가리는 것을 넘어 거짓과 왜곡으로 기사를 쓴다는 것이 문제다. 진실을 보지 못하는 어리석음도 악의 편에 설 수가 있다. 사악함은 늘상 화려한 포장지 속에 숨어서 은밀히 부정을 일삼고 있다. 사람은 진실을 알기 위해서 노력하지 않으면 항상 악의 포로가 될 수밖에 없다.

2021년 11월 2일 화요일

숙영매의 아픔이 한 달째 지속되고 있다. 언제 끝날지 모르는 아니 끝나기나 할 건지에 대한 무기력감과 좌절감이 더욱 더 고통스럽다. 이제는 옆에서 보는 나까지 지쳐간다. 고통을 잠시라도 잊기 위해서 수면제를 과다 복용하고 있다. 저러다가 약물 중독으로 잘못되지나 않을까 걱정도 된다. 오늘은 쿠엘리스신이 열흘 정도 후면 뭔가 나타날 것이라고 말했다고 한다. 제발 그래줬으면 좋겠다.

2021년 11월 7일 일요일

오늘 숙영매가 죽다 살아났다. 방바닥을 구를 정도로 아팠다. 온몸을 바늘로 찌르는 것처럼 아팠다. 보통 수면제 서너 알이면 아프더라도 견딜 수 있었는데 오늘은 그것마저도 듣질 않았다. 쿠엘리스신은 전 세계적으로 아픔을 견디지 못하고 죽은 사람도 몇 있었다고 했다. 고문 받다가 죽는 것은 고통 자체가 견디기 힘들기 때문이다. 쿠엘리스신의 예언대로라면 앞으로 고통이 한두 번 정도 더 나와야 한다. 쿠엘리스신은 숙영매에게 세계에서 가장 높고 강한 신이 보이고 몸으로 들어오면 그때 영이 나온다고 한다. 그것은 숙영매와 내가 처음 들어보는 이야기이고 어떤 내용인지는 잘 모르겠지만 이제 거의 끝나가는 느낌은 든다.

2021년 11월 8일 월요일

숙영매는 계속 아파하며 내가 출근을 할 때도, 출근 중에도 전화를 해서 이겨내겠다고 말했다. 하루 종일 걱정이 든다. 제발 죽지만 말고 살아다오….

2021년 11월 10일 수요일

숙영매의 영이 언제 올라올지 쿠엘리스신조차 모르는 이유는 영이 너무나 큰 존재 즉 너무 높은 차원이기 때문에 그렇다. 전에 언급했듯이 높은 영은 낮은 영을 꿰뚫어볼 수 있지만 낮은 영은 높은 영을 투시할 수 없다. 내년 3월 9일 대통령 선거 결과를 투시로 볼 수 있는지 재천령에게 물어봤지만 영이 많이 약해졌기 때문에 투시를 할 수가 없고 기다리라고 했다. 숙영매에게 에너지를 너무 많이 쏟았기 때문이다. 숙영매가 영이 올라온 후에 재천령을 포함한 모든 영혼들은 약해진 영을 명상을 통해 다시 보충해야만 한다.

2021년 11월 13일 토요일

원장이 자살했다. 숙영매는 오늘 갑자기 원장한테 전화를 걸고 싶은 생각이 들어 전화했는데 그녀의 엄마가 대신 받고 어제 목매어 자살했다는 말을 했다. 3년 전 숙영매가 타로를 배울 때 학원 원장이었다. 정확한 원인은 잘 모르겠지만 코로나로 인한 학원 수입 감소와 그로 인하여 힘들어진 현실과 우울증이 겹쳤을 거라 생각한다. 또한 명상을 상당히 많이 했다고 하는데 명상을 열심히 하는데도 영안이 트이지 않는 데 대한 좌절감도 있었을 것 같다. 숙영매가 그녀의 엄마에게 장례식장이 어딘지 물어보려고 하자 쿠옐리스의 음성이 울렸다.

"물어보지 마라."

괜히 친분이 있다고 찾아가거나 그 영혼을 불러들이거나 하면 숙영매에게 안 좋기 때문에 그런 것 같다. 나도 원장이 저승 가기 전에 영혼과 이야기를 했으면 했는데 쿠옐리스신이 막으니 어쩔 수 없다. 나이가 이제 40대 초반 정도밖에 안 됐는데 참 안타까운 일이다.

2021년 11월 16일 화요일

숙영매는 지금 6일째 아프지 않고 있고 재천령은 숙영매 때문에 약해진 영을 보충하기 위해서 북한산신 옆에서 명상에 들어가 있다. 쿠옐리스신은 숙영매에게 한 번 더 아픔이 와야 끝날 것이라고 했다. 그때가 어느 때인지 가늠할 수 없다.

인간들은 하나의 진리를 두고 다른 지역, 다른 시대에 다른 사람이 다른 언어로 다르게 표현하고 있다. 옛날에 서로 소통하기가 힘들었던 시대에 한 지역에서 어떤 큰 인물이 나와 진리를 세상 사람들에게 설파했어도 지금처럼 전 세계적으로 퍼지지 못하고 그 지역의 민중들에게 그 지역의 언어로만 표현됐다. 다시 시대가 달라지고 또 다른 지역에서 성인이 나와 진리를 설파하는데 똑같은 진리를 역시 그 시대와 그 지역의 언어로만 설명하기 때문에 한 가지 진리가 마치 다른 것처럼 표현되는 것이다. 분명한 것은 진리는 하나인데 여러 가지 표현 방법과 다른 언어로 사람들의 사상 속에 싹트는 것이다. 이 세상 너머에는 다른 세계가 있고 그것은 다른 차원의 세계이며 우리 육신의 눈, 귀, 감각으로 인지할 수가 없는 세계다. 가끔 사람들이 귀신을 봤다고 말할 때 우리는 몸이 허해서 헛것을 봤다거나 뇌가 만들어낸 환각이라 치부하는 경우가 있고 스스로도 그렇게 믿는 경우가 있다. 그러나 그것은 환각이 아니고 실제 다른 차원의 세계가 잠깐 열린 것이다. 영혼들은 3차원 물질 세계에 존재하는 4차원적 존재들이다. 다른 차원에 관해서 과학자들이 컴퓨터그래픽을 사용하여 열심히 설명하지만 차원은 우리가 물질육신을 입고 있는 한 넘나들 수 있는 곳이 아니다.

7년 전에 멍 때리기 대회가 있었다. 그것은 아무런 생각도 하지 않는 것이 중요하다는 사람들의 인식에서 비롯됐다. 즉 사람의 뇌를 비워야 한다는 취지로 대회를 연 것이다. 머릿속을 왜 비워야 하는지를 생각해 보자.

인간은 물질 육신을 입고 사는 영혼이다.

이것은 종교도 아니고 미신도 아니다. 저승은 무섭거나 낯설고 전설 속에서만 존재하는 곳이 아니라 바로 진짜 세계인 이데아의 세계다. 그리고 이 세상보다 한 차원 높은 4차원 공간이다. 그곳은 우리가 육신의 옷을 입고 잠시 인간의 삶을 영위하며 인생 공부하다가 때가 되면 허물을 벗듯이 훼손된 육신에서 빠져나와 돌아가는 곳이다. 우리가 원래 살았던 우리 영혼의 고향이다. 그곳에서 우리는 우리의 실체를 깨닫고 우리의 본질을 파악할 수 있다. 물론 거기 영혼들이 다 그런 건 아니고 그곳에서도 영적 깨달음이 있어야 한다. 그리고 다시 육신을 입고 태어날 때 인간은 건망증 환자처럼 모든 것을 잊고 본능만을 갖고 세상에 나온다. 우리 인간은 왜 태어났는지 왜 사는지 왜 죽는지도 모르고 오로지 좋은 음식을 먹고 좋은 옷을 입고 좋은 집에서 사는 것만이 최고라고 생각한 채 삶의 의미도 모르고 생을 마감한다. 우리의 영을 높이는 일은 바로 우리 자신을 찾아가는 길이다. 또한 세상에서는 큰일을 하기 위한 원동력이기도 하다. 똑같이 머리도 좋고 대학도 나왔지만 누구는 세계를 움직이며 한 생을 풍미하고 누구는 형편없는 삶을 산다. 그것은 영이 높으냐 낮으냐의 차이다. 육신보다는 영이다. 영을 높임으로써 우리는 우리의 육신과 영혼을 풍요롭게 한다. 또한 영을 높임으로써 생활 속에서도 지혜가 떠오르고 살아가는 데 많은 도움이 된다. 그렇게 되기 위해서는 명상 즉 멍 때리기밖에는 없다.

2021년 11월 17일 수요일

쿠엘리스신도 3일 전에 천왕성으로 돌아갔다. 숙영매도 이제 알게 된 사실이지만 쿠엘리스신은 천왕성 정부에서 조사관으로 파견된 신이었다. 지구에 숙영매라는 인물이 있으니 영이 올라오는 상태를 살펴보라는 임무를 띠고 온 것이었다. 지금 쿠엘리스신도 숙영매 때문에 영이 많이 약해진 상태라서 천왕성으로 돌아가 명상하고 영을 높인 다음에 다시 올 것이다. 지구에서는 자신보다 영이 높은 신은 없기 때문에 천왕성에 있는 다른 높은 신의 도움을 받고 스스로도 영을 높이는 데 힘쓸 것이다. 기간은 약 열흘 정도 걸린다 한다. 그 중간에라도 숙영매에게 다시 아픔이 올 때 쿠엘리스신에게 텔레파시로 연락할 수 있냐고 묻자 숙영매가 다음과 같이 대답했다.

"거기 있어도 내 몸 상태는 걔가 더 잘 알아. 언제라도 아프기 시작하면 즉시 올 거야."

빛의 속도로 2시간 반 걸리는 천왕성과 지구와의 거리를 마치 옆방에 있는 것처럼 상태도 파악하고 맘만 먹으면 즉시로 올 수 있다는 게 정말 믿기 힘들 정도로 신기하다.

80. 전두환의 죽음과 저승사자들

2021년 11월 23일 화요일 오후 12시 30분

　전두환이 사망했다는 소식을 듣고 나는 숙영매에게 부탁하여 대영령으로 하여금 시신이 안치되어 있는 세브란스 병원으로 가서 어떤 일이 일어나고 있는지 알아보게 했다. 재천령은 지금 북한산신 옆에서 명상을 하고 있기 때문에 방해되지 않도록 대영령에게 시킨 것이다. 대영령이 병원에 도착해서 보니 전두환의 시신은 있는데 본인 영혼도 저승사자들도 보이질 않았다. 시신 주위에는 영이 높은 영혼들이 있었고 그들은 전두환 집에 있던 영혼들인데 다음과 같이 말했다.

　"저승사자들 8명이나 와서 몸에서 나오자마자 데려갔어."

　원래 영혼들은 죽은 후 다음 날 자정에 가는 것이 관례지만 전두환 영혼은 즉시로 붙들어간 것이다. 그렇기 때문에 대영령도 전두환령을 볼 수 없었고 그냥 돌아왔다. 그는 집에서 죽었는데 그 집에는 영이 센 영혼들이 전두환을 보호하고 있었고 그들이 전두환 영혼을 빼돌릴까 봐 영이 높은 저승사자들 8명이 와서 악령들을 물리치고 몸에서 빠져나오자마자 붙잡아 간 것이다. 그러니까 저승에서도 전두환이 죽을 때를 계속 예의 주시하고 있었다는 이야기다.

　"야, 저승사자들이다. 막아! 각하를 지켜!"

　"이놈들이 어딜 감히 막아. 당장 비키지 못해!"

　이 정도의 다툼이 오가지 않았을까 상상해본다. 이렇게 희대의 살인마가 저승으로 끌려갔다. 좀 더 자세한 이야기는 들을 수 없었고 그가 가서 어떻게 됐을지는 궁금하기는 하다. 그러나 이렇게 죄인 끌고 가듯이 끌고 갔다면 저승 재판관들이 전두환 영혼을 앞에 앉히고 호통 치는 소리가 들리는 듯하다. 다음에 기회가 있으면 알아볼 생각이다.

《사후세계의 비망록Ⅰ》에서 나는 조선 태조 이성계를 신랄하게 비난한 바 있었다. 전생연구소 박진여 선생 그리고 모든 신들이 전두환의 전생을 이성계라고 했기 때문이다. 전두환을 증오하는 마음 때문에 이성계를 좋게 봐줄 수가 없는 이유가 가장 컸다. 나는 젊었을 때 친구들과 대화하면서 전두환의 전생을 몰랐어도 이성계의 위화도회군은 군사 쿠데타 아닌가 하고 성토한 적이 있었다. 사실 가만히 들여다보면 이성계와 전두환은 닮은 구석이 많다. 위화도 군사 반란, 우왕 강제 퇴위, 왕씨 학살, 조선 태조 등극은 12·12와 5·18 군사 반란, 최규하 대통령 강제 퇴위, 광주 학살, 대통령 취임과 맞물려 있다. 더군다나 이성계는 그런 군사반란을 일으키고 왕에 앉아 그의 자손들도 부귀영화를 누렸던 것이 전두환 후손들이 불법으로 취득한 재물로 부귀영화를 누리는 것과 같다. 나는 내 수호령에게 위화도 회군에 대한 정당성에 대해서 물어보았지만 수호령도 대부분의 역사학자들과 같은 생각으로 이성계의 4대 불가지론을 인정했다. 어쩔 수 없는 선택이었다는 것이었다.

  1. 소국이 대국에 대항하는 것은 안 된다.
  2. 장마철이라 화살이 나가질 않는다.
  3. 농사철에 군사를 동원하는 것은 안 된다.
  4. 요동을 칠 때 왜구가 남해안을 공격할 수 있다.

이와 같은 4대 불가지론이 사실이고 내가 이성계의 위치에 있었다면 나는 어떤 결정을 내렸을까? 아마도 나는 군사를 돌리지는 않았을 것이고 요동을 정복하든가 실패해서 죽든가 했을 것이다. 내 성격상 그렇다. 이성계의 이복형이었던 이완계도 이성계를 따라 요동 정벌에 나섰지만 이성계가 반란을 하자 고려에 반역을 할 수 없다며 스스로 목숨을 끊었다. 위화도회군을 하지 않았다면 요동 정벌에 성공하여 한반도의 지형이 확장되었을지도 모른다는 소수의 의견도 있긴 하지만 그 후 명나라와의 관계는 어떻게 됐을 것인가 하는 변수도 남아 있다.

전두환과 이성계가 윤회의 굴레에서 같은 연장선상에 있다는 것은 부인할 수가 없다. 윤회는 습이고 모습은 다르게 나타나도 본질은 변하지 않는다. 즉 전두환이나 이성계에게는 자신의 욕망을 위해서는 살인을 눈 하나 깜박이지 않고 자행하는 본능이 자리 잡고 있다. 이성계에게 조선 태조라는 호칭을 붙이는 것은 승리자이기 때문에 어쩔 수 없다 하더라도 그의 민중 학살 행위가 축소되고 역사적으로 영웅시하는 것은 참기 힘들다. 수백수천 명을 죽이고 영웅이 되는 역사 자체가 역겹다. 옛날에는 인간의 생명이 하찮았고 지금은 귀중하다는 법은 없다. 인간 생명의 귀중함은 옛날이나 지금이나 똑같다.

똑같은 원리로 박정희는 대통령 재직 시절 수많은 여성들과 부적절한 관계를 이어갔다. 지금 대통령이 그렇게 한다면 난리가 날 법한 일이지만 그때는 괜찮았고 지금은 안 된다는 생각도 잘못된 일이다. 여성의 정조와 인권이 50년 전에는 대통령 앞에서 하찮았고 지금은 대통령 앞에서도 귀중하란 법은 없다. 박정희 지지자들은 공과 사를 구분하는 법부터 배워야 할 것이다.

2021년 11월 24일 수요일

  3차원 이승 세계에서는 물질 만능주의가 판을 치고 악이 선을 짓밟는 일이 늘상 벌어져도 전두환 영혼을 범인 체포하듯이 잡아간 것을 보면 저승은 그래도 정의가 숨 쉬는 세계라는 생각에 마음의 위로가 된다. 그리고 이번 일을 계기로 사회적으로는 높은 지위에 있지만 악행을 많이 저지른 자는 저승에서 주시하고 있다가 그가 죽어 몸에서 빠져나온 직후 저승사자들에게 끌려간다는 사실도 알게 됐다. 착한 일을 많이 하면 죽어서 좋은 세상에서 살 수 있다는 희망을 사람들에 심어줄 수 있다는 게 좋다. 교회를 다녀서 천국에 가는 것이 아니라 착한 일을 해서 천국에 간다는 믿음만 있어도 우리 사회의 수준이 상당히 높아질 것이다.

  어제 미처 못다 한 이야기는 전두환 집에 있는 악령들과 장례식장에 있는 착한 영혼들과 싸움도 있었다고 한다. 악령들이 전두환 시신을 따라 들어오자 착한 영혼들이 나가라고 하며 시비가 붙은 것이다. 대영령도 영이 높은 편인데 거기 있는 영혼들도 영이 대영령과 비슷하거나 높은 경우가 많았다. 대영령은 장례식장이 영혼들의 싸움으로 난장판이 되자 재천령에게 도움을 요청했다. 그러자 재천령이 다음과 같이 말했다.

  "거기서 싸움에 휘말려봤자 별 의미가 없다. 엄마가 시키는 것만 하고 그냥 돌아와라."

  그래서 대영령은 오래 있지는 않고 바로 숙영매에게 돌아왔다.

2021년 11월 28일 일요일

  숙영매의 몸 상태는 완전 정상이고 마음도 완전히 텅 빈 것처럼 깨끗하다. 마음을 비운다는 것이 이런 걸 말하는 게 아닐까 싶을 정도로 명상에 들지 않아도 잡념이 들지 않는다. 엄마가 수시로 아프기 때문에 그 일 때문에 급히 구의동에 갔다 오는 일이 많은데 그럴 때마다 몸이 피곤하지만 명상을 하고 나면 다시 정상으로 돌아온다. 명상을 해본 사람은 느꼈을 테지만 잡념이 사라질 때 몸에서 열이 나는 것을 느낀다. 몸에 병이 있으면 그때 병 치유가 되는 것이다. 흔히 불치의 병을 앓고 있는 사람이 종교적 기도의 힘으로 나았다고 하는 경우 또는 명상을 통해 병을 치유했다는 사례 모두가 같은 경우이다.

쿠옐리스신은 아직도 천왕성에서 명상하고 있고 다음 주 목요일 온다고 한다. 숙영매에게 분명히 한 번의 아픔이 더 있을 것으로 모두가 생각하는데 언제 올지 모른다. 숙영매는 각오를 하고 있고 빨리 올 것을 바라고 있다.

2021년 12월 19일 일요일

쿠옐리스신은 이미 천왕성에서 명상을 끝내고 숙영매 옆에 와 있지만 재천령은 아직 북한산신 옆에서 명상하며 상실된 영을 회복하고 있다.

영혼, 신, 저승에 관해서는 현대에서는 점점 미신의 영역으로 들어서고 있다. 그 이유는 간단하다. 과학이 발달하면서 과거에 미스터리한 현상들이 풀려가고 있는 과정에서 물질 만능의 시대에 인간의 영적 능력마저 퇴보하고 있기 때문이다. 학자들은 고대인들이 상상으로 신을 만들었다고 이야기하지만 그것은 아니다. 고대의 인간은 밑도 끝도 없이 절대로 상상으로 신을 만들어내지 못한다. 고대인들은 지금보다 영적 능력이 훨씬 더 발달해 있었다. 그들은 자신들이 본 것, 들은 것, 체험한 것들을 바탕으로 신과 저승을 언급한 것이지 밑도 끝도 없이 상상으로 신을 만들어낼 수는 없다. 그러나 현대인들은 책을 통해 많은 정보를 획득하면서 그것을 바탕으로 없는 사실을 수도 없이 만들어내는 것이 가능하다. 신을 소재로 만든 드라마들을 보면 신의 세계가 인간의 상상을 통해서 얼마나 황당하게 진화해 왔는지 알 수가 있다. 어차피 증명할 수 없는 신의 세계이기 때문에 상상은 자유다. 고대인들이 상상으로 신을 만들었다고 생각하는 자체가 학자들의 상상의 산물이다. 고대인들의 삶은 지금 우리의 삶보다 얼마나 더 단조로웠을지 가늠조차 하기가 힘들다. 단조롭다는 것은 영적 각성을 하기에 좋은 조건이다. 우리는 수천 년 전의 인간의 삶을 책을 통해서만 판단할 뿐 절대로 그때 그들의 삶을 이해할 수가 없다. 책은 그때 당시의 상황을 극히 일부만 언급했을 뿐이다.

야구 해설가 고 하일성 씨가 베트남전쟁 때 겪었다는 일화가 있었다. 미군들이 쓰던 좌변기를 처음 본 어느 한 한국군이 변기에 들어 있는 물을 인공 샘물 정도로 생각했는지 입을 대고 마셨다고 한다. 내가 친구한테 그런 에피소드를 이야기했을 때 그는 다음과 같이 말했다.

"거, 말도 안 되는 소리하지 마라. 아무리 처음 보는 물건이라도 보면 모르나?"

그러나 생전 처음 보는 물건은 봐도 모르는 것이 당연하다. 60년대에 시골에서 농사만 짓다가 입대하여 재래식 변소만 사용하던 사람이 수세식 변기를 알 수가 있을까. 굳이 고대인들을 들먹이지 않더라도 우리가 지금 당연하게 생각하는 것이 불과 50년 전에는 이렇게 전혀 당연하지 않았다.

81. 간소하게 치른 어머니 제사

2021년 12월 23일(음력 11월 20일) 목요일

　오늘은 어머니 제사. 숙영매와 함께 한 네 번째 제사다. 지난 5월 아버지 제사 때 이런 제사가 치러진다는 것을 아버지 영혼이 알게 됐고 어머니 제사에 아버지 영혼이 같이 참석한다고 했지만 아버지 영혼은 불참했다. 그 이유는 숙영매 때문이다. 작년까지만 해도 어머니 영혼과 이야기하며 저승에 관해서 상당한 정보를 알게 됐지만 올해는 숙영매의 영이 올라오는 데 영혼과의 대화가 방해가 되기 때문에 아버지 영혼을 오지 못하게 한 것이다. 벌써 몇 달째 영혼들 그리고 신들과의 대화가 단절됐었고 그 여파가 어머니에게까지 미쳐서 어머니령과도 대화를 못하도록 북한산신이 명한 것이다. 어머니 영혼은 이런 사정을 북한산신으로부터 듣고 알겠다고 했으며 잠깐 들러서 내 얼굴만 보고 가겠다고 했다. 그러나 아버지 영혼은 북한산신의 설명을 이해하지 못했고 그 때문에 참석 불가령을 내린 것이다. 아마도 아버지령은 정말 오래간만에 막내아들과의 대화를 간절히 원하는 것처럼 보였기 때문에 그것을 차단하기 위해서 그랬던 것 같다. 아버지 영혼이 오셨다면 내가 중학교 1학년 때인 1971년에 돌아가셨으니까 올해로 정확히 50년 만이고 나도 여러 가지 궁금한 점을 물어봤을 텐데 아쉬웠다.

　어머니령은 정확히 오후 4시 59분에 오셨다. 보랏빛 원피스에 브로치를 가슴에 달고 있는 모습이 귀티가 넘쳤다. 구절판에 반찬과 떡 조금씩

하고 밥과 된장국 그리고 과일이 전부였다. 대화는 별로 없었다.

"음식이 맛있구나."

"너도(숙영매도) 먹어야지. 그릇 가지고 와서 밥을 좀 덜어라."

"어서 영이 올라와서 크게 되어 이름을 날리고 병대도 크게 되도록 도와줘라."

"네 덕분에 북한산신님 같은 큰 신과 소통할 수 있게 되고 정말 고맙다."

"제사를 지내는 데 어떤 형식으로 지내든, 음식이 많든 적든 상관없다. 음식에 마늘만 집어넣지 않으면 된다."

식사하시면서 이 정도 말씀만 하시고 20분 정도 후에 저승으로 복귀하셨다. 더 있어봤자 숙영매에게 방해가 될 것이기 때문이다. 나 역시 말을 안 걸려고 노력했다. 어머니 영혼과 집 안의 영혼들과는 식사하는 모습이 다르다. 어머니 영혼은 살아 있는 사람처럼 수저로 드시고 영혼들은 수저 없이 음식이 입 속으로 후루룩하며 들어간다. 수저를 들면 물질 수저가 없어졌다가 다시 생성이 되고 음식도 물질 음식이 없어졌다가 다시 생성이 된다. 숙영매의 눈에는 그렇게 보인다.

내가 숙영매에게 물었다.

"어머니도 쿠엘리스신을 못 보시나?"

"그럼 못 보시지."

"그러면 어머니는 쿠엘리스신이 와 있다는 것은 알고 계신가?"

"이야기를 들어서 알고는 있어."

2022년 1월 1일 토요일

새해가 밝았다. 2021년에도 숙영매의 영은 올라오지 않았다. 실패냐 성공이냐 하는 문제를 떠나서 결국은 신의 뜻이다. 사람들끼리 서로 상대방의 마음을 알 수가 없다. 쿠옐리스와 북한산신도 높은 차원의 신이지만 숙영매 속에 있는 신의 마음을 알 수가 없다. 신도 더 높은 신의 마음은 알 수가 없다. 분명한 건 신들은 분명히 숙영매의 영이 올라올 것이고 거의 다 됐다는 것만은 알고 있다.

82. 고통 끝에 마침내 우주의 영
(우주신광)을 받은 숙영매

2022년 1월 20일 목요일 새벽

 숙영매는 몸의 통증 속에서 힘들어하는 가운데 마침내 둥그렇고 커다란 빛, 너무도 아름답고 휘황찬란하게 빛나는 빛을 보았다. 그녀는 아픈 중에도 너무도 기쁜 나머지 크게 소리를 질렀다. '바로 이것이다'라고 느꼈고 쿠옐리스신도 북한산신도 "이제 됐다."라고 말했다. 사실 지난 열흘 동안 많은 변화가 일어났었다. 정신이 몽롱한 상태가 끝나고 정상적으로 돌아오는가 싶더니 다시 아프다가 그치고 하다가 지난 16일 다시 아프기 시작해 나흘 만에 큰 빛이 나타난 것이다. 이제 그 빛이 다시 나타났을 때 숙영매의 몸속으로 들어가기만 하면 된다.

오후 6시 반

 "내일 새벽에 다시 온대."

 숙영매는 나에게 이렇게 말하며 기쁨과 흥분을 감추지 못했다. 쿠옐리스신이 그 빛이 다시 온다는 뜻을 전달했다고 했다.

2022년 1월 21일 금요일 새벽

 다시 그 빛이 왔다. 그 실체는 콩알만 하지만 강하고 화려한 빛을 내면서 짐볼 정도의 크기로 보인다. 숙영매가 그 빛을 감싸 안자 그 빛은 숙영매의 주위를 빙글빙글 돌다가 그녀의 몸속으로 들어왔다. 그러자 쿠옐리스신이 흥분하며 말했다.

"이제 됐다, 됐어. 끝난 거야!"

그리고 그 빛이 숙영매의 몸속으로 들어오자 그렇게 아팠던 몸이 거짓말처럼 씻은 듯이 완전히 나았다.

우리가 지금 살고 있는 집은 미아동 창문여고 근방에 있고 작년 9월 11일 이사해 들어왔다. 2020년 12월 말경 북한산신이 "사무실에 나가지 말고 한 달 정도 집에서 영을 받는 데만 집중해야겠다."라고 말한 후부터 1년 넘게 걸린 지금에서야 영을 받게 됐다. 지난 1년여 동안 수많은 아픔과 7차원 천왕성 쿠옐리스신의 방문, 타로 사무실 철수, 이사 등 우여곡절 끝에 결국은 이제서야 완성을 본 것이다. 숙영매가 영을 받기까지 일등 공신은 뭐니 뭐니 해도 영혼들과 신들이다. 특히 쿠옐리스신이 상황에 따라서 내려준 이렇게 해라 저렇게 해라 하는 지시 사항들이 없었으면 숙영매 혼자서 불가능한 일이었다. 북한산신 역시 숙영매가 영이 올라올 줄 알고 처음으로 명상을 시작하게 했고 전국의 산신들이 방문해 기를 넣어준 것이 시작이라고 봐야 한다. 둘째는 숙영매 자신의 의지다. 주위에서 아무리 하라고 해도 두려움에 스스로 포기하면 그것도 역시 불가능한 일이다. 어쩌면 주위 사람들의 비웃음 때문에 더욱 더 악착같이 목숨을 걸고 했을 수도 있다. 영혼, 사후세계, 외계인 등과 같은 단어들을 언급하면 늘상 사람들의 비웃음을 받게 되어 있다. 셋째로는 나의 도움도 있었고 넷째로는 수면제가 있다. 나는 항상 숙영매의 수면제 과다 복용 때문에 조마조마했었는데 그래도 매일 먹는 것은 아니었고 오랫동안 습관적으로 복용했던 것이 아니었기 때문에 약물 중독으로 심각한 상황까지는 가지 않았던 것 같다. 어쩌면 숙영매가 아픔을 이겨나가도록 가장 결정적으로 도움을 줬다고 말할 수도 있다. 수면제가 없었다면 그 아픔을 이겨내기가 불가능했을지도 모른다.

2021년 1월 22일 토요일

숙영매의 몸속에 들어간 '영'은 지구에 존재하는 신이 아니고 우주에 존재하는 신이라고 한다. 그 존재는 우주에 많은 수로 존재하지만 너무 높고 강해서 인류 역사상 받아들인 인간이 없었다. 산신조차도 영이 낮은 산신은 받아들이지 못할 정도다. 북한산신을 비롯한 영이 높은 산신들이나 쿠옐리스신 정도면 그 '영'을 받을 수 있다. 한마디로 신들의 신이다. '영'이 인간의 모습을 띠지 않고 빛으로만 존재하는 것은 그런 이유 때문이다.

지금부터 나는 숙영매 속에 들어온 우주의 신을 우주신광(宇宙神光)이라고 칭해야겠다. 역사적으로 그런 일이 없어 단어도 없기에 내가 만든 단어다. 외국에서 종교 창시자나 영적 체험을 한 사람들 중에 빛을 보았다고 말하는 사람들이 많다. 그러나 그 빛이 몸속으로 들어왔다는 이야기는 들어본 적이 없다. 우주에는 수많은 우주신광이 존재하지만 우주 전체를 다스리는 유일신이 존재하는지는 확인할 길이 없다. 나는 없다고 확신한다. 혹시 있다고 해도 우주의 천억 개 은하 중에 하나인 우리은하, 우리은하 속 수천억 개의 별들 중 변방에 자리한 태양, 그리고 태양에 속해 있는 먼지 하나만큼 작은 지구에 관심이나 둘까? 아니 알고나 있을까?

이렇게 우주는 물질 인간들이 모르는 사이에 엄청난 기운으로 운용되고 있다. 사람들은 영혼과 외계인을 별개로 생각하지만 외계인이 다른 차원에서 영체로 존재한다는 것을 안다면 저차원의 영체인 영혼과 고차원의 영체인 외계인으로 이해하면 될 것이다.

숙영매는 그동안 지쳐 있던 몸을 회복하기 위해서 당분간 몸조리하며 휴식을 취할 예정이다. 북한산신은 숙영매에게 말했다.
"오늘부터 일주일 정도 몸을 회복하면서 명상을 하면 차츰차츰 깨달음을 얻게 될 것이다."

약 30%에 달했던 보수 쪽 산신들은 죄의 경중에 따라 각 행성에 수감되었고 지금 대한민국의 산에는 저승에서 파견된 산신들과 기존에 있던 산신들로 100% 채워졌다. 산신들은 지금 서울에 모여서 온 힘을 쏟고 있는데 산신들이 이렇게 한곳에 모인 것은 역사적으로 처음 있는 일이고 정치적으로 관여하는 일도 처음 있는 일이다. 그것은 오로지 숙영매가 영을 받는 과정 그리고 나의 정치적 관심도로 인하여 발생했다. 산신들은 보수 쪽 산신들이 사람들에게 심어 놓았던 심을 뽑는 작업도 하고 있다. 이렇게 전국의 산신들 중 약 80% 정도가 산을 다스리는 일을 잠시 제쳐두고 교대로 모여서 이번 대통령 선거에 개입하고 있다. 사악한 기운이 더 이상 이 땅에 물들지 않아야 대한민국이 일류 국가로 나아갈 수 있다.

83. 둘로 분리되는 숙영매의 영체

2022년 2월 3일 금요일

　오늘 새벽 1시 반쯤 이해할 수 없는 일이 일어났다. 숙영매는 잠을 자다가 일어나 스위치로 불을 켜려고 했는데 켜지질 않았다. 몸을 움직이려는데 주체를 못해 넘어지고 이리저리 부딪쳤다. 집 안에 있는 물건들을 넘어뜨리고 책장과 선반에 있는 각종 물건들을 모두 쏟아내고 집안을 엉망으로 만들어 놨다. 그러나 나중에 보니 물건 몇 가지만 흐트러졌을 뿐 모든 것이 정상적인 상태로 놓여 있었다. 알고 보니 숙영매가 유체이탈이 되었었다. 그녀의 말을 종합해서 정리하고 분석해보면 이렇다.

　유체이탈이 된 상태에서 그녀는 영체도 움직이고 육신도 움직인 것으로 짐작이 되었다. 영혼이 육신에서 빠져나가면 육신이 죽은 것처럼 움직이지 않아야 정상이나 육신이 걸어다니며 움직였다는 이야기다. 내 상식으로 이해가 안 되는 일이다. 일단 유체이탈을 했지만 영체와 육신이 움직이면서 물건들을 흩뜨렸고 육신의 힘이 강하지 않았기 때문에 계속 넘어지고 테이블이나 벽에 부딪치게 된 것이다. 또한 영체도 같이 움직이면서 집 안의 모든 물건들을 흩뜨렸지만 그것은 어디까지나 영체이기 때문에 현실에서는 멀쩡한 것이다. 이것을 생각해보면 된다. 어머니 영혼이 제삿날 와서 제사상에 있는 수저를 들면 실제로 수저가 들리고 식사를 하면 실제로 음식들이 없어진다. 숙영매 눈에는 그렇게 보인다. 그러나 잠시 후 모든 현상들이 원래 있던 상태로 되돌아온다.《사후세계의 비망록Ⅰ》에서 어머니 영혼이 제삿날 큰형 집에 오셨을 때 나를 찾기 위해서 장롱 문까지 열어봤다는 이야기가 나오는데 똑같은 현상이다. 어느 정도 영이 높은 영혼들은 3차원 세계에 있는 물건들을 자기 것으로 만든다. 3년여 전쯤 영혼들이 처음에 우리 집에 왔을 때 영혼들은 숙영매를 통하여 내 옷을 입어도 되는지 물어본 적이 있었다. 같은 원리다. 결국 숙영매의 영체는 집 안에 있는 모든 물건들을 엉망으로 해놨지만 현실은 멀쩡한 상태로 있었고 일부 흐트러진 물건들은 숙영매의 육신이 실제로 해놓은 일이다. 숙영매가 수차례 부딪치고 넘어지고 했지만 일부는 영체가, 일부는 육신이 한 것이기 때문에 실제로 육신의 일부분만 다치고 영체가 한 부분은 다쳤다고 생각했지만 실제로는 멀쩡했다는 말이다. 설명이 제대로 됐는지 모르지만 아무튼 유체이탈된 상태에서 그녀의 영체와 육신이 따로 움직였다는 이야기다. 나중에 숙영매가 조금씩 생각해보니 자신의 영체가 육신이 움직이는 모습을 보고 있었다고 한다. 그러고 나서 2시경 숙영매는 내 방문을 두드렸고 밤늦도록 잠이 오질 않아서 깨어 있던 나와 잠시 이야기한 후 들어가 잤다. 잠이 안 든 상태에서 밖에서 달그락거리는 소리는 들었지만 별로 신경 쓰지 않았었다. 무슨 이야기를 했는지 나도 정확히 기억은 안 나지만 책장 속에 있던 몇 권의 책들이 떨어져 있어서 올려놨던 기억이 있다. 그리고 숙영매는 자신의 방에 들어가면서 "참, 기분이 좋다."라는 말을 했다. 북한산신도 처음 보는 일이라고 신기해했고 위에서 언급한 내 생각이 맞는지 쿠옐리스신에게 물어보았다.

"무얼 그렇게 자세히 알려고 하나, 시간이 되면 나중에 다 알게 될 텐데."

숙영매는 3년 전에도 유체이탈을 했었다. 그때도 정신이 명확치 않았고 문을 열려고 문고리를 잡으려고 했을 때 통과해서 지나갔다. 그러나 오늘 새벽은 물건을 만질 때 통과하지 않았고 실제로 물건을 만지는 느낌이 났다는 것으로 보아 분명히 영체가 업그레이드된 것 같기는 하다. 영혼의 세계에서는 인간들이 상상도 하지 못하는 일이 늘상 벌어진다. 오늘 새벽에 일어난 일은 나조차도 평소에 상상도 못했던 일이다.

2022년 2월 4일 금요일
    저녁에 숙영매에게 어제 일어났던 일을 다시 하게 했다. 숙영매는 약 30초 정도 누워서 뭔가 알 수 없는 소리로 중얼거렸다. 그 중얼거림은 숙영매의 영혼이 빠져나와서 서로 대화를 하는 것 같았다. 그러자 천천히 일어나서 진공청소기를 만지작거리며 말했다.
  "나 이거 가지고 놀 거야. 나 놀러 나갈 거야. 근데 캄캄해."
  "어디를 놀러가려고 그래?"
  "여기 애들이 많아, 지금. 나 쟤들하고 놀 거야."
  "숙영매의 영혼이 빠져나왔어?"
  "응, 저기 있잖아."
  이렇게 말하고 일어나는데 비틀거리며 몸을 주체를 못했다. 나는 이렇게 말했다.
  "지금 몸 상태가 안 좋으니 다시 몸으로 들어와."
  "싫어, 들어가기 싫어."
  "그래도 지금 몸 상태가 안 좋으니 다시 몸으로 들어와."
  내가 이렇게 말하자 숙영매는 벽에 기대앉아 잠시 눈을 감더니 몸에 경련이 일면서 정상적인 숙영매로 돌아왔다. 육신이 혼자서 움직인 것이 아니고 숙영매의 영혼이 분리되면서 진짜 숙영매는 몸 밖으로 빠져나왔고 다른 숙영매는 몸속에 있지만 완전치 않아서 주위도 어둡게 보이고 몸도 제대로 주체를 못한 것이다. 그리고 정신도 완전치 못한지 진공청소기를 만지작거리며 갖고 논다고 말했다. 이런 연습을 계속하면 결국 숙영매가 둘이 된다. 하나는 영체의 숙영매, 다른 하나는 육신 속에 있는 숙영매가 되는 것이다. 몸에서 빠져나온 숙영매는 너무나 편하고 좋아서 몸속으로 들어가기가 싫다는 말도 했다. 항상 들어왔던 이야기지만 유체이탈된 상태에서는 몸도 아프지 않고 가뿐하다는 이야기를 숙영매가 지금 체험한 것이다. 결국 나중에 육신 숙영매는 육신으로서의 일을 보게 되고 영체 숙영매는 영체로서의 일을 보게 될 것 같다.

2022년 2월 7일 월요일

우주신광을 받고 나서 바로 뭔가 될 것이라고 숙영매와 나는 생각했는데 그런 것이 아니다. 꾸준히 무념무상 명상을 하여 그 우주신광의 힘이 나오도록 해야 한다. 그녀는 하루 5시간 이상의 명상과 적절한 운동 그리고 충분한 수면을 통해서 체력을 증진시키면서 내담자가 있으면 일을 하고 영업에는 신경을 쓰지 말아야 한다. 만약 숙영매가 돈벌이에만 신경 쓰고 명상도 잘 안하고 게을리하면 우주신광도 북한산신도 쿠엘리스신도 모두가 떠나가게 될 것이다. 그리고 숙영매가 어떻게 하느냐에 따라서 쿠엘리스의 물질화 여부도 결정이 된다.

2022년 2월 12일 토요일

숙영매가 현재 싸우고 있는 상대는 잡념이다. 전에는 명상할 때 잡념이 없었는데 우주신광을 받고 나서부터 잡념이 생기기 시작했다. 이해할 수 없는 일이다. 마치 우주신광을 받고 나서부터 평범한 인간으로 돌아온 듯한 느낌이다. 그리고 지난번 숙영매가 유체이탈을 하고 난 후부터 명상을 할 때 영체가 몸에서 빠져나가는 듯한 느낌이 들어 그것도 계속 억누르고 있다. 숙영매는 영체가 몸 밖으로 나오면 기분이 좋고 가뿐한 느낌이 너무 좋기 때문이다. 신들은 이 모든 것들을 극복해야만 한다고 말한다.

2022년 2월 13일 일요일

내가 명상을 하고 있는데 주방 쪽 문에서 문고리를 흔드는 소리가 나서 급히 나갔다. 우리 집은 거실 문을 열고 나가면 주방이 있다. 숙영매가 문고리를 잡고 몸을 비틀거리며 서 있었다. 나는 직감적으로 그녀가 유체이탈을 한 것으로 생각했다.

"왜 그래? 유체이탈했어?"

"응."

"그럼 다시 들어와."

"싫어, 지금 너무 좋아."

"그래도 들어와야 해. 빨리 들어와."

그녀는 몸을 주체를 못하면서도 몸으로 들어오기를 거부했다. 그녀를 주방으로 데리고 가서 눕히기도 하고 앉히기도 하면서 계속 몸으로 들어오라고 말하자 그녀의 영체가 몸으로 돌아오면서 몸에 잠깐 경련이 일었다. 지금 유체이탈을 하면 안 된다는 것을 그녀 스스로도 알고는 있지만 일단 빠져나오면 다른 세상에서 다른 느낌인지 정신이 육신에 있을 때보다 명료하지 못한 건지 몸에 들어오기 싫어한다. 우주신광을 받았을 때 이제 모든 어려움이 끝났구나 큰 산을 그리고 죽을 고비를 넘겨 성공했다고 생각을 했는데 또 다른 산이 지금 앞에 막혀 있다. 산 넘어 산이라는 말이 이걸 두고 하는 말인가 보다. 어찌됐건 숙영매는 무슨 고비가 오더라도 이겨나가야 한다.

2022년 2월 22일 화요일

우주신광을 받고 무념무상의 명상을 시작한 지 한 달 됐다. 오늘 새벽 숙영매는 명상을 하는데 신들 세 명이 나타났다. 복장은 흰 단복에 마치 산신과 같은 모습인데 몸에서 나오는 휘황찬란한 광채가 산신들의 것보다는 컸다. 그리고 그녀에게 말을 하기 시작했다. 지구 언어가 아닌 외계어 같고 말을 할 당시에는 무슨 말인지 알아들을 수 있었는데 명상이 끝나자 다 잊어버렸다. 그것은 마치 쿠옐리스신이 1년여 전 처음 숙영매에게 나타났을 때 숙영매로 하여금 외계어를 이해하게 해주고 외계어로 말을 했을 때와 상황이 똑같았다. 그때도 물론 대화를 할 때는 외계어를 이해했지만 끝났을 때는 자신이 한 외계어를 잊었었다.

2022년 2월 23일 수요일

오늘도 숙영매가 명상 중에 신들이 나타났는데 오늘은 다섯 명이 나타났다. 어제와 마찬가지로 외계어로 말을 했고 다 이해했으며 명상이 끝난 후에 다시 그 내용을 잊어버렸다. 숙영매는 그 신들이 우주의 각 행성에서 온 외계신들일 것으로 생각했다. 숙영매는 신들이 나타날 때마다 너무나 황홀하고 가슴이 벅차오름을 느꼈다.

84. 태양계 신들의 방문 그리고
숙영매 영체의 행성 탐사

2022년 2월 25일 금요일

　지난 사흘간 각 행성의 신들이 계속 방문했는데 그 수가 증가하여 20명대로 들어섰다. 모습은 흰 단복, 검은색이지만 몹시 화려해 보이는 머리띠와 허리띠가 산신과 비슷하나 얼굴 생김은 큰 얼굴에 큰 눈이 외계인의 모습으로 보인다. 머리카락은 없다. 또한 그들이 입고 있는 옷들은 상당히 고급스러워 보인다. 그리고 대화는 계속하지만 명상이 끝나면 잊는 패턴이 반복되고 있다. 쿠엘리스신의 말대로라면 태양계의 각 행성에서 왔다는 것은 분명하나 어디인지 모른다. 내일 새벽에는 쿠엘리스신이 숙영매의 몸속으로 들어오게 되고 그때가 되면 모든 의문점이 풀린다고 하는데 두고 볼 일이다.

2022년 2월 27일 일요일

　간밤에 쿠엘리스신은 약 1시간 정도 숙영매의 몸속으로 들어와 신들과 대화를 했다. 신들은 20명 왔는데 달, 금성, 화성, 태양 등 태양계에 있는 모든 행성에서 다 왔다.

2022년 2월 28일 월요일

　20명의 태양계 신들은 태양, 수성, 금성, 화성, 달, 목성, 토성, 천왕성,

해왕성, 명왕성에서 각각 2명씩 온 것이다. 내일부터는 유체이탈을 하여 하루에 한 군데씩 방문할 예정이다. 그리고 방문할 때마다 행성신들 두 명이 와서 숙영매를 데려가기로 했다. 쿠엘리스도 동행할 예정이다. 우리 과학계에서는 명왕성을 태양계 행성군에서 퇴출했는데 우주신들의 세계에서는 아직도 행성에 소속되어 있다.

2022년 3월 1일 화요일

처음으로 간 곳은 수성이었다. 숙영매가 육신에서 빠져나오자 수성신들은 눈을 감으라고 한 후 그녀를 꼭 잡고 이동을 시작했다. 시간은 느낌상 30분 정도 걸린 거 같은데 상당히 빨리 이동한다는 것을 몸으로 느낄 수 있었다. 지구와 수성 사이의 거리는 최단 거리(약 9천만 km)가 있고 최장 거리(약 2억 km)가 있다. 그들이 태양 주위를 각자 타원형으로 공전하고 있기 때문에 그런 차이가 날 수밖에 없다. 현재로서는 거리가 어느 정도인 상태에서 갔는지 알 수 없다. 가보니 수성에서는 모두가 똑같이 생활하고 있는 것은 아니고 계급이 있다고 한다. 높은 차원의 신들은 산신들과 같은 복장을 하고 있고 남자는 단복이면서 안쪽에는 바지를 입고 있다. 즉 치마바지의 형태다. 여성은 치마로 이어지는 단복인데 남녀 모두 머리띠와 허리띠를 착용하고 있다. 일반 신들은 평범하게 살고 있다. 키는 약 120cm~130cm 정도 되고 머리와 눈이 크다. 대부분 팬티 차림이다. 생활은 일도 하지만 모두가 명상을 기본으로 하고 있다. 수성의 왕신과 영접했다.

"반갑습니다. 지구인이 우리 행성에 온 것은 처음입니다."

왕신은 이렇게 말하며 몹시 반가워했다. 역시 복장은 흰 단복이고 머리띠와 허리띠가 몹시 화려했다. 이어서 말했다.

"옛날에 저의 아들이 지구로 가서 잠깐 인간의 몸을 입고 살았었습니다."

이는 예수를 지칭하는 말일 것이다. 전에 쿠옐리스신도 예수가 수성에서 온 신이라고 말한 적이 있었다.

"그리고 내가 수성신들을 지구에 많이 보냈는데 지구인들 아무도 눈치채지 못하더군요. 정말 안타깝습니다."

"지구인들이 수성에 오려고 하는데 근처에 오다가 접근을 못하기도 했고요."

이는 지구인들이 보낸 수성 탐사선을 말하는 것인데 그들은 항상 지구인들에게 관심이 많다는 것을 알 수가 있다.

수성은 거의가 암석으로 이루어져 있고 집은 둥근 형태로 되어 있는데 암석을 깎아서 안을 비워 만들었다. 그야말로 친환경 주거 형태. 숙영매가 갔을 때는 지구에서의 한여름처럼 몹시 더운 날씨였다. 태양은 몹시 커서 창문만큼 크게 보였다고 했다. 그리고 수성인들의 환영을 받았는데 큰 스크린이 갑자기 나타나더니 수많은 수성인들이 두 손을 들어 환영하며 소리쳤다.

"환영합니다. 지구인은 처음이에요."

그리고 잠시 후 스크린이 없어졌다. 참으로 신기한 일이다. 어쩌면 숙영매의 수성 방문은 수성 전체에 빅뉴스가 됐을지도 모르는 일이다. 지구인들만 아무것도 모른 채 조용하다. 스크린에 관해서는 어머니 영혼이 제삿날 오셨을 때도 하셨던 말과 똑같다.

"생각만 하면 앞에 스크린이 펼쳐져서 TV 같은 것을 볼 수 있다."

숙영매는 이렇게 약 5시간의 수성 여행을 마치고 돌아왔다. 5시간 동안 무슨 일이 있었는지 자세하게 알 수는 없고 숙영매가 생각나는 대로 말하는 것을 기술했다. 그리고 그녀는 피곤하다면서 들어가 자기 시작했다. 내일은 또 어디든 갔다 와야 한다.

수성은 온도가 최고 섭씨 400℃에서 최저 영하 190℃까지 오르내리는 행성이다. 숙영매가 갔을 때 한여름 더운 날씨처럼 느꼈다고 하는데 영체였고 아마도 그 높은 온도에 고통을 느끼지 않았던 것은 그만큼 숙영매의 영이 높아졌음을 의미할 것이다. 그리고 수성은 6차원 행성이다. 3차원 물질 수성과 어떤 차이가 있는지 모르지만 차원만 다르지 환경은 아마도 차이는 없을 것으로 생각한다. 어머니 영혼은 4차원 저승이 3차원 이승 세계와 차이가 없이 똑같다고 했다. 그리고 쿠엘리스신은 수성의 나이를 30억에서 40억 년으로 추정하는데 과학계에서는 아직 정확히 측정을 못하고 있다.

수성 왕신과 이야기할 때 옆에 예수가 있었다. 재미있는 것은 예수의 모습이 우리가 알고 있는, 예수 사진이라고 교회에 나도는 그 모습과 비슷했다고 한다. 이것을 어떻게 해석해야 할까? 숙영매는 신기하다고 생각했지만 예수에게 거기에 대한 질문은 하지 않았다. 아마도 지구에서 온 숙영매에게 보여주기 위해서 예수 스스로가 지구인들이 생각하고 있는 형상대로 자신을 고쳤거나 지구에서 살았을 때 모습 그대로 지금까지 살고 있는 것일 수도 있다. 그렇다면 예수는 그때 죽어서 돌아간 후 꾸준히 지구인들의 생활과 자신을 숭배하고 있는 교인들을 주시하고 있었다는 말도 된다.

"교회가 너무 타락되어 있습니다."

예수는 숙영매에게 이렇게 말하면서 그가 지구에 왔던 목적을 이야기하기도 했다.

"제가 지구에 갔던 것은 모든 나라, 모든 사람들이 하나로 뭉쳐 협동하여 모두가 잘 사는 세상으로 만들기 위함이었습니다."

죽어서 하나님 곁으로 간다고 하는 것은 기독교의 중심 사상이다. 그것은 분명 예수가 지구에 온 중요한 목적일 것이다. 어쩌면 예수가 탄압을 받고 죽지 않았다면 그래서 오랫동안 제자들이 예수를 믿고 기도하며 살다가 죽었다면 진짜 열심히 했던 사람들은 수성에 가서 영원히 살 수도 있는 일이었다. 그러나 인간들의 사악한 마음은 예수가 추구했던 그 미션을 좌절하게 만들었다. 예수가 지구에 온 것은 숭고한 뜻이나 너무 일찍 죽는 바람에 결국은 그의 뜻이 왜곡되어 전달되는 결과를 낳았다. 그렇게 예수는 죽고 교회 권력자들은 자신의 권력을 강화하기 위해서 예수의 가르침을 왜곡하여 성경을 누더기로 만들었다. 그들은 "예수천국, 불신지옥"이라는 터무니없는 말도 만들어냈다. 예수가 추구했던 이념이 모두가 평등하고 행복하게 사는 것이라면 어쩌면 그것은 사회주의에 가까울 것이다. 사회주의는 민주주의의 꽃으로 지금 서구 유럽에서 실시하고 있다. 우리나라에서 사회주의 하면 경기를 일으키는 보수 세력들과는 다르다. 숙영매는 의문 나는 점이 있다면 질문을 해야 하는데 단순해서 그런지 그냥 넘어간다. 예를 들면 예수와 아버지의 부자 관계가 2,000년 동안 지속되고 있다는 게 이해가 안 된다. 한 번 부자 관계로 맺어지면 영원히 부자 관계인지, 아니면 윤회의 주기가 우리의 것보다 훨씬 긴 것인지 아니면 우리가 모르는 뭔가가 있는 것인지 알 수가 없다.

2022년 3월 2일 수요일

　숙영매가 두 번째 방문한 행성은 금성이다. 이번엔 이동 시간이 35분 정도 걸렸다고 말했다. 상식적으로 태양에서 수성 다음 금성이면 금성이 더 가까워야 하는데 금성이 시간이 더 걸렸다는 것은 이해가 안 됐다. 숙영매는 시간을 잴 수가 없었기 때문에 쿠옐리스신이 말해준 것인데 이해가 안 가서 인터넷을 찾아봤다. 태양계의 모든 행성들은 태양 주위를 군대에서 분열할 때처럼 규칙적으로 줄맞춰서 도는 것이 아니고 행성에 따라서 빠르게 또는 느리게 돌거나 원형으로 돌거나 타원형으로 돌기 때문에 지구와의 거리 측정을 위해서는 상당히 복잡한 수학이 필요하다. 과학자들의 계산으로 본 이들의 거리는 지구와 금성의 평균 거리는 1.14AU(1억 7,000만 km), 지구와 수성의 평균 거리는 1.04AU(1억 5,500만 km)였다. 수성이 평균적으로 1,500만 km 더 가까운 거리에 있다는 계산이다. 지구와 화성의 평균 거리는 1.70AU(2억 5,500만 km)다.

　1AU는 지구와 태양 사이의 거리 1억 5천만 km를 말한다.

　금성은 섭씨 460°C로 수성보다 더 뜨거운 행성이다. 금성신들의 차림새는 수성 신들과 비슷하고 외형도 비슷하다. 숙영매가 갔을 때는 푹푹 찔 정도로 더웠다. 수성이 산이 많고 암석이 많은 반면 금성은 흙으로 된 평지와 산이 지구와 비슷하다. 집은 수성과 마찬가지로 둥근 형태이고 집 안을 들어갔을 때 가구나 집기는 없고 단조롭고 아늑한 느낌이 들었다. 그들은 필요한 물건을 즉석에서 마음으로 만들어 숙영매에게 보여주었다. 때문에 우리처럼 이것저것 물건을 비치해놓을 필요가 없다. 태양은 수성에 있을 때와 비슷하게 보였다. 숙영매는 여기서도 금성의 왕신을 영접했고 왕의 옷은 단조롭지만 옷 자체의 고급스러운 재질 그리고 머리띠와 허리띠가 화려했다. 왕신도 숙영매를 극진히 대접했다. 금성 인구는 4만 7천 명인데 상당히 적은 숫자다.

2022년 3월 3일 목요일

숙영매가 세 번째로 탐사한 행성은 화성이다. 이번에는 30분이 조금 안 걸렸는데 거의 도착할 때쯤 눈을 떠보라고 해서 떴더니 아주 동그란 황토색으로 된 화성이 보였다.

이번에도 제일 먼저 화성의 왕신을 영접했고 궁전은 수성도 그렇고 금성도 그렇지만 엄청나게 웅장하고 화려했다. 역시 극진하게 왕의 대접을 받았다. 화성의 인구는 높은 신 10만 명, 일반 신 22만 명, 총 32만 명이 한마음으로 살고 있다. 생김새는 수성, 금성보다 약간 작은 머리, 큰 눈을 가지고 있는데 가장 지구인과 비슷하다. 피부색도 지구의 동양인과 비슷하다. 숙영매는 내가 요청을 해서 금성신을 자세히 들여다봤는데 흰 피부에 약간 서양인과 비슷한 느낌이 든다고 했다. 굳이 말하자면 금성신은 서양인, 화성신은 동양인과 비슷하다는 이야기다. 화성에는 동물도 있고 나무와 풀도 있는데 극히 일부 지역에만 존재한다. 식물은 드론처럼 생긴 비행체가 물을 뿌리며 생존을 돕고 있다. 개와 같은 동물도 있고 새도 있는데 한결같이 지능이 있고 영리하다. 미처 쓰지는 못했는데 수성과 금성에서도 농작물을 재배하고 있다. 화성신들의 옷차림은 높은 신들은 항상 산신들과 흡사하고 일반 신들은 단조로운 복장에 허리띠를 두르고 있다. 남자는 바지를, 여자는 치마를 입고 있다. 성비는 여성이 56%, 남자가 44%로 여성이 더 많다. 모두가 명상을 기본으로 하고 있고 일도 한다. 다시 한번 말하지만 지금 언급하고 있는 것은 화성 5차원 세계를 묘사하고 있다. 따라서 우리가 우주선을 타고 간다고 해도 거기는 3차원 물질 세계이고 식물이나 동물, 화성인들이 존재할 가능성이 희박하다. 이는 우리가 지구에서 4차원 저승 세계를 볼 수 없는 것과 같은 이치다. 화성은 마르스라고 하는데 고대 그리스 신화 속 전쟁의 신 아레스에서 온 영어식 표기다. 아레스는 신화가 아니고 실제 그때 당시에 존재했던 화성신이라고 한다. 아레스가 물질화되어 지구에 내려온 것이다. 금성의 아프로디테(비너스), 목성의 제우스(주피터)도 실제 존재했던 신이고 당시 물질화된 상태에서 지구에 살았던 역사적 사실이다. 숙영매가 3년 전쯤 전생을 보기 시작했을 때 제일 먼저 그리스의 신들이 보여 황당해하자 북한산신은 말했다.

"그리스 신들은 실제 있었던 역사다. 알고 있으면 나중에 다 필요할 거다."

아마도 북한산신은 지금을 예상하고 했던 말인 것 같다. 그리스에 올림포스 산이 있고 화성에도 25km 높이의 올림포스산이 있다. 숙영매가 화성에 갔을 때 화성신들이 그 올림포스 산을 언급했다고 한다. 그 말은 화성신들은 지구에 대해서 너무도 잘 알고 있다는 뜻이기도 하다. 그리고 어느 행성을 가건 마찬가진데 화성에서도 숙영매를 보호하기 위해 수십 명의 신들이 에워싼 채 같이 이동했다. 만약에 숙영매에게 안 좋은 일이 생기면 자신들의 책임으로 돌아오기 때문이다. 요즘은 매일 각 행성들을 방문하기 때문에 명상은 하지 못하고 있다. 그러나 이렇게 신들과 같이 행성 여행을 하는 것은 명상을 하면서 영을 높이는 것보다 몇 배의 효과가 있다고 한다.

2022년 3월 4일 금요일

　네 번째 방문한 행성은 목성이었다. 이번에는 두 번에 걸쳐서 갔다 왔다. 그 이유는 첫 번째 갔을 때 목이 몹시 말라 목성신들에게 물을 달라고 하니 미지근한 물을 주는데 갈증을 해소하지 못하고 2시간 만에 다시 지구로 돌아와서는 냉장고에서 포도 주스를 꺼내 마시고 약 30분 후에 다시 갔기 때문이다. 그 시간이 어젯밤 10시였고 돌아온 시간은 오늘 아침 6시 반이다. 이동 시간은 정확히 기억은 못하지만 꽤 먼 거리고 1시간 이상 걸렸을 거라 생각된다. 목성은 가스 행성이다. 그렇다고 행성 전체가 가스로 되어 있는 것이 아니고 거기도 돌과 흙과 산이 있지만 두꺼운 대기 전체가 가스로 뒤덮여 있다는 말이다. 숙영매가 갔을 때는 가스 행성이라는 느낌이 안 들고 다른 곳과 같은 평범한 행성이라는 느낌만 받았다. 과학적 지식으로는 목성에는 고체로 된 표면이 없다고 되어 있는데 숙영매가 보고 경험한 것과 대치된다. 숙영매가 5차원 목성에서 분명히 땅을 딛고 있었고 고체로 된 행성이라도 가스층이 너무 두껍다 보니 지구의 과학자들이 발견을 못했을 거라 생각한다. 그리고 마침 목성에서 화산 활동이 일어나고 있었고 붉은 용암이 산꼭대기에서 분출하는 모습이 장관이었다. 날씨는 화성과 비슷하게 온화했다. 신기한 것은 하늘에서 구름은 볼 수 없었지만 하늘색이 푸른색으로 지구와 비슷하다는 것이다. 나는 푸른 하늘이 지구에서만 있는 현상인 줄 알았는데 그건 아닌 모양이다. 목성에서뿐만이 아니고 다른 행성에서도 하늘은 푸른빛을 띠었다. 그러나 푸른빛이라도 행성에 따라서 거무스름한 푸른빛이기도 하고 옅은 푸른빛이기도 하고 다른 색인 경우도 있다. 상황에 따라서 조금씩 색이 달라지는 것이다. 인구는 8만 명이고 특기할 만한 점은 액체로 된

바다가 있다는 점이다. 과학계에서는 목성의 위성 유로파에서 바다가 발견됐다는 보고가 있는데 목성 자체에서 바다가 있다는 보고는 없다. 숙영매는 바다에 손을 담가 보았다. 지구의 물 같지가 않고 마치 젤 같았다. 영화 〈매트릭스〉에서 주인공 네오가 빨간 약을 먹고 진짜 세계에 들어가 어떤 물질 속에 빠졌던 그 액체를 연상케 했다. 신들의 집 크기는 머리만 한데 행성의 신들은 자기 몸을 마음대로 줄일 수 있기 때문에 몸을 작게 해서 들어갈 수 있다. 숙영매는 아직까지 스스로 몸을 작게 하는 능력이 없으므로 목성신들이 도와줘 몸을 축소해서 들어갈 수가 있었다. 미처 쓰지는 못했지만 수성, 금성, 화성 때도 집들이 작았고 그렇게 몸집을 작게 해줘서 들어갈 수 있었다. 목성신들은 다른 행성의 신들보다 피부가 어둡다. 그렇다고 검은 색은 아니고 짙은 갈색이며 생김새도 약간 흑인을 닮았다. 내가 숙영매에게 특별히 자세히 보라고 요청해서 본 것이지 그렇지 않으면 눈치채지 못할 정도다. 숙영매의 행성 방문에서 재미있는 사실 하나는 각 행성의 외계신들 입장에서는 숙영매의 방문이 어쩌면 태양계 역사상 가장 큰 사건이 될 것이다. 그래서 외계신들은 지구인에게 좀 더 예쁜 모습을 보이기 위해서 원래 뾰족했던 턱을 지구인처럼 둥그렇게 만들었다고 한다. 다소 믿기 어려운 이야기인 것 같으나, 숙영매가 행성 신들에게 들은 사실이라고 진지하게 이야기했다. 또한 목성신들은 이런 농담도 했다.

"숙영매는 지구인들 중에서 제일 예뻐."

"제가 나이도 이렇게 많이 들었는데 뭐가 제일 예뻐요? 지구에 얼마나 예쁜 여자들이 많은데…."

"아무리 예쁜 여자들이 많다고 해도 이렇게 우리 행성에 찾아온 여자가 제일 예쁜 거지 누가 예쁘겠어요. 하하."

외계신들도 이렇게 지구의 보통 사람들처럼 농담도 하고 즐겁게 지내는 모양이다. 그리고 태양계 행성의 모든 신들도 인간들에게 신호를 보내면서 무던히 인간들과 교신하려고 노력을 하지만 힘들다고 한다. 그럴 수밖에 없는 것이 우리 인간들이 그들이 보내는 신호를 받을 능력이 안되기 때문이다.

외계인은 마치 이상한 나라의 앨리스처럼 우리의 환상 속에서만 존재한다. 지금 지구상에서 자신이 외계인이라고 주장하는 사람도 있고 전생에 외계인이었다고 주장하는 사람도 있다. 그것이 누구에게는 농담처럼 들리기도 하고 또 다른 누구에게는 진지하게 들린다. 일단 인간의 모습을 하고 있으니 어떤 주장을 한들 믿을 수 없는 것은 사실이다. 그들이 영적 능력이 있거나 미래를 예언하거나 해도 그런 건 점쟁이 수준 또는 예언가 수준에서도 할 수 있는 일이니 그것으로 판단할 수는 없다. 현재 수없이 나타나는 UFO(미확인 비행물체) 또는 UAP(미확인 항공현상)은 참으로 설명하기 힘들다. 분명 영체인 외계신들이 물질화되어 나타나는 것 같은데 현재로서는 나 역시도 확인 불가다. 현재 천문학자들은 대부분 외계인의 존재를 믿어 의심치 않는다. 이 넓은 우주에 우리 인간만 존재한다는 것은 공간의 낭비라고 생각하기 때문이다. 쿠옐리스신은 자신이 아는 한 어떤 행성이 아무리 지구와 환경이 똑같다고 해도 물질 인간은 지구에 있는 우리뿐이라고 말한 적이 있다. 우주에 있는 별들과 행성들에서는 외계인들 모두가 물질체가 아닌 영체로 존재한다는 말이다. 인간은 영화 〈매트릭스〉에서 가상세계를, 〈컨택트〉에서 외계인을, 〈인터스

텔라〉에서 다른 차원을 말하며 이야기들을 꾸며낸다. 뭔가가 있다는 것은 알고 있지만 실체는 모르기 때문이다. 어쩌면 인간의 상상력이 더해지고 더해져서 외계인의 세계는 앨리스가 꿈속에서 경험했던 이상한 나라보다 더 이상한 세계로 변해가는 느낌이다. 그러나 《사후 세계의 비망록》은 〈매트릭스〉, 〈인터스텔라〉 그리고 〈컨택트〉에서 말하고자 하는 바를 모두 사실로 증명하고 있다.

85. 토성 그리고 미스터리 서클의 비밀

2022년 3월 6일 일요일

　숙영매가 다섯 번째로 방문한 행성은 토성이었다. 출발은 어젯밤 10시였고 오늘 아침 8시에 돌아왔다. 토성에서는 신비하고 놀라운 경험을 많이 했다. 쿠옐리스신은 이동 시간이 1시간 반 걸렸다고 말해주었다. 먼 거리임에도 불구하고 이동시간이 짧은 것은 그만큼 숙영매의 영이 높아졌다는 뜻이기도 하다. 지구에서 수성까지 30분 걸렸는데 그 속도라면 토성까지 7~8시간 걸려야 맞다. 앞으로 점점 속도가 빨라질 것으로 예상된다. 쿠옐리스신이 천왕성을 오가는 데도 1분이 안 걸리는 것으로 보면 숙영매가 가는 속도는 쿠옐리스신이 스포츠카로 쌩쌩 달리다가 숙영매와는 달구지를 타고 가는 느낌일 것이다.

　맨 먼저 토성에 도착하기 직전에 눈을 떠서 토성의 고리를 보게 되자 숙영매는 그 아름다움에 탄성을 질렀다.

　"와, 너무 멋있어. 정말 아름다워요."

　"하하, 그러냐? 이거 우리 행성 과학자들이 만든 거야. 우리 행성을 아름답게 꾸미며 다른 행성에 보여주기 위함이지."

　엄청나게 많은 색깔로 토성 주위를 도는 고리는 장엄함과 아름다움 그 자체였다. 그만큼 토성은 과학이 많이 발달되어 있고 토성신들은 자신의 행성에 대한 자부심과 긍지가 대단하다. 지구의 과학자들은 토성의 고리에 대해서 그 원인을 알아내려고 노력했지만 가설만 난무할 뿐 진실은 밝혀내질 못했다. 천왕성이 7차원이고 토성이 5차원이라 차원은 낮지만 토성의 과학 기술이라든가 여러 가지 다른 면에서 노력을 많이 하고 있다는 뜻이다. 그리고 사진으로 본 토성의 고리는 토성과 고리가 떨어져 있는 것처럼 보이나 숙영매가 가까이서 본 바로는 거의 붙어 있었다고 말한다. 그리고 과학계에서는 목성과 천왕성 그리고 해왕성에도 희미하기는 하나 고리를 발견했다고 한다. 이도 역시 자연적인 것은 아니고 그들 행성신들이 만든 것들이다.

미스터리 서클에서 외계인인 듯한 모습과 바코드인지 문자인지 모르지만
모스부호 같이 생긴 것이 놀라움을 안겨준다.
숙영매는 미스터리 서클 안에 있는 외계인의 모습이 토성인과 똑같이 생겼다고 했다.

두 번째로 놀라운 일은 그들이 논농사를 짓고 있다는 것이고 숙영매가 넓은 농장을 목격했는데 그 안에서 큰 문양을 발견했다. 쿠옐리스신은 그것을 미스터리 서클이라고 숙영매에게 말해주었다. 미스터리 서클은 크롭 서클이라고도 하는데 크롭은 곡물이라는 뜻이고 지구에서 발생하는 신비한 현상이다. 미스터리 서클은 한국에서는 많이 발견되지 않지만 유럽의 거대한 농장에서 많이 발견된다. 어느 날 아침에 일어나보면 깔끔하고 아름답게 신비한 문양이 엄청날 정도로 거대하게 농작물을 꺾어 만들어져 사람들로 하여금 이해할 수도 없고 불가능한 미스터리 현상으로 남겨지게 된다. 농작물이 꺾였다고 해도 기술적으로 잘 꺾였기 때문에 농작물은 계속 성장을 하는 것도 상당한 미스터리다. 그 문양이 너무 커서 비행기 위에서 봐야 알 수 있을 정도다. 그런 것이 지난 수십 년에 걸쳐서 천 개 이상이 만들어졌다. 나는 숙영매가 메모지에 남겨 놓은 미스터리 서클에 대한 글을 보고 너무 놀라서 여기에 대해서 집중적으로 질문을 했다. 물론 숙영매는 대다수 사람들이 그러한 것처럼 미스터리 서클에 관해서는 전혀 알지 못했고 쿠옐리스신이 말해서 메모해놓은 것이다. 결국 미스터리 서클은 토성인들이 지구에 와서 지구인들에게 보내는 메시지의 일환으로 만들어놓은 것이고 토성의 농작물 위에 만들어놓은 크롭 서클은 일종의 그들만의 축제 내지는 기념적인 의미가 있다. 지구의 미스터리 서클 중에는 외계인의 모습을 한 것도 있다. 그 모습을 숙영매에게 보여주자 숙영매는 토성인과 똑같이 생겼다고 말했고 다른 행성의 신들의 모습도 아주 비슷하게 생겼다고 말했다. 유에프오 마니아들은 미스터리 서클을 외계인이 만들었을 것이라고 믿어 의심치 않는다. 미스터리 서클은 지구상에 벌어지고 있는 신비한 현상 중에서 가장 확실하게 육안으로 보이는 증거이기는 하나 이것 역시 사람들의 무관심 속에 해프닝 정도로 치부되고 있다. 의문이 나는 것은 영체인 토성신들이 어떻게 해서 물질인 곡물에 힘을 가할 수 있느냐 하는 것이다. 이것은 앞으로 숙영매를 통해서 알아가야 할 문제다. 토성의 고리도 마찬가지다.

토성은 새턴이라고 하는데 그리스 신화에서 농업의 신인 크로노스에서 온 말이다. 태양계에서 지구를 제외한 행성 중 유일하게 논농사를 짓는 행성이 토성이고 위의 사실로 보아 결국 고대 지구인들이 농사를 짓기 시작한 것은 토성신들로부터 전수를 받고 시작했을 것이라는 생각이 든다. 토성의 인구는 100만 명이고 화성, 금성, 목성의 신들이 함께 모여 사는 듯 다양하게 존재한다. 숙영매는 마치 지구에서 동양인, 서양인, 흑인들이 함께 뒤섞여서 모여 사는 것 같은 느낌이 들었다.

토성에서도 바다를 발견했는데 물이 맑고 지구의 물과 같은 느낌이었으며 너무나 맑아서 속에서 물고기가 헤엄치는 모습을 볼 수가 있어 경이로웠다. 지구의 과학계에서는 토성의 위성 타이탄에서 물을 발견했다는 보고가 있지만 토성 자체에서는 그런 보고가 아직은 없다. 토성의 날씨는 약간 쌀쌀한 늦가을 날씨를 나타냈다. 쿠옐리스신은 출발하기 전 항상 숙영매에게 옷을 만들어 입혀준다. 이번에 토성 방문 전에도 약간 쌀쌀한 가을 날씨에 맞게 옷을 입혀주었다. 과학자들이 측정한 토성의 기온은 영하 170°C 정도다.

숙영매는 태양의 크기가 지구에서 볼 때와 큰 차이가 없다고 말한다. 그것이 무엇을 뜻하는지 모르겠다. 어쩌면 숙영매가 정확하게 보질 않아서 그렇게 말하는 게 아닐까 싶다. 사실 우리도 낮에는 너무 밝아서 태양을 똑바로 쳐다볼 수가 없다. 태양과 조금이라도 더 멀리 떨어져 있다면 크기가 작아져야 정상이기 때문이다. 그래서 계속해서 캐물으니 그제야 생각해보니 조금 작은 것 같다고 말했다.

대선 사전투표는 36.9%의 투표율로 끝났다. 북한산신은 3월 9일 투표 결과를 투시로 봤지만 확신을 못하고 있다. 이재명 후보가 아주 근소한 차로 이기는 것으로 보이지만 안심을 할 수가 없다. 늘상 말하는 거지만 인간의 운명은 상황이 바뀌면 바뀐다. 인간들은 워낙에 부정과 변덕이 심하기 때문이다. 세상에 일어나는 사건 사고들이 모두가 예정되어 발생하는 것은 아니다. 지난번 서울 부산 재보궐 선거에서 보수 쪽 산신들의 장난질로 북한산신의 투시가 빗나갔기 때문에 더욱 더 조심스럽다. 그때 당시에 북한산신의 투시로는 박영선 후보가 근소한 차로 이기는 것으로 봤는데 결과는 10%가 훨씬 넘는 차이로 빗나갔었다. 이번에도 마지막까지 긴장의 끈을 놓을 수가 없다. 나는 문득 다른 행성으로 쫓겨가 수감된 보수 쪽 산신들이 혹시 그 먼 행성에서도 자신들이 심을 심어놓은 사람들에게 힘을 행사할 수 있을까 하는 의문이 들었다. 그래서 숙영매를 통해 북한산신께 물어보았다.

"아, 맞네, 내가 왜 그 생각을 못했지? 그래, 병대가 잘 생각했다. 알았다. 내가 그쪽으로 보내서 알아보마."

북한산신은 이렇게 대답하며 나를 칭찬했다.

2022년 3월 7일 월요일

각 행성에 수감되어 있는 보수 쪽 산신들은 지난 1년 동안 감옥에서 명상만 해 영이 엄청나게 높아졌다. 진보 쪽 산신들이 뒤늦게 힘을 쓰려고 했지만 그들에게 역부족이었다. 그래서 각 행성의 높은 신들에게 요청해서 그들의 힘을 억누르도록 부탁할 예정이다. 숙영매는 오늘 저녁 6시에 쿠엘리스신의 고향 행성 천왕성으로 출발한다. 거기 가서 특별히 천왕성 왕신에게도 요청할 계획이다. 작년에 여러 행성의 신들이 보수 쪽 산신들을 붙잡아가도록 도움을 주었는데 이번이라고 거절할 이유가 없다. 사전투표는 이미 보수 쪽 산신들이 힘을 쓴 상태에서 끝났다. 이미 엎질러진 물이고 본 투표만이라도 막아야 하는 절실함이 있다. 항상 생각하는 거지만 왜 굳이 사전투표를 해야 하는지 이해할 수가 없다. 투표함을 며칠씩 놔두고 이동하는 과정에서 부정이 개입될 가능성이 있다.

2022년 3월 8일 화요일

숙영매가 여섯 번째로 방문한 행성은 쿠옐리스의 고향 행성인 천왕성이었다. 어제 저녁 6시에 출발해서 오늘 아침 5시 40분에 돌아왔다. 시간은 편도 시간으로 2시간 걸렸는데 빛보다 빠른 속도다. 빛의 속도라면 지구에서 천왕성까지 2시간 반이다. 숙영매의 속도는 영이 계속 높아지면서 점점 빨라지고 있다. 태양에서 토성까지 14억 km인데 지구에서 천왕성까지의 평균 거리는 28억 km이다. 이 말은 태양에서 수성, 금성, 지구, 화성, 목성, 토성까지는 촘촘할 정도로 가까이 있다가 천왕성에서 갑자기 뚝 떨어져 있다는 말이다. 따라서 천왕성의 날씨와 태양의 크기는 토성까지와는 사뭇 다를 수밖에 없다. 숙영매가 도착했을 때 천왕성의 날씨는 영하 200°C 이하다. 그러나 숙영매가 느끼기에는 한겨울 날씨처럼 추웠고 쿠옐리스신이 옷 단도리를 잘해줘서 잘 이겨낼 수 있었다. 천왕성신들의 옷차림도 든든하게 입은 듯이 보이기는 하지만 에스키모인들의 복장처럼 두껍지는 않다. 만약 물질인간이 간다면 순간 냉동되어야 하는 상황이지만 영이 높은 신들이기 때문에 약간 쌀쌀한 날씨 정도로 느껴진다. 숙영매의 영체도 마찬가지로 그 정도의 추위는 이겨낼 수 있을 정도로 높아졌다. 천왕성은 태양 주위를 한 바퀴 도는 데 지구 시간으로 84년이 걸린다. 지구는 자전축이 23° 기울어져 있지만 천왕성은 98°

나 기울어져 있어 누워서 돈다고 생각하면 되겠다. 면에 따라서 42년 동안은 낮 그리고 다른 42년 동안은 밤이다. 천왕성에서 보는 태양은 토성까지의 다른 행성들과는 눈에 띄게 작게 보인다. 따라서 낮인데도 초저녁같이 어슴푸레하다. 또는 보름달 뜬 밤이라고 표현해야 적당할지 모르겠다. 인구는 9천만 명으로 다른 행성들보다 월등히 많다. 1년 전에 쿠엘리스신이 3억 명이라 그랬는데 그때는 잘못 알고 얘기했던 것이고 9천만 명이 맞다고 한다. 숙영매는 거기서 재배하고 있는 포도 맛을 보기도 했다. 크기는 골프공 정도의 크기이고 맛은 포도보다는 자몽에 가깝다. 앞으로는 자몽 포도라 해야 할 것 같다. 어느 행성이건 농사를 짓고 그것을 먹고 사는 것은 분명하나 날씨가 추운데 어떻게 농사를 지을 수가 있냐고 반문할 수가 있다. 그러나 차원이 높은 곳이기 때문에 식물도 그 차원에 맞게 자라는 것이라고밖에 설명할 수 없다. 때문에 우리가 우주선을 타고 3차원 천왕성에 가봤자 볼 수 있는 것은 영하 210°C의 날씨와 황폐한 산과 들밖에 없을 것이다.

오늘 아침에 북한산신으로부터 실망스러운 소식이 들려왔다. 북한산신이 다시 투시를 해보니 이재명 후보가 이기기 어려운 것으로 보였기 때문이다. 아마도 북한산신은 계속해서 3월 9일을 투시했었고 수시로 다른 결과가 나왔던 것으로 보였다. 박 시장령도 울부짖듯이 탄식하는 소리가 숙영매의 머릿속에 울렸다. 그러나 북한산신은 다음과 같이 말했다.

"걱정하지 마라. 내가 반드시 이재명이 이기도록 힘을 쓸 것이야."

2022년 3월 10일 목요일

대통령 선거는 이재명 후보의 아쉬운 패배로 끝났다. 각 행성의 신들이 와서 도와준다고 해서 몇만 명이 올 것으로 기대했는데 이삼십 명밖에 안 왔다 한다. 지구의 선거에 대해서 너무도 알고 있는 것이 없어 이런 실수가 생긴 것이다. 그 이십여 명은 어느 투표소에서 몇 명씩 일을 했는지는 정확히 모른다. 다만 투표소에 있는 신들은 두 명 정도씩 배치된 것으로 알고 있는데 유권자들의 머릿속의 심을 뽑았으며 마음을 돌리는 과정에서 악령들의 훼방이 있어 그들을 퇴치하기도 했다. 그런데 행성의 신들은 아직도 돌아가지 못하고 있다. 자신들을 데려가 달라고 매달리면서 애원하는 악령들이 많기 때문이다. 악령들도 나름대로 지구에서 명상을 많이 해 영을 높여 스스로 신이라고 자처하고 있는데 이렇게 다른 행성에서 높은 신들을 보니 그들을 따르고 싶은 마음 때문이다. 행성의 신들도 그들의 영이 높아 데리고 가서 마음을 바꾸게 할 수가 있는지 보는 것이다. 숙영매를 비롯한 모든 신들과 영혼들은 이번 대선 패배를 몹시 아쉬워하고 특히 박 시장령은 북한산에서 통곡을 하다시피 하고 있다. 앞으로가 문제다. 실패할 만큼 준비를 철저히 하여 곧 있을 지방선거에서는 승리를 해야 한다. 태양계 행성의 신들이 도와주겠다고 약속은 했다.

2022년 3월 11일 금요일

행성신들은 모두 돌아갔고 아무 영혼도 데려가지는 않았다. 그들 행성 수준에 맞는 영혼들이 없기 때문이다.

숙영매가 선거 결과에 심하게 낙담하고 있다. 나는 숙영매의 말을 받아서 글을 쓰고 있지만 숙영매는 신들과 직접 보고 얘기하면서 몸소 체험했기 때문에 그 충격이 더하다. 사람들은 안 좋은 일이 있을 때 신을 원망하지만 세상에는 악신도 있고 선신도 있다. 냉정히 말하면 이번 대선은 악신들의 부정행위로 선신이 패배한 것이다. 그리고 북한산신은 개표에서도 은밀한 부정이 있었다고 말했다. 역사적으로 부정한 일은 늘상 일어난다. 세상 모든 일에 신들이 개입하는 것은 아니지만 세상에 부정한 일이 많이 일어나는 것은 선신들의 무관심과 악신들의 지나칠 정도의 세상 개입, 인간들의 사악함이라고밖에 볼 수 없다. 1천 6백만여 명의 이재명 지지자들은 숙영매처럼 멘붕에 빠져 있을 것이다. 내가 걱정하는 것은 그들이 자신이 믿고 있던 가치관을 불신하거나 철회하지나 않을까 하는 것이다.

전 세계적으로 몇 나라만 제외하고는 거의 대부분 독재에 시달리고 있다. 언론은 독재 체제를 확립하고 유지하기 위한 유용한 도구로 쓰이고 있다. 미국도 겉으로 보기에는 민주주의가 잘 실행되고 있는 듯 보이지만 이면에 자본 계급이 언론을 장악하면서 사실상 미국을 지배하고 있다고 보면 된다. 지배 계급은 늘상 그들의 기득권을 유지하기 위하여 거짓말과 정치 공작을 끊임없이 한다. 그리고 그들은 부정한 방법으로 끝없이 돈을 끌어모은다. 끌어모은 돈은 다시 독재 체제를 유지하기 위한 도구로 쓰인다.

우리나라의 기득권 세력은 친일 독재의 후예들 언론, 사법, 검찰과 자본 권력들이다. 소위 좋은 집안에서 공부깨나 했다고 하는 사람들이다.

영혼의 세계든 물질 세계든 본질은 똑같다. 《사후세계의 비망록》에서 말하고자 하는 주요 메시지는 인간은 육신의 옷을 입고 있는 영적 존재라는 사실이다. 영혼의 세계에서 스스로 명상을 하여 영을 높이면 그것은 오롯이 자기 것이 되는 것이지 남이 빼앗을 수 없다.

　인간 세상은 노력한 만큼 대가가 따르지 않는 일이 부지기수인데 이것은 지배 계급의 착취 때문이다. 그러나 신의 세계에서는 높은 신이 저급한 영혼을 착취하지는 않는다. 4차원 저승에서도 그렇고 5차원 이상 다른 행성에서도 등급은 분명히 있다. 천왕성에서도 높은 신이 있고 아래 등급은 식물을 재배하는 계급도 있다. 인간 세상도 능력이 안 되는 사람은 허드렛일을 하면서 힘들게 살 수밖에 없다. 그런 경우엔 자신을 자각하고 열심히 살아야 한다. 영이 높은 상류 계급은 어려운 사람들을 보듬어주고 도와주는 자비를 베풀어야 한다. 자산 분배를 통해 모두가 행복한 삶을 위해 노력해야 한다. 자신의 권력과 지위를 이용하여 밑에 있는 사람을 노예 취급하면 안 된다. 그러나 안 되는 것임에도 불구하고 지구상에서 그런 일은 늘상 일어난다.

　불행하게도 이승에 사는 영혼의 세계에서도 인간이었을 때의 습으로 악령들이 낮은 영혼들을 노예 취급하는 일이 일어나고 있다고 재천령이 말한 적이 있었다. 현재 3차원 지구는 약육강식 아귀다툼으로 몹시 어지럽다. 악이 판치는 세상이 되어가고 있고 선한 자들도 뒤처지는 것이 무서워 고개 숙이며 악의 소굴 속으로 들어가고 있다. 오로지 올곧은 소수의 인원만이 힘겹게 싸우고 있다. 죽음을 그리고 감옥을 두려워하지 않고 싸우고 있다. 그러나 두려움 없이 싸우는 그들이 있기에 언젠가는 3차원 지구도 고차원으로 상승하는 날이 올 것이다.

2022년 3월 13일 일요일

　일곱 번째로 방문한 행성은 해왕성이었다. 이번에도 두 번에 걸쳐서 갔다 왔다. 어제 오후 3시에 출발해서 저녁 7시 40분에 돌아왔는데 기후가 너무 혹독해 견딜 수가 없어서였다. 기압도 세고 바람이 너무 강한 데다 추위도 견딜 수가 없었다. 가는 시간은 편도 속도로 2시간 정도 걸렸는데 빛의 속도의 거의 두 배에 가까운 속도다. 숙영매에게는 무리할 정도의 속도이기는 하나 그래도 강행해서 갔었다. 여하튼 숙영매는 빨리 행성 방문을 마쳐야겠다는 생각에 밤 10시에 다시 출발하여 오늘 아침 8시에 돌아왔다. 지난번에 천왕성 방문을 마치고 나서 바로 가려고 했지만 대선 결과의 후유증으로 이틀 정도 집에서 안정을 취했었다.

  해왕성은 영하 240°C로 일단 천왕성보다는 더 춥다고 쿠엘리스신이 말했다. 학계에서의 보고는 해왕성이 영하 200°C에서 영하 240°C까지 다양하다. 어찌됐건 숙영매가 가서 실제로 느낀 해왕성의 온도는 천왕성보다 훨씬 추웠다. 그래서 두 번째 갈 때는 옷 단도리를 더 단단하게 하고 가야만 했다. 꽁꽁 감싸고 눈만 내놨다. 태양은 탁구공만 하게 보였다. 낮인데도 캄캄한 밤과 같다. 바람도 엄청 강하게 불었다. 쿠엘리스신은 태풍 매미의 12배 속도라고 했다. 학계의 보고는 해왕성 바람이 시속 2천 km다. 숙영매는 행성을 방문할 때마다 아무 정보가 없는 백지 상태에서 간다. 그리고 방문을 끝내고 집에 온 후에 쿠엘리스신은 숙영매에게 그 행성에 대한 과학적 정보를 알려주고 숙영매는 메모지에 적어놓는다. 거기에서 질량, 크기, 밀도, 대기압, 대기성분, 거리, 중력 등등 상당히 자세하게 가르쳐준다. 거의 대부분은 쿠엘리스신과 과학계의 정보가 일치하는데 약간 차이가 나는 경우도 있다. 나는 여기서 일치하는 부분은 넘어가고 차이나는 부분만 잠깐씩 기술한다. 여기서도 해왕성의 왕신을 만났다. 그는 다음과 같이 말하며 안타까워했다.

"태양계 행성들 중에 지구인들이 가장 타락해 있습니다."

해왕성의 집들도 여타 다른 행성의 집들과 비슷하기는 하지만 상당히 두껍고 튼튼하게 지어져 있었다. 그 이유는 역시 바람과 추위 때문이다. 혼자 사는 신들이 많지만 식구를 이루어 사는 신들도 있었다. 음식은 알처럼 생긴 음식을 물과 함께 먹는다. 옷차림은 천왕성신들이 든든하게 입었다고 본다면 해왕성신들은 시베리아나 몽고인들의 옷차림 정도로 두껍게 보인다. 인구는 1만 4천 명 정도 된다. 지금까지 다녀온 행성들 중 가장 적은 숫자다. 좀 더 좋은 환경의 행성도 많은데 왜 이런 혹독한 환경에서 사는지 잘 이해가 안 갔다. 어쩌면 에스키모인들에게 '더 기후가 좋은 곳도 있는데 왜 거기 사는지' 질문하는 것과 같을지 모르겠다. 요번에는 내가 숙영매에게 특별히 요청하여 해왕성에 수감되어 있는 보수 쪽 산신들에게 가보라고 했었다. 숫자에 관해서 숙영매의 눈썰미가 정확한지는 모르겠는데 수백 명 정도가 모여서 두꺼운 옷을 입고 명상을 하고 있었다고 한다. 물론 옷은 그들 스스로가 만들어 입은 것이다. 이렇게 먼 곳에서도 지구에 자신들이 심어 놓은 사람들에게 영향력을 행사할 수 있다는 게 놀랍다.

사악한 마음을 가진 인간들은 죽어서도 개과천선이 아닌 악령으로 살아간다. 그리고 몸을 받아서 다시 태어나면 또 악인으로 살아간다. 이것이 지구의 윤회이고 운명 내지는 한계인지 모르겠다. 숙영매의 말로는 보수 쪽 산신들이 저렇게 수감 생활을 하지만 먹는 것은 그들이 저장해 놓은 식량으로 2천 년에서 3천 년은 버틸 수 있다고 한다. 그때쯤 되면 식량이 바닥나고 굶기 시작하면서 마지막에는 소멸된다고 한다. 영혼도 소멸될 수 있다는 것을 처음 알았다. 보통의 저급한 영혼들은 그 정도로 오래가지는 않지만 오랫동안 굶으면 역시 소멸된다. 박 시장령이 검찰청 앞에서 6개월 동안 명상만 했어도 영이 높아지기는커녕 엄청 쇠약해졌던 것을 생각하면 숙영매의 말이 충분히 이해가 간다. 인간이 먹는 것을 제1번으로 하는 것처럼 영혼들도 먹는 것이 1번이다. 박 시장령은 지금 북한산신 옆에서 충분히 먹으며 영을 높이기 위해서 열심히 명상에 전념하고 있다.

2022년 3월 15일 화요일

숙영매가 여덟 번째로 탐사한 행성은 명왕성이었다. 어제 저녁 6시에 출발하여 오늘 새벽 5시에 돌아왔다. 이동 속도는 2시간 조금 넘게 걸렸다고 쿠엘리스신이 말했다. 명왕성은 8차원 행성으로 11차원 태양 다음으로 차원이 높다. 지구에서 명왕성까지의 거리는 가장 가까울 때 29AU(43억 km), 가장 멀 때는 49AU(73억 5천 km)로 명왕성은 긴 타원형을 그리며 공전하고 있다.

명왕성은 2006년 국제천문연맹회의에서 행성 지위를 박탈당했다. 그러나 태양계 내 신들의 세계에서는 명왕성이 아직 건재하고 거기 신들의 인구도 1억 명 정도다. 명왕성의 퇴출 이유는 세 가지이다.

첫째, 너무 작다.

둘째, 공전이 지나치게 긴 타원 궤도로 돌고 있다.

셋째, 공전하면서 다른 천체의 영향을 받는다.

명왕성 왕은 숙영매에게 명왕성이 공전을 하면서 해왕성과 스쳐 지나갈 정도로 충돌 위기에 직면한 적도 있다고 말했다. 그것은 명왕성이 다른 천체에 심하게 영향을 받는다는 뜻이다. 명왕성은 달보다도 작은 행성이다. 몸집이 작지만 그래도 태양에서 상당히 멀리 떨어져 공전을 하고 있다. 숙영매가 명왕성이 어느 정도 거리에 떨어져 있을 때 갔다 왔는지는 확인할 수 없지만 명왕성과 지구와의 평균 거리 39AU(58억 5천만 km)라고 생각했을 때 빛의 속도의 두 배 이상이다. 현재로서 숙영매는 행성 이동을 할 때 그 행성에서 남녀 두 명의 신이 와서 이동을 도와준다. 그들은 우주선을 타고 다니기도 하지만 우주선을 타건 직접 이동하건 별 차이가 없다. 숙영매가 신들과 직접 이동함으로써 오히려 숙영매가 영을 높이는 데 더 도움이 된다.

  명왕성을 발견한 사람은 1930년 미국인 클라이드 톰보인데 미국이 우주선 뉴호라이즌스를 발사하면서 그의 유언대로 그의 유골을 우주선에 실어 보냈다고 쿠옐리스신이 말했다. 그리고 그것은 사실이다. 명왕성은 톰보의 스승 퍼시벌 로웰서부터 행성 X라는 이름으로 찾기 시작하여 제자인 톰보가 어렵사리 찾아낸 행성이다. 그런데 쿠옐리스신은 어떻게 이렇게 지구에 대해서 잘 알고 있을까? 공부를 많이 해서 그런 것이 아니다. 공부는 할 필요가 없다. 영이 높은 신들은 명상 속에 들어가서 세상에 관한 그리고 우주에 관한 모든 역사적 지식을 열람한다. 지나간 일은 없어진 것처럼 보이지만 우주의 보관소에 우주의 탄생에서부터 하나도 남김없이 기록되어 있다. 지나간 일과 앞으로 일어날 일까지 열람한다. 기록되어 있기 때문에 신들의 세계에서는 거짓이란 존재하지 않는다. 경우에 따라서는 영이 높은 신이 영이 낮은 영혼에게 모습을 감출 수는 있다. 그것은 어쩔 수 없고 인간 세상처럼 거짓이 다반사로 일어나지는 않는다. 명왕성에서 보는 태양은 크고 밝은 별처럼 보인다. 명왕성도 영하

240°C로 몹시 춥고 바람이 거세다. 공전 주기는 지구 시간으로 248년이다. 숙영매는 명왕성의 왕신과 오랜 시간 동안 이야기했다. 무엇보다 지구인들이 명왕성을 퇴출시킨 것에 대한 불만을 말했다.

"지구인들이 아무리 명왕성을 퇴출해도 우리는 이렇게 살고 있습니다."

그리고 숙영매에 대한 기대감도 나타냈다. 어쩌면 신들이 숙영매에게 기대하는 것보다는 숙영매를 적극적으로 도와 이름을 날릴 수 있도록 하는 것이 더 중요할 수가 있다. 서로가 도와야 한다. 우스꽝스럽게도 저차원인 3차원 지구인들이 자신들보다 훨씬 높은 8차원 명왕성을 함부로 내친 것이다. 명왕성 왕신은 명왕성보다 멀리 태양 궤도를 도는 행성이 하나 더 있다고 말했다. 여기에 대해서는 마이크 브라운이라는 천문학자가 명왕성 너머 행성이 또 하나 있을 것이라는 가설을 제기한 바 있다. 쿠엘리스신은 명왕성보다 작은 천체가 명왕성에서 어느 정도 떨어진 곳에서 공전하고 있고 아무도 살지 않는다고 한다.

이번에도 역시 혹독한 추위를 견디기 위해 숙영매는 꽁꽁 감싼 채 갔다. 그러나 명왕성신들은 든든하게 입은 정도다. 그만큼 영이 높기 때문일 것이다. 통역은 쿠엘리스신이 해준다. 행성마다 언어가 다르기는 해도 소통은 텔레파시로 쿠엘리스신은 한 번 들으면 이해한다고 한다.

이제는 달과 태양이 남았는데 달은 소풍 가듯이 갔다 오면 될 것 같고 태양은 높은 차원과 뜨거움을 어떻게 해결할지 모르겠다. 그리고 저승과 지저 문명에 대해서는 이야기가 나오지는 않지만 내가 가보도록 권유할 생각이다.

85. 토성 그리고 미스터리 서클의 비밀

2022년 3월 18일 금요일

　숙영매의 행성 탐사는 끝났고 다음 우주 탐사는 달이었다 어젯밤에 출발해서 오늘 새벽 4시에 돌아왔다. 시간은 1초면 갈 수 있는 거리를 1~2분 정도 걸려서 갔는데 이번에는 두 눈을 뜨고 지구의 모습을 구경하면서 천천히 갔다. 월신들은 숙영매가 태양을 못 보게끔 시선을 돌리게 해서 갔는데 태양을 봤다가는 눈에 큰 상처를 입기 때문이다. 우주에 별이 잘 보이는지 물어봤지만 숙영매는 기억이 나질 않는다고 했다. 아마도 별이 별로 안 보였기 때문에 그랬을 것이다. 별이 잘 보였다면 그 모습이 아름다워서 기억이 안 날 수가 없다. 우주에서 별이 잘 안 보이는 이유는 우주가 진공 상태라서 빛이 반사하거나 굴절하지 않기 때문이다. 지구에서의 별 사진은 우주 망원경을 노출시켜서 찍을 수 있다.

　달에 도착해 제일 먼저 월왕신을 만나서 아폴로 우주선의 달 착륙은 거짓이라는 것을 확인했고 중국의 창어 5호가 달 뒷면에 착륙하고 돌아왔다는 말도 거짓이라는 것을 확인했다. 달에서 본 지구의 크기는 지구에서 보는 달의 크기의 약 3배 정도 되는 것 같고 지구본을 보는 듯 상당히 뚜렷했으며 푸른색이 주를 이루지만 여러 색깔이 혼합된 아름다운 모습이었다고 숙영매가 말했다. 그리고 하늘색은 검푸른빛부터 검붉은빛 등 여러 가지 색깔이 혼합되어 보였다고 했다. 아폴로 우주인이 달에 착륙했다고 했을 때 찍은 하늘은 낮이라고 하는데도 검은색이었다. 달은 확실히 다른 행성들보다는 하늘빛이 약간 어둡기는 해도 완전 검은빛이라고 하는 것 역시 거짓말이라는 것이 증명되었다. 달의 중력은 지구의 1/6이라고 한다. 상식적으로 중력이 있다면 티끌만큼이라도 대기가 있다는 뜻이다. 대기가 조금이라도 있으면 하늘이 완전히 검을 수가 없다.

월신의 인구는 1만 8천 명으로 비교적 적은 편인데 앞면과 뒷면에 골고루 거주한다. 달의 왕신은 앞으로 지구(4차원 저승)과 좀 더 친밀한 관계를 유지할 것이라고 말했다. 현재 달은 4.5차원으로 저승보다는 차원이 약간 높다. 현재 지구에서 보는 달은 항상 한쪽 면만 보인다. 그 이유는 달의 공전과 자전 주기가 27.3일로 같기 때문이다. 달의 생성 과정은 지구의 과학자들이 수많은 가설을 내놨는데 쿠엘리스신은 지구가 탄생할 때쯤 같이 만들어졌다고 말했다. 달의 낮 온도는 영상 130°C인데 숙영매가 느낀 온도는 쾌적하다는 정도였다.

태양계에서 마지막 남은 방문지는 태양이다. 내가 가장 걱정하고 불안해하는 곳이다. 지금 와서 알게 된 사실이지만 지구의 어떠한 신도 그리고 태양계의 신들조차도 태양신만 제외하고 태양 속으로 들어가면 영원히 소멸된다고 한다. 그러니까 영혼이 소멸되는 두 가지는 오래 굶는 것 또는 태양 속으로 들어가는 것이다. 일단 숙영매는 하루 이틀 정도 충분히 수면을 취한 후 명상을 삼사 일 정도 해야 한다. 그리고 태양신들 여러 명이 와서 숙영매를 감싸고 태양 가까이 간 다음에 태양 주위를 빙글빙글 돈다. 이유는 뜨거움의 감도를 느끼면서 괜찮다 싶으면 조금씩 조금씩 태양 안으로 들어가는 것이다. 만약 견디지 못할 것 같으면 되돌아와서 다시 영을 높이고 다시 도전해야 한다. 이것은 숙영매가 지구인이니까 특별히 배려해서 해주는 것이지 어떤 행성의 신이라도 이렇게 해줄 일이 없다. 7차원 쿠엘리스신도 전에 태양에 가려고 시도했지만 그 뜨거움에 실패한 적도 있었다.

영국의 경제학자이자 철학자인 존 스튜어트 밀은 다음과 같이 말했다.
"난 배부른 돼지보다는 배고픈 소크라테스가 되겠다."

소크라테스는 내가 좋아하는 성인군자다. 그 이유는 그가 돈이라고 하는 물질에서 자유로웠기 때문이다. 살면서 돈으로부터 자유롭기는 힘들다. 세상은 점점 그렇게 변해가고 있다. 옛날 조선 시대 때는 벼슬을 거부하고 초야에 묻혀 찢어지게 가난하게 살면서도 지조를 지킨 선비들이 많았다. 지금 그런 사람들은 없지만 대의를 위해서 자신을 희생한 사람들은 많이 있다. 대한민국 현대사에서 좌우를 갈라놓은 두 사람이 박정희와 김대중이다. 박정희의 상징은 경제이고 김대중의 상징은 민주주의다. "민주주의가 밥 먹여주냐?"라고 항변하는 사람은 배부른 돼지를 선호하는 사람들이고 민주주의를 선호하는 사람들은 배고픈 소크라테스다. 실제로 친일과 독재에 빌붙어 아부를 떨었던 사람들은 모두 부귀영화를 누리며 잘살았고 또 지금도 그 후손들이 잘살고 있다. 즉 배부른 돼지들이다. 그러나 친일 독재를 거부하며 항거했던 사람들은 전 재산을 독립운동에 바쳐 배가 고팠고 희생당했으며 그 후손들은 지금도 고달픈 인생을 살고 있다. 즉 배고픈 소크라테스들이다. 정확히 말하자면 지금 대한민국에 허울 좋은 보수와 진보는 없다. 친일·독재 세력 대 항일·민주 세력의 대립만 있을 뿐이다.

현대는 돈이 모든 것을 말해주는 시대다. 돈이라는 것이 종교에 버금갈 정도로 인간의 정신을 완전히 지배하고 있다. 아니 종교 그 자체다. 교회건 절이건 일단 돈을 끌어모아야 그 세력을 떨칠 수 있다. 당연히 정치를 하는 사람들도 돈을 끌어모으는 데 온 힘을 모은다. 그 끌어모은 돈은 권력을 잡고 유지하며 그 권력으로 다시 돈을 끌어모은다. 당연히 돈을 끌어모으는 데는 불법이 따른다.

부패한 자들의 손에 나라가 넘어갔다. 앞으로는 숙영매를 통해서 신들과 소통하면서 더 이상은 부정한 자들이 가난한 사람들을 착취하며 빈익빈부익부를 고착화시키는 것을 막도록 내가 할 수 있는 일을 다하도록 노력할 것이다. 선거 끝나고 숙영매가 명상할 때 잠깐 태양신이 와서 다음과 같이 말했다고 했다.

"지금 갇혀 있는 것들(보수 쪽 산신들)이 말을 듣지 않으면 전부 태양 불구덩이 속으로 집어넣을 수도 있어."

그것은 완전히 소멸시켜버린다는 말이다. 그렇게 되어야만 한다. 그렇게 악령들이 점차 사라지고 악령들의 영향력이 인간들에게 미치지 못하도록 해야 이 사회가 선진사회로 나아갈 수 있다.

86. 태양 진입에 도전하는 숙영매 그리고 보수 쪽 산신들의 소멸

2022년 3월 20일 일요일

낮 12시경 태양신 6명이 와서 숙영매를 감싸고 태양으로 갔다. 수성을 지나 중간 지점보다는 더 들어갔다고 하는데 정확한 지점은 가늠하기가 힘들지만 숙영매는 열기를 견딜 수 없어서 포기했다. 집에 돌아오고 나서도 몸이 상당히 지쳐 힘들어했다. 잠을 약 3시간 자고 나서 명상을 하니 어느 정도 몸이 회복되는 듯했다. 명상을 며칠 하다가 가려고 했는데 시험 삼아 어느 정도인지 해봤던 것이다. 앞으로 이런 식으로 일주일 정도 해보고 안 되면 태양 탐사는 포기하는 것으로 할 것이다.

20220년 3월 22일 화요일

마침내 수감되어 있던 보수 쪽 산신들은 모두 태양의 불구덩이 속으로 들어가서 영원히 소멸됐다고 한다. 그들이 아무것도 안 하고 계속 명상만 하다 보니 영만 점점 높아져 나중에 힘을 합치게 되면 감당할 수 없을 정도가 될 것이고 개과천선의 기미도 전혀 보이질 않기 때문에 부득이하게 그렇게 했다. 물론 태양신들의 주도로 행해진 일이다.

구《영혼일기》를 처음 쓸 때 죽음은 존재하지 않는다고 했지만 《나》라고 하는 존재가 이 세상에서 영원히 소멸된다고 하는 것. 나의 영혼조차 소멸된다고 하는 것.

무서운 일이다.

87. 나와 산신들의 정치 개입

2022년 3월 23일 수요일

어제 숙영매의 몸이 아프다고 했는데 우주신광을 받기 전 몸 아픈 것과는 다르고 몸살 같은 아픔도 아닌 것이 표현하기가 힘들다. 신들은 좋은 현상이라고 이야기했는데 그렇다고 태양 방문을 성공할 수 있는 정도의 낙관은 아니다. 명상을 할 때 다시 잡념이 생겼다. 그 잡념은 태양에 대한 집착 때문인데 결국 태양을 내려놔야 다시 원상태로 명상을 할 수 있을 것 같다. 신들은 잠을 자는 게 해결 방법이라고 하여 거의 하루를 자고 일어났는데 다시 졸린다.

2022년 3월 24일 목요일

오후 2시

4일 만에 두 번째 태양 탐사를 시도했지만 다시 실패했다. 첫 번째보다 좀 들어가기는 했다. 북한산신이나 쿠옐리스신 그리고 모든 신들이 숙영매가 태양에 도착하기를 바라고 있지만 성공하기까지 시간이 많이 걸릴 것 같다. 숙영매도 힘들어 포기하겠다고 하면서도 은근히 성공하기를 바라는 것 같다. 나는 해볼 수 있는 데까지 해보라고 했다. 쿠옐리스신도 사실상 숙영매와 같이 시도하고 있다. 쿠옐리스신의 지금 상태로도 스스로 태양에 도착할 수가 없기 때문이다. 숙영매는 시간이 걸리더라도 끝을 보고 세상에 나오는 것이 더 중요하다.

오후 4시경

숙영매는 명상을 하고 나서 몸이 한결 나아짐을 느꼈다. 태양을 포기해야겠다고 생각하니 명상이 다시 정상적으로 돌아왔다. 결국 집착을 포기하니 도를 얻었다, 라는 이외수의 《벽오금학도》를 연상케 한다.

요즘 대선이 끝나고 청와대 터에 대한 이야기가 많이 나온다. 윤석열 당선자가 청와대에 안 들어가겠다고 고집 피우는 것은 청와대 터가 안 좋아서 그런다고들 한다. 이미 공공연한 비밀처럼 알려진 사실이다. 그래서 숙영매를 통해 북한산신께 물어보았다.

"청와대는 좋은 터다. 대통령들이 잘못되는 것은 다 자기들이 잘못해서 그런 거지 터를 탓할 수 없다."

대부분 사람들도 사실 그렇게 생각한다. 다만 윤석열 당선자와 그를 둘러싸고 있는 무속인들만 그렇게 생각하고 있다. 다만 노무현 전 대통령은 스스로 잘못을 저지른 것이 아니고 이명박 정권의 검찰이 전직 대통령을 괴롭혀 망신 줄 목적으로 저지른 비극적 사건이다.

2022년 3월 26일 토요일

숙영매의 세 번째 태양 도전이 있었지만 다시 실패했다. 두 번째보다 조금 더 들어갔다. 한 번만 더 해보고 포기할지 계속 시도할지를 판단할 것이다. 태양은 표면 온도가 6,000℃ 정도 된다. 그러나 태양의 대기라고 할 수 있는 코로나의 온도가 1백만 도 정도 된다. 코로나를 통과하는 것이 어려운 일이고 그것만 통과하면 태양에 도착해서 활동하는 것은 별 문제가 없다. 숙영매의 컨디션은 식사도 잘하고 좋은 편이다. 처음 태양에 도전해서 갔다 왔을 때보다 훨씬 낫다.

숙영매는 무려 70% 정도의 민주당 의원들 머릿속에 심이 심겨져 있다고 말했다. 정말 놀라운 일이다. 민주당이 이토록 개혁에 지지부진하고 촛불 시민들의 가슴을 아프게 한 근본적 이유이기도 하다. 이번에 박홍근이 원내 대표에 선출된 것이 기적이다. 이 문제는 내가 북한산신께 특별히 요청한 바가 있었다. 그런데 심을 빼는 일은 쉽지 않고 생명의 위험까지 있다고 한다.

2022년 3월 27일 일요일
민주당 국회의원들의 머리에 박아놓은 심은 영이 높은 보수 쪽 산신들의 짓이다. 국회의원급의 사람들은 기본적으로 영이 높기 때문에 그들에게 심을 박기 위해서는 산신들이 아니면 안 되기 때문이다. 그런데 강한 심이 깊이 박혀 있기 때문에 빼기가 보통 힘든 것이 아니다. 박혀 있는 120명 중 반 정도는 무난히 뺄 수 있을 것 같은데 나머지 반은 신중하게 해야 하고 경우에 따라서는 못 뺄 수도 있다. 그래도 힘들기는 해도 그들의 마음을 움직이게 해서 개혁을 할 수 있도록 해야 한다. 심 빼는 일은 북한산신의 주도로 산신들이 해야 할 일이다. 산신들이 심었기 때문에 영혼들은 안 되고 같은 급의 산신들이 해야 한다.

그리고 지금에서야 알게 됐지만 보수 쪽 산신들이 작년 재보궐 선거 때 사람들에게 심을 심은 것이 아니다. 진보 진영은 지난 2017년 대선 그리고 지방선거와 총선거에 연승을 했고 이에 위기의식을 느낀 보수 쪽 산신들이 악령들을 시켜 오랜 시간을 거쳐서 몰래 사람들에게 심었는데 특히 심성이 나약한 10대, 20대 젊은이들을 중심으로 심을 심게 한 것이다. 그래서 작년 재보궐 선거 때 터무니없는 수치로 국힘당 쪽 후보가 이긴 것이다. 서울은 항상 진보 성향이 강했던 곳이다. 사람들의 심성이 이렇게까지 갑자기 바뀐다는 것은 있을 수 없는 일이다.

여기서 한 가지 심이 심겨지는 사람들을 보면 영적으로 예민하기보다는 본능적으로 약간의 보수 성향이 있는 사람들이거나 부패한 성향이 있는 사람들이다. 성향이 근본적으로 착하고 강직한 사람들이라면 강한 보수 쪽 산신들이라도 심을 심을 수는 없다.

결국 민주당 대세론이 확산될 때 또는 호남 쪽에서 부패한 인물이 오로지 권력만을 탐하며 진보를 가장하고 민주당에 들어와서는 자신의 본성을 감추고 진보인 척 민주투사인 척 행세하는 것이다.

2년 전 가을에 접어들 무렵 9월에 정치권에서 뜬금없는 전생 논쟁이 있었다. 이해찬 전 민주당 대표가 문재인 대통령을 정조가 환생한 케이스가 아닌가 생각한다고 했고 이어 진중권은 선조가 환생했다고 비아냥댔다. 그때 숙영매에게 부탁하여 문재인 대통령의 전생을 보도록 부탁했다. 그런데 숙영매의 명상 속에는 인조와 사도세자의 모습이 보였다. 인조가 반정세력에 업혀 졸지에 왕이 된 것은 문재인이 박근혜 탄핵으로 대통령에 당선된 모습과 흐름을 같이한다. 또한 인조가 극우 척화파 세력에 둘러싸여 삼전도 굴욕을 겪은 것과 문재인 대통령이 민주당 내 수박이라고 불리는 반개혁 세력에 둘러싸여 정권을 내준 모습과 겹친다. 숙영매가 본 사도세자의 모습은 현재의 문재인 대통령과 상당히 닮아 있었다. 그는 왕자로 태어나서 비극적으로 생을 마감한 인물이다. 결국 사도세자는 당파싸움의 와중에서 노론 세력에 의해서 죽임을 당했다고 보면 된다. 사도세자는 상당히 총명했고 무인 기질이 있었으며 소론이 부당하게 탄압 받는 것을 거부했다. 역사적으로 사도세자는 부당하게 매도된 면이 많다. 역사학자들은 혜경궁 홍씨의 《한중록》으로 사도세자를 평가하는 경우가 많다. 그러나 혜경궁 홍씨의 아버지인 홍봉한은 노론의 좌장이고 사도세자의 죽음에 상당한 책임이 있다. 따라서 그의 딸이 쓴 《한중록》에서 진실을 찾기는 힘들고 당연히 왜곡이 있을 수밖에 없다. 역사는 승리한 자의 기록이다. 현재 대한민국의 기득권 세력은 뿌리가 친일 독재이지만 좀 더 멀리 가면 노론이 있다. 우리가 사도세자의 평가를 다시 해야 하는 이유다. 영조가 탕평책을 썼다는 것은 역사 왜곡이다. 그는 노론 쪽에 기울어져 있었고 소론이 부당하게 탄압받는 것을 반대한 사도세자를 뒤주 속에 가둬서 죽게 했다고 보는 게 맞다. 사도세자가 뒤주 속에 갇힌 상태에서 울고불고 하는 그의 아들 정조에게 말하는 장면이 숙영매의 참나를 통해 울렸다.

"정치는 비정하다. 권력은 부자 사이에도 나눌 수 없다."

2022년 3월 28일 월요일

어제 문득 이런 의문이 들었다.

'민주당 의원의 머릿속에 그렇게 심들이 심어져 있다면 혹시 판사, 검사, 장관 이런 사람들에게도 심을 심어놓지 않았을까? 정경심 교수의 표창장 위조 사건에서 1심 2심 그리고 대법원 최종 판결까지 어찌 이리도 변호인의 주장은 100% 무시하고 죄를 만들기 위해서 작정하고 달려드는 검사들의 말도 안 되는 주장만 100% 받아들이는 비정상적인 판결이 나올 수 있나? 그리고 4년 징역이라는 이성을 상실한 듯한 터무니없는 판결까지… 거기에다가 대법원 갈 때까지 감형조차 없었다. 1심에서 3심까지 10명의 판사들은 결국 인간의 탈만 쓰고 있었다.'

그래서 숙영매를 통해 북한산신께 내 생각을 전달해서 알아보겠다고 했었는데 오늘 결과는 역시 상당히 많은 판사들과 고위급 인사들의 머릿속에도 심이 심어져 있고 알아서 잘 처리할 것이니 걱정 말라는 북한산신의 말을 숙영매가 전했다.

그리고 1,400명 정도의 산신들이 저승에서 임명되어 내려와서 비어 있던 보수 쪽 산신들의 자리를 메웠는데 100% 진보 쪽의 신들이 아니다. 저승에서 높은 신들이 무작위로 차출되어 내려왔기 때문에 보수와 진보가 섞여 있다. 비율이 얼마나 될지는 알 수 없지만 지난번 보수 쪽 산신들이 태양 불구덩이 속으로 들어간 것을 알고 있기 때문에 함부로 행동을 못할 것이다. 그러나 반발은 엄청 심하다. 산신들뿐만이 아니고 악령들의 반발도 무척 심해서 지금 전쟁이 벌어지고 있다고 하는데 어떻게 된 상황인지, 그리고 결과가 어떻게 마무리될지는 며칠 지나야 알 것 같다. 내가 자꾸 숙영매에게 꼬치꼬치 물으니 북한산신이 나에게 다음과 같이 말했다.

"며칠 기다려라. 지금 일하고 있으니 제발 좀 조급해하지 말고…"

2022년 3월 29일 화요일

숙영매의 네 번째 태양 도전도 실패했다. 오늘은 태양신을 열 명으로 늘렸는데도 결과는 마찬가지였다. 태양의 왕신은 다음과 같이 말했다고 숙영매에게 전했다.

"다음에는 이삼십 명으로 늘리고 그것도 안 되면 수백 명으로 늘려야겠다."

이 말은 즉 어떻게 해서든지 숙영매를 태양에 도착하도록 하겠다는 의지의 표현이다. 수많은 신들이 태양에 가기 위해서 도전했다가 불타 소멸한 경우가 많았다고 한다. 태양신의 복장도 다른 신들과 똑같이 산신 복장이다. 남성신은 흰 단복에 속은 바지, 여성신은 흰 단복이고 머리띠 그리고 허리띠… 아마도 신들의 복장은 우주 공통인 것 같다. 신들이 올 때마다 신들의 몸에서 나는 광채는 일일이 기록하지는 않았지만 모두가 빛나고 특히 태양신들의 광채는 다른 신들과는 비교를 할 수 없을 정도로 정말 크고 아름다워서 열 명의 태양신들이 오면 그 웅장하고 아름다운 빛에 숙영매는 감격스러울 정도다. 신들만 광채가 나는 것이 아니고 숙영매의 몸에도 큰 광채가 난다고 한다. 그러나 신기가 있어 영적으로 높은 사람의 눈에는 보이지만 나 같은 평범한 사람의 눈에는 보이지 않는다. 영혼들은 귀례령이나 재천령 정도가 약간의 광채가 있고 다른 일반 영혼들은 광채가 없다.

2022년 4월 1일 금요일

산신들은 민주당 국회의원들의 머릿속에 있는 심을 뽑고 있는데 약 60명 정도가 심을 뽑기 어려운 상태다. 심을 심을 때 조심스럽게 심어야 하는데 무작위로 깊이 심은 심이기 때문에 뽑을 때 생명이 위험하기 때문이다. 그래도 마음을 돌려 검찰 개혁 즉 수사 기소를 분리하는 것은 하게 할 것이라고 북한산신이 말했다. 김용민 의원은 민주당 의원 중 1/3 정도가 검찰 개혁 자체를 이해 못하거나 지방 선거에서 역풍을 맞는다고 엉뚱한 소리를 하며 부정적이라고 말한다. 최강욱 의원과 김용민 의원 등 십여 명 정도만이 검찰 개혁에 적극적이다. 개혁 성향의 의원들과 신들의 노력으로 그 1/3을 설득시킬 수만 있다면 한 고비 넘어갈 수 있을 것이다.

2022년 4월 3일 일요일

숙영매는 점심을 먹고 졸리다고 들어가 잤다. 약 4시간 정도 후에 일어나 나오더니 기분이 업 되어 있으면서 가슴이 벅차오름을 느끼며 나에게 말을 했다.

"태양의 왕신이 나를 찾아왔어. 꿈속에서 찾아왔어."

"그래? 무슨 얘기를 했는데?"

"광채가 휘황찬란하고 너무나 아름다워서 눈이 부실 지경이었어."

그리고 왕신은 다음과 같이 말했다고 한다.

"지구인이 태양에 온다는 말을 듣고 정말 놀랐다. 내가 어떻게 해서든지 너를 태양에 오도록 해주마."

"내가 생전 여기 지구에 올 일이 없었는데 네가 있기 때문에 이렇게 온 거다. 네가 태양에 와서 나를 만날 수가 있다면 너는 세계적으로 큰 힘을 내며 이름을 날릴 수 있을 거다."

태양 왕신의 복장도 여타 다른 신들과 같았다. 흰 바지 앞부분은 길게 연결되는 단복에 허리띠 그리고 머리띠. 그의 몸에서 나오는 광채는 여태까지 본 것 중에서 가장 화려하고 아름다웠다. 인간 사회의 왕들처럼 복장이 화려하지 않은 것은 몸에서 나오는 광채가 있기에 복장 자체가 요란스러울 필요는 없다. 숙영매가 대한민국에 악령들이 들끓고 있어서 그것들을 퇴치하는 데 도와달라고 하자 그는 다음과 같이 말했다.

"그런 것은 네가 태양에 와서 나를 만날 수만 있다면 해결할 수 있을 거다."

숙영매는 지난 금요일 태양을 방문할 예정이었으나 상한 음식을 실수로 먹어 며칠 고생하는 바람에 지금까지 늦춰지다가 몸이 회복되는 이번 화요일 방문하려 했다. 그러다 이렇게 뜻밖에 태양 왕신의 방문을 받게 된 것이다.

2022년 4월 5일 화요일

숙영매의 다섯 번째 태양 도전도 실패했다. 이번에는 80명의 태양 신들이 숙영매의 주위를 감쌌지만 코로나 근처에서 주위를 몇 바퀴 돌다가 견디지 못하고 다시 지구로 돌아왔다. 집에 와서 몇 시간 명상을 하고 있는데 태양 왕신으로부터 전갈이 왔다. 전에는 꿈속에서 태양 왕신을 영접했는데 지금은 한 단계 높아져 명상 속에서 왕신과 채널링을 할 수 있게 됐다.

"지금부터 나흘 동안 하루 10시간 명상하도록 해라."

하루 10시간이면 잠자고 먹고 운동하는 시간 빼고 명상에만 열중해야 한다. 아마도 왕신은 무언가 느끼는 게 있어서 그렇게 말했을 것이다. 숙영매는 이른 저녁을 먹고 명상에 들어갔다.

2022년 4월 7일 수요일

사실 북한산신은 세상 돌아가는 것을 대략적이고 전반적인 것만 알고 있었지 미주알고주알 자세히 알지는 못했다. 숙영매가 나타나고 내가 정치에 관심이 있어서 관여를 하게 된 것이다. 그런데 예기치 않게 보수 쪽 산신들이 본격적으로 정치에 개입하면서 사람들에게 심을 심는 일까지 생기다 보니 북한산신도 개입하지 않을 수가 없다. 전에는 전혀 이런 일이 없었고 역사상 처음으로 발생한 일이다. 생각을 해보면 서울 사람들이 갑자기 이렇게 보수화가 된 것도 이해할 수 없고 180석을 얻은 민주당이 이렇게까지 보수화가 되어 겉과 속이 다르다는 뜻의 수박이라는 단어까지 생겨난 것은 있을 수가 없는 일이다. 십 대, 이십 대의 젊은이들이 미쳐 돌아가는 것도 전에는 없었던 일이다. 나도 신께서 알아서 잘 해주시겠지, 라는 안일한 마음으로 가만히 두고 봤던 것이 실수였다. 이래서는 안 되겠다는 생각을 하고 숙영매를 통해 적극적인 정치 개입을 하게 된 것이다. 지금 민주당뿐만이 아니라 소수 야당 국회의원들, 검사, 판사, 기자, 장관, 교수들에 이르기까지 고위층에 있는 사람들은 심을 박을 수 있는 사람들이라면 다 박혀 있다고 하니 북한산신도 더 이상은 두고 볼 수가 없는 일이다. 선하게 사는 사람은 다 죽고 부패한 자들이 활개 치는 세상이 되어서는 안 된다. 그리고 이번에 저승에서 온 새로운 산신들 1,400명 중 40% 정도는 보수 성향의 산신들이라고 하니 5~600명 정도는 보수 성향이란 이야기다. 이들의 행동도 예의주시해야겠고 설득을 할 수 있으면 설득을 해야 할 것이다.

2022년 4월 9일 토요일

숙영매의 여섯 번째 태양 도전도 실패했다. 오늘은 태양신 백 명이 와서 숙영매를 둘러싸고 갔는데 이번에는 태양 주위를 돌지 않고 그대로 돌파를 시도했다가 실패했다. 그래서 수성으로 돌아온 후 잠시 휴식을 취한 다음 두 번째로 돌파 시도를 했지만 숙영매가 견디질 못해서 다시 지구로 돌아왔다. 시간은 총 1시간 15분 걸렸다. 잠시 수성에 있는 동안 수성 왕신이 와서 숙영매에게 말을 걸려고 하자 태양신들이 막아서 돌아가기도 했다.

"지금 시간이 없어서 대화할 시간이 없으니 다음에 합시다."

태양 왕신은 안타까운 마음을 금할 수 없는 것 같다.

"다른 데도 아니고 지구의 물질 인간이 태양에 온다는데…."

아마도 이런 마음일 것이다. 그래서 다시 숙영매에게 미션을 내렸다.

"앞으로 열흘간 하루에 잠은 12시간씩 충분히 자면서 10시간씩 명상하고 다시 시도해보도록 해라."

아마도 왕신은 태양신을 늘려서라도 성공을 시키겠다는 의지가 있는 것 같다.

그리고 태양 왕신은 다음과 같이 말해주었다.

"네가 지금 태어난 것은 네가 사는 타락한 세상을 변화시키기 위해서 온 것이니 그렇게 알고 있으면 된다."

이는 숙영매가 왕신에게 질문을 해서 답변을 한 것이 아니고 숙영매 현재의 마음 상태를 그대로 읽기 때문에 거기에 대한 대답을 해준 것이다. 사실 이전에는 태양 왕신뿐만이 아니고 어느 행성의 신도 그리고 산신들조차 지구에서 벌어지는 독재와 인권 탄압 그리고 모든 부조리에 대한 적극적인 관심은 없었다. 지금 신들의 세계에서는 숙영매 하나 때문에 인간사에 대한 관심이 모아지고 있는 것이다.

이번에 휴식을 위해서 잠깐 수성에 갔을 때는 지난번 갔을 때와 확연히 달랐다. 지난번에는 푹푹 찔 정도로 더웠는데 이번엔 아주 쾌적한 날씨였다고 한다. 수성의 일반 신들은 더워서 팬티만 입고 지낸다는데 이 말은 숙영매의 현재 영이 수성의 일반 신들보다 더 높다는 뜻이다.

민주당의 두 번째 의총이 얼마 남지 않았다. 지금 산신들의 주도로 국회의원들의 머리에서 심을 뽑고 있는데 상당히 어렵고 힘든 것 같다. 현재 심이 남아 있는 민주당 의원의 수는 약 30명 정도 된다고 한다. 이제는 그렇게 완고하던 민주당 의원들도 검찰 정상화에 적극적이고 민주당 지지자들 특히 개딸들의 열화와 같은 지지 속에서 검찰 정상화의 가능성이 보이는 듯하다. 다만 검사들과 국힘당의 거센 반대를 어떻게 극복하느냐 하는 문제만 남았다. 밀어붙이는 것 이외에는 다른 방도가 없을 것 같다.

조민 학력 취소의 발단은 최성해 총장의 다음과 같은 거짓말 발언에서 시작되었다.
"나는 조민에게 표창장을 주지 않았다."
재천령은 내 이야기를 듣고 다음과 같이 말했다
"제가 어떡하든 최성해 총장을 찾아서 문제를 해결해보도록 하겠습니다."

2022년 4월 10일 일요일
오늘 서울경제 송종호 기자의 다음 포털에 쓴 기사가 흥미로웠다. 기사의 내용은 검찰 개혁 수사 기소 분리법안이 대선 때도 이슈가 되지 않았던 것이 갑자기 튀어나온 것에 의아하다는 취지로 썼다
"난감한 것은 당내 신중론을 내세우는 의원들이 기를 펴지 못한다는

겁니다."

그는 검찰 개혁을 주도하고 있는 민주당 분위기를 이상하게 생각하며 글을 쓰고 있는 것이다. 그리고는 결국 중수청을 설치해도 윤석열 대통령이 임명하기 때문에 윤석열 당선자에게 꽃놀이패가 아니겠느냐, 라고 하며 검찰 정상화의 의미를 깎아내리는 듯한 취지로 기사를 썼다. 그래도 기자가 현장에서 보는 눈은 정확하다. 검찰개혁에 관심이 없거나 부정적인 의원들이 지금은 마음들이 변했다는 이야기다. 그러나 송 기자뿐만이 아니고 어느 누구도 상상조차 못할 것이다. 산신들이 국회의원들의 마음을 움직여 검찰 정상화를 주도하고 있다는 것을….

《사후세계의 비망록》을 쓰면서 느끼는 것이 있다. 일단 인간과 신의 세계의 차이를 어느 정도는 이해했다. 그러면 물질 육신을 입고 태어나서 많은 부를 축적하고 권력을 휘두르며 한 세상을 풍미하는 것이 더 좋은 것일까 아니면 신의 세계에서 환생을 하지 않고 더 높은 곳을 지향하며 명상에만 열중하는 것이 좋은 것일까…. 사람들은 신의 세계에서 명상만 하는 것보다는 차라리 물질 육신을 입고 태어나 지배자가 되어 한세상 풍미하며 사는 것을 선호하는 경우도 있을 것이다. 지금 정치나 재계에서 한자리 차지하며 사는 사람들은 분명 영이 높은 사람들이다. 그들은 태어나기 이전에도 영이 높은 영혼들이었을 것이다. 지금 영이 높은 악령들도 다시 태어나면 분명 영들이 높아서 높은 자리에 앉거나 많은 부를 축적하는 자본가로 살게 된다. 그러나 그들은 결코 착하게 살지는 않을 것이다. 지금 상류층에 있으면서도 가난한 사람을 착취하고 업신여기는 사람들은 결국 악령 출신의 인간들이라고 할 수 있다. 그들을 이기는 방법은 꾸준히 명상하며 무엇이 옳고 그른가를 알기 위해 노력하는 것이다. 아무 비판 없이 TV 뉴스를 보며 지내거나 신문은 모두가 진실만을 썼겠지, 사회 엘리트 지배 계급은 학창 시절 공부를 잘했던 사람들이니까 모두가 진실되어 있겠지라고 순진한 생각을 하고서는 결코 악령 출신의 인간들을 이길 수 없다. 이 세상 선과 악은 어느 곳에도 존재한다. 한 사람 한 사람이 깨어나서 진실을 알고 투표를 제대로 하는 것만으로도 세상은 바뀔 수 있다.

나는 왜 태어났는가에 대한 답은 수호령의 말로는 나의 의지와 윗선의 지시에 의한 것이라고 했다. 그러나 영이 높은 신급 정도의 영혼들은 환생을 스스로 결정할 수도 있다.

쿠엘리스신이 처음 숙영매한테 왔을 때 천왕성에서도 윤회를 하고 그곳에서의 죽음은 잠자며 휴식을 취하는 것으로 설명했다. 지구에서는 이승과 저승을 오가며 윤회를 하고 있다. 나는 전생에 조선 시대 때 장군의 신분으로 남해안에서 임진왜란과 정유재란을 치르고 집으로 돌아왔다. 그 후 약 20여 년 정도를 더 살다가 죽어 저승에서 350년 동안 있다가 지금 태어났다. 350년이란 긴 시간을 저승에서 어떻게 보냈는지 묻자, 수호령은 다음과 같이 말했다.

"주인은 저승에서도 세 번을 윤회했고 현생에서 원래 작은형의 몸을 받고 태어나야 했지만 다른 계획이 있어서 동생의 몸을 받고 태어났어. 윗선의 지시도 있었고 주인의 의지도 있었지."

"그럼 윗선의 지시가 있었다고 해도 제가 세상에 나오기 싫다면 안 나올 수도 있었나요?"

"그럼, 안 나올 수도 있지."

저승에서도 세 번을 윤회했다는 말은 저승 내에 저승이 또 있고 그곳은 잠을 자고 휴식을 취하는 것일 거다.

3년 반 전 수호령과 이야기할 당시에 수호령은 내가 작은형의 몸을 받지 못한 것을 아쉬워하는 듯 이야기했다. 아마 작은형의 몸을 받고 태어났다면 한세상 풍미하면서 살았겠지만 그때 수호령과 이야기했을 때만 해도 내가 너무나 힘들게 살아왔던 것이 안타까워서 그렇게 말했던 것 같다. 태어나기 전에 삶을 계획한다고는 해도 그 삶이 정해진 대로 정확하게 흘러가는 것은 아니다. 잠깐의 다른 생각으로 인생이 엉뚱한 방향으로 흘러가는 일이 종종 있기 때문이다. 나는 지금 이 자리에 서 있고 지금 이 자리는 내가 태어나기 전 저승에서 계획한 일일 수 있다. 나는 죽을 때도 이 세상이 어지러우면 이승에 남아 악령들과 전쟁을 할 계획도 갖고 있다. 즉 영을 높여 이승과 저승을 오가며 선신들과 협력하여 악령들을 제거할 계획도 생각하고 있다. 그러나 다음에 다시 태어나게 되고 현재 생과 같은 삶을 다시 살아야 한다면 나는 절대 나오고 싶지 않을 것 같다.

2022년 4월 11일 월요일

민주당 의원들의 머릿속에 있는 심 뽑는 작업은 끝났다. 다만 10여 명 정도의 의원들은 그냥 놔뒀는데 이유는 너무 깊이 박혀 있어서 진짜 죽을 수도 있기 때문에 포기한 것이다. 뉴스를 보니 아직도 검찰 정상화에 부정적인 의원의 수가 그 정도 된다. 만약에 실수로라도 심을 무리하게 뽑다가 산신들이 살인을 저지를 수는 없는 일이다.

2022년 4월 12일 화요일

　민주당 의총에서 검찰 정상화에 전원일치 합의했다. 그러나 이것을 기적이라고 생각하는 사람도 없고 그런 기사도 찾아볼 수 없다. 검찰 정상화에 대해서 검찰, 국힘당, 변협 같은 보수 쪽 단체는 당연히 반대를 한다 치더라도 참여연대, 민변 등 진보단체들 그리고 정의당까지 반대를 하고 나선 가운데 민주당에서 전원일치 합의를 했다는 것은 산신들의 힘이 없었으면 불가능한 일이었다. 앞으로 남은 것은 임시국회에서의 통과인데 끝까지 산신들의 힘이 필요하다.

　진보 진영의 단체들과 고위 공직자들의 머릿속에도 상당히 많은 심이 심어져 있다고 한다. 그러나 구체적으로 누구의 머리에 심이 박혀 있는지 나는 알 수는 없다. 우리가 언론상으로 친숙하게 접하는 진보적 정치인이나 고위 공직자 중에서 옛날과 확연하게 보수적 성향으로 변한 사람들은 머리에 심이 박혀 있을 거라고 의심할 수는 있다. 그리고 현재 수박, 똥파리라는 신조어가 생겼고 모두 변절된 사람들을 지칭하는 말인데 그들 역시 의심할 만하다.

　문제는 저승에서 임명되어 온 산신들이 지난번에 보수 쪽 산신들이 태양 속으로 들어가 소멸된 것에 엄청 반발하고 있다. 심지어는 진보 쪽 산신들조차 그것에 반발해 보수 쪽으로 건너간 경우도 있다고 한다. 북한산신은 이 상황을 상당히 어려워하고 있다. 사실 전에는 산신들이 자신들을 모시는 사람들에게만 신경을 썼지 정치에는 관심이 없었다. 북한산신도 역시 정치에는 별로 관심이 없다가 내가 작년 보궐선거 때 누가 이길 것인지 북한산신께 봐달라고 요청했고 서울 부산 모두 민주당 쪽이 승리할 것이라고 예언했는데 빗나가는 바람에 원인을 알아봤고 보수 쪽 산신들이 사람들의 머리에 심을 심었다는 것을 알게 됐던 것이다. 만약에 내가 북한산신께 선거 결과를 물어보지 않았고 나 역시도 정치에 관심이 없었다면 북한산신은 아직도 보수 쪽 산신의 장난질을 몰랐을 것이다. 아마도 사람들이 갑자기 미쳐 돌아간다고만 생각했을 것이다. 정말 심각한 문제다. 세상이 정상적으로 돌아오도록 진보 쪽 산신들의 노력이 우리에게 절실하다.

2022년 4월 14일 목요일

　최성해의 집을 알아냈다. 재천령이 알아낸 것이 아니고 내가 이리저리 검색하면서 산신들의 도움으로 알아냈다. 제일 먼저 동양대 총장이라는 정보와 교회언론회 이사장이라는 직위로 동양대와 교회언론회에서 서류를 뒤지게 했는데 찾질 못했다. 그리고 최성해가 2019년 학력 위조 건으로 고발됐는데 중앙지검 특수2부(현재 반부패 특수2부)에 배당된 사건이었고 담당 검사는 고형근 부장 검사였다. 그러나 담당 검사가 수사를 아예 안 했기 때문에 거기서도 주소는 찾을 수 없었다. 그런데 며칠 전에 동양대 수억 대의 횡령 사건으로 최성해를 영주경찰서에서 조사하다가 '죄가 있음'으로 판명되어 대구지검 안동지청으로 사건이 송치되었다. 그래서 그쪽 진보 산신들의 도움으로 마침내 최성해의 주소를 알게 되어 찾아낸 것이다. 검찰청 같은 곳은 악령들이 많아서 재천령 혼자 힘으로는 힘들기 때문에 산신들께 부탁한 것이다. 그런데 최성해의 머릿속을 조사해보니 심이 엄청나게 많이 박혀 있었다고 한다. 그것도 산신급의 심이고 엄청나게 깊고 강력하여 도저히 뺄 수가 없다. 빼면 무조건 죽는다. 북한산신도 쿠엘리스신도 할 수 없다. 그래서 지금은 최성해를 어찌할 도리가 없다. 죽게 할 수도, 죽어서도 안 되기 때문이다. 그것들을 뺄 수 있는 신은 태양신들밖에는 없다. 그러나 북한산신도 쿠엘리스신도 태양신과는 지금 채널링이 불가하다. 숙영매가 태양에 도착해 거기서 태양 왕신을 만나서야 해결할 수 있다. 최성해는 학력 위조, 박사학위 위조에 횡령까지 질이 안 좋은 삶을 산 데다가 머리에 심까지 박혀 있으니… 한숨만 나온다.

또 하나의 문제는 박병석 의장이다. 그는 국회의장으로 검찰 정상화의 중요한 위치에 있다. 그래서 내가 긴급히 북한산신께 박병석의 상태를 알아보도록 부탁했다. 먼저 숙영매에게 그의 사진을 보여주고 텔레파시로 북한산신에게 보내주는 것으로 했다. 작은 키에 얼굴에 안경. 북한산신은 그의 머릿속에도 상당히 많은 심이 박혀 있다고 했다. 박병석의 머릿속에 들어 있는 심은 산신들과 악령들의 심이 섞여 있는데 역시 강하기 때문에 그것도 태양신에게 맡겨야 한다고 했다.

2022년 4월 15일 금요일

오늘 숙영매와 대화하다가 타로 이야기가 나오면서 원장 영혼이 집에 왔었다는 이야기를 했다. 그러니까 죽은 후에 저승사자가 왔었고 원장령은 저승사자에게 숙영매 언니를 만나게 해달라고 간곡히 부탁하여 북한산신을 통하여 겨우 집에까지 오게 된 것이다. 숙영매는 원장령에게 다음과 같이 말했다.

"미안하다. 지금으로서는 너를 받아줄 수가 없다. 지금 저승에 가서 열심히 명상하며 영을 높이고 나중에 기회가 있으면 만나고 그때 같이 있도록 해보겠다."

원장령은 아쉬움에 울고불고 했지만 그렇게 보내고 다음을 기약했다. 숙영매가 당시에 나한테 말하지 않았던 것은 잊고 있었기 때문이다. 신들은 항상 숙영매에게 지나간 일은 잊으라고 말한다. 머릿속이 복잡하면 명상하며 영을 높이는 데 방해가 된다. 단순해져야 한다. 나도 원장 영혼이 불쌍하여 같이 있었으면 했지만 그런 이유로 쿠엘리스신과 북한산신이 반대했던 것 같다.

2022년 4월 17일 일요일

심이란 내가 만든 단어다. 4년 전 나래령이 사람들에게 뭔가 심어놓고 사람들을 흘리는 것을 보고 내가 여러 가지 단어를 생각하다가 심이라는 단어를 쓰기 시작했다. 그 이전에는 영혼세계에서 특별나게 쓰는 단어는 없었고 사람들이 귀신에 홀렸다는 말은 있었어도 그 원리를 몰랐기 때문에 인간 세상에도 거기에 맞는 적절한 단어가 없었다. 국어사전에는 심을 여러 가지 뜻으로 설명하고 있는데 나중에 《사후세계의 비망록》이 많이 알려지면 국어사전에 또 하나의 다른 의미로 등재되어야 할 것 같다.

재천령은 심상정 의원에게도 산신급의 강한 심이 깊이 그리고 여러 개박혀 있다고 한다. 선거할 때마다 찍어주지 못해서 나는 그녀에게 항상 마음의 빚이 있었다. 그런데 언제부터인지 그녀는 분노를 느끼게 할 만큼 변해도 너무 변했다. 얼마 전까지만 해도 나도 심상정을 많이 욕했는데 이제는 심상정이 불쌍하다고 느껴야 할 것 같다. 박병석도 마찬가지다. 그에 대해서는 잘 알지 못하지만 과거에 TV토론에 나와 민주 진영을 대변하며 말했던 것을 기억하면 우리가 왕수박이라고 할 만한 사람은 아니었다. 인간은 심이 아니더라도 마음의 변화는 항상 있을 수 있다. 그러나 지나치게 변하여 자신의 원래 철학과 신념대로 살지 못하는 모습을 보고는 안됐다는 느낌을 지울 수 없다.

2022년 4월 18일 월요일

오전에 숙영매는 명상 중에 태양 황제신과의 채널링이 이루어졌다.
"이제 됐다. 그동안 고생 많았다. 내일 태양에 올 준비하거라."
열흘 동안 100시간의 명상을 완수하기가 무섭게 이렇게 연락이 온 것이다. 그리고 태양신들 두 명이 숙영매에게 명상 속으로 들어왔다. 숙영매는 놀라기도 하고 가슴이 벅차오르는 감정도 느꼈다. 놀란 이유는 태양 황제신께서 어떻게 이렇게 100시간 마친 상태를 정확히 알 수가 있을까 하는 것이고 거기에 따른 태양신들의 방문에 감격했기 때문이다. 하루 10시간 명상을 열흘간 하기는 힘들다. 그 이전에도 하루 10시간 했던 적은 있었는데 황제신과의 약속을 지켜야 한다는 부담감 그리고 이것저것 일이 생기다 보면 그런 것도 해결해야 하기 때문에 힘든 것이다. 10시간을 못 채우는 날은 전날이나 다음 날 보충을 해야 한다. 때문에 12시간 자면서 하는 것은 불가능하고 8시간 자고 밥 먹어가면서 잠깐의 휴식을 취하고 나머지는 전부 명상에 몰입해야 했었다.

2022년 4월 19일 화요일

숙영매의 7번째 태양 도전도 실패했다. 오늘은 오전 10시에 출발했고 한참 동안 연락이 없길래 성공하나 싶었는데 3시간 만에 연락이 와서 실패했다고 말했다. 나는 잠깐 실망했지만 정말 어려운 일이구나 하는 것을 새삼 느낄 수 있었다. 오늘은 700명의 태양신들이 와서 숙영매를 둘러싸고 태양을 향해 돌파하다가 안 되면 수성에 와서 쉬며 태양신들이 기를 넣어주고 다시 시도하기를 12번이다. 수성 왕신이 쉬고 있는 숙영매에게 와서 용기를 주기도 했다.

"힘내고 포기하지 말고 꼭 성공하도록 하거라."

태양 돌파를 시도하는 과정에서 잠깐 데기도 했는데 태양신들이 기를 넣어줘서 금방 회복되기도 했다. 덴 이유는 태양신들이 숙영매를 감싼 상태에서 실험으로 살짝 공간을 열었는데 그것을 이기지 못했던 것이다. 황제신은 숙영매에게 다음과 같이 말했다.

"실망하지 말아라. 오늘은 쉬고 내일부터 하루 12시간씩 열흘 명상하고 다시 한 번 시도해 보거라. 다음에는 천 명을 보내주겠다."

하루 10시간도 쉽지 않았는데 2시간 플러스가 되니 숙영매의 입장에서는 더 혹독할 것이다. 그러나 그녀는 대답했다.

"예, 해보겠습니다."

태양신들은 숙영매에게 다음과 같이 말해주기도 했다.

"육신을 입은 인간의 몸으로 하루 열 시간도 힘들 텐데 정말 대단하구나."

숙영매는 또한 태양신들에게 다음과 같이 부탁했다.

"지금 대한민국에 악신들이 사람들에게 심을 심어놓아 너무나 혼란스러우니 꼭 빼주시기를 부탁드립니다."

"우리가 말씀드리겠네."

태양신들은 이렇게 대답했다.

2022년 4월 28일 목요일

오후 숙영매가 명상을 하고 있는데 태양신 두 명이 명상 속으로 들어와 말했다.

"이제 됐다. 끝났으니 갈 준비하거라."

"예? 아직 40분 남았는데요."

정말 신기하게도 숙영매가 기록해놓는 시간보다 더 정확하게 맞춰 찾아온 것이다. 그 이유는 숙영매가 명상할 때 5분이나 10분 정도 초과한 것은 빼고 계산을 하지 않았기 때문에 태양신들의 계산이 더 정확하다는 이야기다. 태양신들이 시계를 보고 측정하는 것은 분명 아닐 텐데 어떻게 그렇게 정확한지 이해할 수가 없다. 3차원 인간이 11차원의 신의 세계를 이해하려고 하는 자체가 무리일지 모르겠다.

그러나 여덟 번째 태양 도전도 실패했다. 이번에는 천 명에 이르는 태양신들이 숙영매를 감싸고 수성과 태양을 오가며 열댓 차례 시도를 하고 안 되어서 다시 지구로 돌아왔다. 시도를 하면서 태양신들이 아주 미세한 틈을 열자 코로나 열기가 들어와 다시 화상을 입었고 물질 육신에도 상처가 생겼다. 쿠엘리스신은 숙영매보다 더 열기를 견디지 못했다. 영체가 화상을 입었는데 물질 육신에 그 흔적이 남는 것이 참으로 미스터리하다. 지난번에는 물질 손과 팔에 상처를 입었고 오늘은 물질 다리 부분에 상처를 입었다. 오늘은 꼭 성공하리라 생각했고 성공하길 바랐지만 결코 쉬운 도전이 아니라는 것을 새삼 느꼈다. 태양신들은 교황신과 교신을 하면서 현재 숙영매의 상태를 보고하는 것 같았다고 숙영매가 말했다. 교황신은 이틀 쉬고 일요일부터 하루 14시간씩 열흘간 명상하라고 다시 요청했다. 물론 숙영매가 포기하면 끝나는 것이기 때문에 강요는 하지 못하고 요청을 한 것이다. 숙영매는 나와 상의를 하고 나서 계속 하겠다고 말하자 태양신들은 고맙다는 말을 했다. 달리 생각하면 그들에게는 귀찮은 일일 수도 있다. 그러나 고맙다는 말을 해준 것은 그만큼 물질 지구인을 태양에 오게 하고 싶은 열망이 있다는 뜻이기도 하다. 교황신은 태양신들에게 엄중히 경고했다고 한다.

"절대로 숙영을 죽게 하면 안 된다. 만약 숙영이 잘못되면 너희들 모두 죽을 것이니 그렇게 알도록 해라."

그래서 숙영매를 호위하는 태양신들도 보통 신중을 기하는 것이 아니다. 그만큼 교황신도 숙영매를 귀히 여기고 있다는 뜻이다. 태양 왕신은 내가 황제신으로 지칭했는데 다시 교황신으로 바뀌었다. 그 이유는 숙영매가 태양신들에게 왕신이라고 하자 태양신들은 교황신으로 하라고 했기 때문이다. 교황은 지구에서 종교적으로 신급으로 추앙 받는 직위다. 아마도 태양신들이 태양 황제신을 교황신이라고 지칭한 것은 지구인이 이해하기 쉽게 하기 위해 그런 단어를 사용하도록 했던 것 같다. 당연히 태양에서는 교황신이라는 말을 쓰지는 않을 것이다. 숙영매와 신들과의 대화는 언어가 아니고 이미지다. 태양신들이 외계어(태양어)로 말을 하면 숙영매는 이미지로 뜻을 이해한다. 지금은 숙영매의 수준이 거기까지 올라갔다.

윤석열 당선자의 멘토라고 알려진 천공은 제자들을 모아놓고 연설한 대목에서 말했다.

"청와대 안에 귀신이 엄청 많아."

그래서 나는 재천령에게 거기에 대해서 물었다.

"청와대에 영혼들이 얼마나 있나?"

"정확히 세어보지는 않았지만 2천 명 정도 되는 것 같아요."

"상당히 많구나. (웃으며)천공의 말이 맞네. 모두들 영이 높겠지?"

"예, 청와대는 서로 들어가려고 경쟁이 심하기 때문에 숫자도 많고 영은 저와 비슷한 수준이나 더 높거나 그래요. 거기서도 보수와 진보가 나누어져 있고 서로 대립하고 가끔 충돌을 할 때도 있어요."

"그 수천 명 되는 영혼들 중 영이 최고 높은 영들이 집무실에 있겠지?"

"예, 걔들은 집무실이나 관저 또는 영빈관 같은 주요 장소에 있어요."

청와대만 영혼들이 있는 것은 아니고 어느 집이나 건물에도 영혼들이 상주하는 것은 사실이다. 천공의 말은 다른 곳에는 영혼들이 없고 청와대만 많이 있는 것처럼 이야기하는 것은 확실히 알고 말하는 것이 아니고 짐작으로 하는 말이다. 전에 재천령이 문재인 대통령의 머릿속에는 심이 없다고 했는데 아마도 진보 쪽 영혼들이 똘똘 뭉쳐 막았기 때문일 것이다. 그리고 재천령은 다음과 같이 말했다.

"이번에 윤석열이 대통령에 당선됐을 때 영혼들이 따라가지도 않았어요."

"보수 쪽 영혼들을 말하는 건가? 윤석열이 사는 아파트를 말하는 거겠지?"

"예. 보수 쪽 영혼들이라고 해도 윤석열이 하는 짓이 너무 한심해서 그를 보호하려고 하지도 않아요. 청와대 들어가도 마찬가지일 거예요. 원래 청와대에 대통령이 들어가면 서로가 공격하고 방어해요. 박근혜 대통령 때는 진보 쪽이 공격하려고 하면 보수 쪽에서 막고 문재인 대통령 때는 보수 쪽이 공격하면 진보 쪽이 막아주고 했어요. 그런데 윤석열한테는 보수 쪽 영혼이 방어를 안 해준다는 거죠."

윤석열 당선자는 용산에는 집무실 그리고 외교장관 공관은 대통령 관저로 사용할 계획인데 재천령의 말에 따르면 보수 쪽 영혼들이 그를 따라가서 보호해야 하는데 이번에는 그렇게 하지 않는다는 뜻이다. 하긴 그렇다. 청와대에 귀신들이 많아서 안 들어간다면 청와대에 있는 보수 쪽 영혼들도 자신을 악귀 취급하는 윤석열 당선자에게 상당히 기분이 나쁘지 않겠는가. 윤 당선자가 보수 쪽 영혼들로부터 보호를 받지 못하면 아마도 진보 쪽 영혼들로부터 심한 공격을 받아 정상적인 대통령이 되기 힘들 것이다.

2022년 4월 30일 토요일
　우여곡절 끝에 검찰청법이 통과했다. 박병석 의장의 머리에 심겨져 있는 심은 뽑지 못했고 마음을 완전히 돌리지 못해 법안은 박병석 의장의 개입으로 중재안보다도 많이 후퇴한 법안으로 통과했다. 북한산신과 모든 산신들 쿠엘리스신 특히 영이 많이 깎인 재천령에게 감사의 말씀을 올렸다. 신들은 어찌됐건 인간의 일에 관여하면 영이 깎인다. 그래도 이만큼 민주당 의원들의 마음을 돌려 반의 반쪽짜리라도 통과시킨 건 신들의 도움이 아니었으면 불가능한 일이었다. 5월 3일 형사소송법과 대통령의 서명까지 신들께 거듭 부탁의 말씀을 드렸다. 민주당 개혁파 의원들 그리고 개딸들은 검찰개혁에 한 발자국을 내디뎠다고 긍정의 분위기다. 숙영매가 좀 더 일찍 태양 입성에 성공하여 박병석 의장의 머릿속에 있는 심을 뽑았다면 이야기가 달라졌을 텐데 아쉬웠다. 어찌됐건 현재 검찰 정상화는 개혁파 의원들과 개딸들이 끌고 가면 신들이 밀어주는 형국이다.

2022년 5월 4일 수요일
　문재인 대통령의 공표로 검찰 정상화는 일단락됐다. 이제 검찰의 보복

수사 그리고 헌재의 판결 등 후폭풍이 남았다. 나는 무고한 사람이 다치지 않도록 검사와 판사들의 머리에 있는 심을 뽑아달라는 부탁을 숙영매를 통하여 신들께 했다. 판검사들이 정상적인 상태에 있어야 이 사회는 그나마 정상적인 상태가 될 수 있다.

태양에서 수성으로 오갈 때마다 수성 왕신이 오지 않을 때는 예수신이 와서 말을 거는데 태양신들이 다음과 같은 말을 하곤 한다.
"숙영이 에너지를 쓰게 되니까 되도록이면 말을 걸지 마시게."
그러나 예수신의 입장에서는 너무도 반가울 것이다. 2천 년 만에 지구인을 만났기 때문이다. 예수신은 숙영매와 잠깐씩 대화를 하면서 다음과 같은 말들을 했다.

"태양에 가는 거 꼭 성공해야 해."
"지구에서 살 때 정말 힘들었어. 그래서 지구에 다시 갈 생각은 전혀 없었는데 너를 보니 다시 지구에 갈까 생각을 하고 있어."

만약 예수가 다시 지구에 온다면 옛날처럼 아기로 태어나는 것이 아니고 물질화를 이용해서 올 가능성이 있다. 물질화는 열심히 해도 10년은 걸리기 때문에 앞으로도 필요할 때마다 예수와 채널링을 하면서 알아볼 일이다.
그렇게 수성과 태양을 왔다 갔다 하며 예수신과 대화를 많이 했어도 기억나는 말은 별로 없다. 신들이 지나간 일을 잊으라고 하기 때문이다. 수행 중에는 그렇게 해야 한다. 숙영매는 명상할 때는 생각이 일체 끊긴 무(無)의 상태로 들어간다. 수면 시간도 생각이 끊어진 상태라면 사실상 하루 20시간 이상은 생각이 끊어진 상태가 되니 대부분 잊을 수밖에 없다.

그리고 숙영매는 예수신과 '야, 너' 해가며 서로 친구처럼 대화한다고 한다. 쿠옐리스신과 친구처럼 지내는 것과 같다. 예수신이 6차원 수성 행성의 왕자신이지만 숙영매의 영적 수준도 이미 6차원 이상은 올라간 상태다.

2022년 5월 9일 월요일
어젯밤 늦게 태양신 두 명이 숙영매의 명상 속으로 들어왔다
"140시간이 끝났으니 갈 준비하도록 해라."
이번에는 숙영매가 계산한 시간보다 10분 늦게 왔다. 아마도 이번에는 숙영매가 그 정도의 시간을 잘못 계산한 것 같다. 그녀는 오늘 새벽 0시 반에 출발하여 4시쯤 집에 돌아왔는데 이번 도전도 실패했다. 아홉 번째의 실패다. 태양 코로나 근처까지는 갔으나 더 이상 전진하지 못했다. 교황신도 예측을 못하는 것일까? 왜 이렇게 숙영매로 하여금 계속 시도를 하게 하는 것일까? 그러나 교황신은 몰라서 그러는 것이 아니고 숙영매의 상태를 시험하는 것이고 포기할까 봐 날짜를 끊기도 하는 것이다. 교황신은 숙영매에게 다음과 같이 말했다.
"벌써 30일이 넘었다. 너에게 처음서부터 너무 무리하게 요구하면 포기할까 봐 날짜를 끊었던 것이니 그렇게 알고 있거라. 지구인이 여기를 오려고 한다는 것도 놀라운 일이고… 네가 성공할 수 있도록 내가 할 수 있는 일은 다 해주겠다. 이제 이틀 정도 쉬고 하루 15시간씩 20일을 할 수 있겠느냐? 그것만 완수할 수 있다면 적어도 나와 채널링 정도는 할 수

있을 거다."

 숙영매는 한숨 자고 일어나 생각해보겠다고 했다. 그러나 막상 육신으로 돌아와보니 막막했다. 이제는 숙영매도 지쳐가는 중이다. 지금까지도 힘들었는데 앞으로는 하루에 15시간이라니… 점심 때 숙영매와 통화하는데 그녀가 여실히 힘들어하는 것 같아서 나는 다음과 같이 말해주었다.
 "이제 마지막이라 생각하고 힘을 내보도록 해. 채널링을 할 수 있게 되면 그것만 해도 어디야?"
 비관적인 생각일까? 아무래도 태양 도착은 힘들 거 같다. 그러면 도대체 태양신들은 어떻게 하여 그 뜨거운 태양에서 살 수가 있는 것일까? 그것은 수천수만 년의 명상의 결실이다. 11차원 태양은 웬만한 행성의 신들도 감히 쳐다볼 수 없을 정도의 높은 차원이다. 태양 문명의 신들은 그곳으로 올라가기 위한 끊임없는 노력의 결실이지 처음서부터 태양신이 아닌 것이다. 태양은 7차원 쿠엘리스신에게도 네 단계나 높은 차원이다. 여하튼 교황신이 그렇게 말했다면 숙영매가 20일만 더 명상을 완수했을 때 채널링만큼은 이루어질 가능성이 크다. 태양계 최고의 신과 필요할 때마다 연락을 할 수 있다면 그것만 한 것은 없다. 오늘은 천오백 명의 태양신들이 둘러싼 가운데 태양과 수성을 삼사십 번을 오갔다고 말했다. 한 번 시도해보고 안 되면 그냥 지구로 돌아오면 될 것을 왜 수십 번을 시도하는지 이해할 수가 없으나 아마도 그렇게 해야만 조금 더 뜨거움에 단련시키면서 영을 올릴 수 있기 때문에 그런가 보다. 그녀는 갈 때마다 숨이 턱턱 막히는 것을 느낀다. 여기서 숙영매에게 질문을 했다.

"숨이 막힌다면 영체인데도 호흡을 한다는 말인가?"
"응, 영체가 돼도 육신에 있을 때와 똑같이 숨을 쉬어."

영혼이 숨을 쉰다는 것은 오늘 처음 알았다. 영혼들도 호흡을 한다. 나는 영체이기 때문에 숨을 안 쉬는 줄 알았다. 나는 아직도 영혼이 기체와 같은 것인 줄 알고 있었나 보다.

다음에는 수성의 왕신도 같이 도전할 것이라고 했다. 왕신도 태양은 감히 엄두도 못 내기 때문에 숙영매와 쿠엘리스신이 도전하는 틈을 타 같이 시도하려는 것이다. 어느 행성의 신에게도 숙영매처럼 태양신들 천 명 이상이 둘러싸 보호를 해주며 같이 가주지 않는다. 예수신은 도전하지 않는다. 만에 하나라도 두 명 다 잘못되면 왕위 계승이 곤란해지기 때문이다. 생각해 보니 기독교인들이 말하는 하나님 아버지는 바로 수성 왕신을 지칭한다. 그가 예수신의 아버지이기 때문이다.

2022년 5월 16일 월요일

"아무리 마음을 돌려놔도 돈 앞에서는 무너져요."

숙영매와 정치에 관해서 이야기를 하던 중 재천령이 이렇게 말을 했다. 산신들이 현재 정치 쪽에 신경을 많이 쓰고 있고 재천령도 그들과 함께 일을 하고 있다. 산신들이 어렵사리 마음을 돌려놓으면 뇌물을 받으면서 마음이 바뀐다는 뜻이다. 그렇다고 보수 쪽 산신들처럼 심을 심고 조종할 수는 없다. 지금 정치권 사법 언론 등 힘 있는 기관이 비정상적으로 돌아가는 것은 머리에 박혀 있는 심뿐만이 아니고 뇌물로 인하여 미쳐가고 있는 것을 산신들도 어찌할 수가 없다는 이야기다. 그들이 돈을 받고 기사를 쓴다거나 뇌물을 받고 판결을 한다고 추측은 해도 함부로 말할 수 있는 사람은 없다. 확실한 증거 없이 함부로 말을 하면 고소 고발을 당하기 때문이다. 또 증거 찾기도 힘들다. 그런 일은 항상 은밀히 이루어지기 때문이다. 기자들이나 법조인, 지식인들의 판단력이 그렇게 흐리지 않다. 결국 그들이 진실을 외면하고 양심까지 내던질 수 있는 강력한 힘은 돈이다. 그래서 자본 세력이 세상을 지배한다는 말이 나오는 것이다. 인간들의 금전적 욕망과 악령들의 조종으로 망가질 대로 망가진 세상을 정상적으로 돌려놓는 데는 꽤 많은 시간과 노력이 필요하다.

2022년 5월 20일 금요일

오늘은 최강욱 2심 재판과 한덕수 총리 인준투표가 있었다. 둘 다 참담한 결과가 나왔다. 최강욱 재판은 산신들과 재천령이 늦게 도착하는 바람에 손을 못 썼고 그들 판사들의 머릿속에 심이 많이 있었다고 한다. 총리 인준안은 민주당 의원들이 다시 보수 성향을 보이며 찬성표를 던졌다. 이는 심을 뽑았어도 산신들이 특별히 신경 쓰지 않으면 여전히 보수 성향이 남아 있다는 이야기다. 보수 쪽 산신들은 그렇게 태양의 불구덩이 속으로 사라졌지만 그들이 싸질러놓은 오물은 처리하기가 너무 힘들고 앞날이 막막하다. 개별 사안이 있을 때마다 산신들이 신경을 쓸 수가 없는 것은 산신들은 산신들의 일이 있기 때문이다. 그러기에 앞으로의 일이 너무도 걱정스럽다. 진보 쪽 산신들은 보수 쪽 산신들처럼 그렇게 악랄하고 지독하게 일을 하지 못한다. 신사와 깡패를 생각하면 이해할 수 있을 것이다.

산신 기도를 올리는 사람들이 많다. 주로 스님들과 무속인들이 산신을 모신다. 산신들은 산을 다스리면서 기도하는 이들을 돌봐주는 것만으로도 일이 많은데 결국은 나 하나로 인해 어려움이 많다. 그 때문에 숙영매는 나에게 싫은 소릴 할 때도 있었다.

산신을 모시는 사람들은 산신을 부정확하게 묘사하는 경우가 많다. 그들은 직접 산신과 소통할 능력이 없어 잘 모르기 때문이다. 그래도 산신의 존재를 인식하고 모시는 것은 상당히 큰 의미가 있다. 그들에게는 사실 산신님들이 보수니 진보니 하며 따질 필요는 없다. 기도하고 공양하는 것만으로도 산신님들로부터 큰 힘을 받기 때문이다.

부록

숙영매를 방문하여 기를 넣어준 산신들 명단

2020년 12월 20일 북한 20명
내성산 관모산(관모봉: 백두산에서 두 번째로 높은 봉) 북안산 칠보산 구월산(황해도) 약산(평안북도) 대성산(평양) 만탑산(함경남도) 지리산(?) 유명산(?) 송악산(개성) 룡악산(평양) 사룡산(?) 만불산(?) 정방산(황해북도) 낭림산(평안북도) 두류산(양강도) 수양산(황해도) 구룡산(?) 묘향산(평안북도)

2020년 12월 24일 강원도 24명
함백산 태백산 오대산 가리왕산 발왕산 방태산 동대산 안산 점봉산 상원산 장산 황병산 박지산 중왕산 백석산 개인산 노추산 대덕산 치악산 옥갑산 청옥산 응복산 주타산 중앙산(주왕산)

2020년 12월 31일 경기도 30명
삼각산 무갑산 화야산 칠보산 운악산 학미산 팔달산 석성산 월미산 유명산 봉재산 문수산 중미산 대금산 태화산 연인산 마나산 원적산 명지산 고려산 도드림산 삼악산 추읍산 설봉산 무봉산 명성산 소리산 칼봉산 화악산 해명산

2021년 1월 7일 서울 31명
불암산 봉제산 인왕산 도봉산 응봉산 우면산 수락산 용왕산 대모산 안산 우장산 일자산 개화산 구룡산 배봉산 아차산 개운산 봉산 고은산 봉화산 매봉산 백련산 청룡산 천왕산 이수동산 서달산봉산 지양산 용마산 와우산 영축산

2021년 1월 14일 서울 30명
성산 천장산 매봉산 고덕산 망우산 노고산 개운산 미도산 치현산 궁산 능골산 매봉재산 이말산 월곡산 호암산 초안산 광수산 낙산 수도산 승산산 와룡산 매봉산 오패산 검덕산 구릉산 까치산 민주동산 용암산 반홍산 수명산

2021년 1월 18일 제주도 35명

한라산 월출봉 남지산 단산 대록산 산방산 소록산 송악산 수령산 영주산 일출봉 남산봉 농남봉 달산봉 대수산봉 독자봉 모슬봉 성산 일출봉 소수산봉 식산봉 월라봉 자배봉 고내봉 당산봉 두산봉 둔지봉 산림봉 은월봉 이달봉 입산봉 사리봉 서삼봉 원담봉 돌산

2021년 1월 20일 경남 49명

지리산 거류산 금성산 망진산 용두산 독봉산 구절산 삼봉산 건흥산 적석산 조롱산 돗대산 둔철산 경운산 비계산 내정병산 함박산 백운산 중산 천왕산 망봉산 만언산 향로산 금병산 천장산 대방산 방어산 감암산 봉화산 허굴산 월아산 팔룡산 대곡산 칠현산 화악산 선암산 팔봉산 백암산 마녀산 망산 자굴산 무이산 황매산 화개산 오룡산 마금산 천왕산 선자산 산성산

2021년 1월 21일 경상북도 50명

천마산 청옥산 노고산 도고산 금박산 대마산 상운산 선암산 철미산 무릉산 사룡산 둔덕산 조항산 용문산 다봉산 지구산 냉산 철탄산 봉덕산 백화산 비룡산 선달산 동대산 청량산 맹동산 구미산 조양산 어래산 양학산 함월산 면봉산 청화산 무장산 남함산 봉좌산 돈달산 수도산 단산 황학산 천왕산 도장산 천생산 배틀산 노음산 소금강산 백화산 등기산 도덕산 천둥산 아미산

2021년 1월 23일 경상북도 48명

금오산 청량산 황악산 주왕산 갑장산 내연산 일월산 토암산 운주산 구미산 조항산 어래산 양학산 함월산 천마산 청화산 무장산 난함산 봉좌산 돈달산 수도산 갑장산 팔각산 일월산 토함산 운달산 칠보산 대야산 포암산 주흘산 조령산 금성산 까치산 검무산 송화산 만경산 응암산 성암산 봉두암산 주산 대덕산 청룡산 공덕산 아미산 와룡산 수선산 비봉산 백학산

2021년 1월 25일 부산 91명

백양산 승학산 배산 엄광산 아미산 쇠미산 횡령산 달음산 일광산 봉화산 화지산 봉대산 봉래산 장산 천마산 백산 백운산 구덕산 복병산 윤산금 망월산 봉오리산 동매산 부엉산 옥봉산 수정산 구봉산 와우산 운봉산 만리산 봉대산 보배산 아홉산 승학산 장군산 아미산 팔금산 죽도산 철마산 불광산 천제산 응봉산 금련산 시약산 보수산 함박산 천마산 성산 봉화산 구덕산 태종산 용두산 무지산 사랑산 구곡산 봉대산 구곡산 함박산 공덕산 갈매기산 운대산 진정산 사명산 금용산 거문산 풍상산 샛트산 용산 곽걸산 홍곡산 멍두산 월음산 샘물터

산 목산기 연애산기 동리산 동묘산 중리산 장년산 미봉산 삼각산 호두술산 추마산 명월산 양달산 방모산 되미산 갈미산 개좌산 남산 도독고산

2021년 1월 27일 대전 59명

식장산 보문산 계족산 갑하산 장태산 성치산 계룡산 만인산 지족산 청벽산, 우성이산 적오산 구봉산 산장산 황학산 오량산 보문산 고봉산 수도산 금병산 왕가산 매봉산 꽃산 성재산 봉우산 매봉산 오봉산 비학산 박산 지명산 오도산 분무산 해철이산 백골산 영산 성두산 뾰족산 형제산 안산 당산 개머리산 만성산 지봉산 관음산 까치산 고해산 매방산 마분산 함각산 강바위산 안산 한각산 침산 석태산 해태산 반계산 화봉산 원용산 수양산

2021년 1월 28일 전라북도 144명

덕유산 대둔산 마이산 내장산 구봉산 강천산 천마산 오성산 선운산 10.장안산 미륵산 운장산, 모악산, 백운산, 적상산, 청암산, 내번산 추월산 함라산 천등산 배풍산 희문산 운암산 만행산 채계산 두승산 봉화산 배산 대덕산 진자산 덕태산 천마산 고덕산 부귀산 대동산 성수산 황병산 용화산 방장산 채계산 경각산 영병산 오봉산 월명산 구성산 종남산 성황산 수도산 성산 대각산 팔공산 광덕산 계룡산 서방산 악어산 성미산 백련산 고덕산 천반산 금산 만덕산 묵방산 경각산 대두산 청룡산 연석산 고남산 천호산 백이산 선각산 아미산 석불산 계화산 교릉산 용궐산 팔마산 개이빨산 칠보산 성치산 금마산 남고산 오봉산 장지산 배매산 서산 천잠산 풍악산 조항산 봉두산 묵방산 구명산 소요산 장산 황산매미산 칠보산 화문산 장자산 봉실산 내동산 악어산 망해산 금성산 제비산 신무산 난산 용봉산 노고산 공주산 염창산 팔봉산 채기산 인수산 두악산 성수산 성산 봉화산 박이뫼산 나래산 왕자산 삼천산 오금산 동지산 불명산 대부산 치마산 백화산 초정산 봉계산 무령산 통매산 황산 입석산 우두머리산 계명산 김해산 고당산 점방산 영대산 축령산 성두산 토성산 용봉산 수양산

2021년 1월 29일 전라북도 183명

봉화산 생화산 매방재산 낭산산 반곡산 조앙산 봉화산 정금산 몽산 애산 성묘산 가름산 원춘산 당재산 정토산 입석산 봉화산 용은산 갈광산 응봉산 대맷산 삼성산 금성산 구왕산 흑산 연화산 사창산 죽산산 적봉산 성뫼산 장풍산 앞목산 대마산 광대골산 상서산 지장재산 승반산 절산 장등산 방미산 안면산 망덕산 주행산 죽산산 매복재산 구리골산 남산 고봉산 바작산 남포산 말목산 응봉산 용심산 연비산 학동산 삼봉산 봉암산 율산 봉의산 멀산 양림산 안산성산 삭산 대덕산 어둔산 고성산 상소산 승방산 갈미산 후양산 명량산 천애산 청룡산 수강산 비학산 승치산 대초산 성메산 송정뒷산 향가산 거등산 봉백산 소메산 비봉산 큰

변득산 달봉대산 와석산 건장산 복음산 왕제산 장검산 계동산 송규산 요동산 독금산 유춤산 지소산 성산 동미산 장군산 용요산 세포산 이성산 와석산 이상산 노산 백산 더기산 개동산 오공산 석구산 마산 삿갓산 짐밭산 학산 명금산 봉화산 화산 제이덕유산 국기산 반곡산 사직산 촛불산 장구목산 화초산 남당산 덕재산 여분산 작살랑산 바둑이산 석모산 덕두산 지삼산 건지산 천황산 월명산 대항산 박석산 수박산 진봉산 삼발산 북덕유산 연부산 나성산 한제산 용천산 망치산 검산 장계산 목골산 뛰둥산 타관산 고산 용화산 천배산 월봉산 비룡산 회기산 오봉산 용암산 황학산 백방산 공동산 조종산 백제산 점등산 용왕산 대호산 성지산 영구산 봉화산 세걸산 조지산 오봉산 상봉산 전봉산 덕재산 소백산 명천안산 소덕태산 미산 취성산 황새머리산

2021년 1월 30일 전라남도 240명
유달산 천등산 보은산 안심산 장암산 아미산 장군산 달마산 삼학산 축령산 선왕산 봉황산 월봉산 부흥산 갈마산 천봉산 호암산 대야산 월출산 여귀산 오룡산 별뫼산 석문산 제암산 봉학산 감방산 봉수산 대룡산 백아산 금오산 불태산 봉래산 두봉산 할라산 천태산 소미산 재왕산 불갑산 재석산 독실산 금오산 부용산 월악산 상산 계양산 구봉화산 남산 동악산 삼인산 앵무산 오산 금전산 활성산 성미산 최악산 월각산 연장산 팔영산 압암산 활성산 팔봉산 산성산 봉대산 우미산 인의산 봉화산 계족산 가학산 조계산 종고산 병장산 억불산 흑석산 서망산 동백산 유방산 봉두산 수련산 방장산 화학산 개바우산 덕룡산 대박산 돈대산 봉황산 하은적산 곤봉산 백운산 덕룡산 금강산 상왕산 남망산 병방산 태악산 용암산 칠성산 달마산 봉화산 태청산 고락산 가학산 영천산 대봉산 초개산 천덕산 삼봉산 첨찰산 가야산 금성산 호랑산 조계산 보적산 오봉산 금정산 모악산 주작산 백암산 수인산 주월산 가지산 천운산 대둔산 부암산 봉화산 도리산 마복산 옹성산 두륜산 조개산 마구산 우이산 대박산 만덕산 봉화산 장계산 천관산 천왕산 서산 봉화산 사자산 치재산 금당산 주월산 계족산 노승산 병풍산 승봉산 봉화산 무선산 봉두산 비봉산 상은적산 마골산 존제산 제암산 승달산 부주산 망덕산 동악산 수암산 장암산 정주산 백년산 박달산 두륜산 금성산 모후산 백이산 월악산 동뫼산 화방산 삼인산 첨산 오성산 안양산 통명산 마래산 고봉산 제봉산 일림산 봉화 연포산 구수산 보죽산 만덕산 구봉산 왕의산 운암산 금골산 첨산 무등산 삼문산 덕음산 용문산 승공산 별산 봉성산 그림산 고동산 바위산 마치산 해남산 문장산 덕암산 만연산 첨산 오산산 대덕산 비봉산 봉화산 백운산 장개산 문암산 천왕산 일림산 초암산 천왕산 오봉산 봉황산 금광산 바랑산 봉대산 망산 고산 설산 동석산 양을산 망마산 천둥산 솔대목산 인의산 등용산 백학산 태봉산 대미산 별학산 옥매산 석문산 불암산 가야산

2021년 1월 31일 전라남도 산신들 218명

서각동산 태봉산 봉덕산 천봉산 비봉산 수덕산 우명산 고문산 천상산 웅방산 서암산 부용산 한동산 안장산 대왕산 오봉산 대각산 마로산 써리바구산 석산 매봉산 삼당산 성산 오봉산 가막산 문덕산 팔영산 대명산 괘일산 앵무산 금성산 마치산 오성산 팔암산 계당산 문유산 여개산 화장산 백련산 응암산 낭월산 칠락산 성덕산 가막산 두방산 모재산 군유산 고성산 삼산 재석산 해룡산 난봉산 운월산 천마산 두류산 서당산 오성산 동명산 바람산 대양산 상봉산 관두산 검무산 수양산 가음산 봉대산 조봉산 칭령산 월악산 재당산 덕은산 화봉산 노강산 방금산 매봉산 수월산 월랑산 주성산 중마산 신금산 금치산 봉대산 주부산 산정산 대부산 석호산 매봉산 고비산 벌매산 장룡산 운화산 분매산 일봉산 오봉산 북성산 비파산 운화산 옥녀산 상리산 관풍재산 질마산 매봉산 새양산 양막등산 산발산 감바우산 수청산 조무산 봉화산 서당산 요강바위산 청룡불산 학교당산 송산 반섬산 소성산 큰봉산 도루봉산 첨지산 구지산 매봉산 건무산 자양산 노망산 봉형산 맨네동산 건넌골산 복개산 전수월산 망적산 안오산 굴방산 서재골산 이릉고산 성마산 구산 고봉산 요막산 소두방산 휘봉산 구봉산 오봉산 나감배산 오봉산 양산 용마산 삼산 배미산 방마산 석질산 난대미산 철천산 멧골산 응치산 부섬산 무례산 망덕산 솔머리산 신산 땅남이산 새양골산 성주산 망향산 수덕산 제비제산 동포산 안산 제악실산 매봉산 칠봉산 손가락산 녹동산 비봉산 취북산 양두산 구사산 이성산 달약산 귀돌산 병풍산 입양산 잠애산 수달산 음달산 신영골산 건배산 숫굴산 구레머리산 비던산 청룡산 덕음산 덕매산 등뫼산 승자산 서승산 범벅골산 산매산 뒷뫼산 오봉산 큰돌산 선황산 후동산 지추산 안태골산 궁령산 옥녀산 도리동산 골미산 마한산 쪽방등산 성락산 변덕산 혼백산 어장산 금성산 농암산 벌자곤산 연대산

2021년 2월 1일 충청남도 산신들 467명

계룡산 반야산 석문산 관모산 앵봉산 아미산 만리산 상왕산 덕암산 인대산 덕순산 희리산 연미산 월명산 옥마산 내리석산 봉화산 광덕산 부엉산 백월산 용봉산 천방산 부춘산 구성산 고룡산 양각산 작성산 칼바위산 석당산 검봉산 광덕산 금오산 천태산 양각산 입암산 땅매산 구봉광산 해망산 마이산 대소산 진악산 금성산 청벽산 천마산 광명산 월성산 관불산 거북바위산 석화산 아미산 수덕산 연암산 삼준산 왕대산 육백고지산 개봉산 운암산 월하산 정지산 부소산 만수산 일봉산 용남산 불암산 용당산 망객산 둔덕산 삼봉산 덕숭산 아미산 오서산, 황금산 옥마산 봉화산 운주산 일락산 관암산 성터산 옥천산 물한산 오봉산 팔봉산 가야산 송악산 수락산 해망산 봉대산 방화산 망신산 팔봉산 댕강산 몽산 설화산 수암산 도고산 백월산 삼봉산 법화산 백운산 금병산 태봉산삼정산 부산 칠갑산 노태산 망일산 오대산 간대산 삼각산 문박산 태봉산 대왕산 닭머리산 우산 취암산 무성산 큰매산 부엉산 태

봉산 상봉산 월봉산 치학산 초롱산 소담산 화산 백화산 고용산 도비산 운봉산 성왕산 선악산 꾀꼬리산 희리산 당계산 봉수산 영인산 백월산 연암산 철마산 부엉산 매봉산 월명산 가성산 무명산 북덕산 삼불산 태조산 봉서산 팔아산 가르미끝산 월명산 천방산 금봉산 청마산 이화산 공산 봉수산 흑성산 조개산 선야산 태백산 천봉산 구절산 당경산 동암산 지령산 은석산 망경산 태화산, 천호산 봉화산 다불산 고봉산 매봉산 학성산 망월산 왕자산 노성산 봉수산 월성산 삼선산 일락산 몽각산 은봉산 북배산 계봉산 정금산 작은댕골산 비아산 매화산 위례산 향적산 장군산 금마산 금계산 구절산 지기산 전망산 시루산 봉화산 용두산 서대산 배방산 아차산 금성산 성태산 부소산 망미산 장군산 월명산 잔미산 성흥산 월봉산 대명산 바랑산 생앵산 봉화산 매봉산 양하산 양대산 화양산 성주산 환산 은봉산 왕자산 오룡산 건지산 퇴뫼산 중태산 호동산 오봉산 봉화산 주미산 보개산 청룡산 비홍산 자모산 광덕산 이득산 성거산 태화산 천태산 수도산 주렴산 덕봉산 오봉산 딴뚱문이산 서원산 금강산 동골산 금반산 봉우재산 안태마산 성정산 화방산 옹각산 부엉매산 먹굴산 노루목산 통박산 개승산 조석산 복귀산 황소배산 두름산 능마산 봉화산 소반산 복주계산 군환산 문절미산 안담산 바구니산 절골산 불향산 동살산 허봉산 승주산 뒷뫼산 토성산 큰댕골산 빈정산 거북미산 제구산 안산 용머리산 공동산 매봉재산 옥피리산 매봉재산 채죽산 덜바우산 월조산 참남배기산 대흥산 소리재산 봉구뎅이산 월조산 성황산 수망산, 가무산 치부재산 맹울산 백리산 성대산 해양구지산 무죽바위산 부성산 뒷골산 적미산 옹골산 병목산 지름이산 봉황산 부엉재산 철마산 이적산 원랑산 명덕산 당재산 포대산 건지산 구중덕골산 부친당산 군장산 북만산 넙적골산 사막골산 선바위산 안대산 왕개산 남당산 턱골산 매봉산 애봉재산 솔림산 됨빙산 역마산 동봉산 세령골산 봉명산 진청산 아굴산 동막산 복동산 소당산 등배산 발군산 안경구덩이산 열매산 어성산 마달피산 방아달산 버들미산 가섬배산 대니산 지막곡산 왕삼산 마가산 복부산 토성산 주박산 오초산 경암산 운하산 발장골산 철마산 안락산 주백산 수방산 관청산 차다맥이산 부엉대미산 정토산 퇴비산 말미산 숨은머리산 승봉산 명막산 백운산 봉망산 조공산 승황산 날머리산 평안산 부흥산 명월산 솔매산 꽃밭골산 시묘산 댕골산 이교산 매봉재산 진내산 삼신당산 금두산 칼매재산 중매산 전막산 토성산 망배산 함봉산 털바우산 둔독산 월성산 어시산 사화산 망재산 풍천산 구미리산 마두산 선달산 장구목산 태봉산 새남산 안골산 원진산 철승산 오봉산 갈선산 원덕산 신사산 미봉산 철마산 오석산 갈바기산 업벅산 봉황산 귀미산 주산 사미산 봉래산 백마산 곱돌재산 됨박산 진골산 여우골산 와우산 대봉산 동달산 열미산 무학산 숭정산 만수산 우무산 우두산 다락산 장살미산 괴염산 왕대산 아굴산 증망산 별학산 명월산 구라리산 무동산 용머리산 달하산 태봉산 갈록산 개죽산 철마산 말봉산 정혜산 도치산 통봉산 태매산 오석산

2021년 2월 2일 충북 463명

월악산 소백산 금수산 구병산 속리산 군자산 두타산 계명산 용두산 매산 민주지산 비봉산 도락산 부암산 도명산 백악산 장령산 황정산 도당산 금산 목령산 백하산 구녀산 함박산 양성산 가은선 작은동산 작성산 대성산 황산 칠보산 백운산 보배산 부모산 것대산 청화산 눌의산 마이산 구룡산 오갑산 백마산 덕유산 천등산 북바위산 좌구산 사랑산 만뢰산 두무산 백족산 망산 갈기산 송악산 대미산 수정산 은적산 박달산 보련산 가막산 팔봉산 박달산 작두산 덕성산 마니산 두루봉산 가섭산 칠보산 말목산 낙가산 삼보산 남산 선도산 샘봉산 적보산 무제산 두타산 주월산 두악산 수레의산 환산 망월산 구학산 인등산 성치산 성불산 금단산 삼항산 무이산 가령산 장미산 남군자산 낙영산 명성산 월이산 대림산 봉무산 소속리산 원통산 어래산 성산병마산 동림산 용담 산 청계산 보광산 안자산 마봉산 금적산 각호산 수리산 장성산 덕대산 문안산 평풍산 거모산 어병산 봉화산 삼태산 덕가산 주왕산 용덕산 칠성산 천만산 오봉산 국망산 애뒤산 금봉산 지장산 화개산 보현산 천관산 약사산 가령산 황학산 조봉산 오대산 주봉산 부산 대산큰산 성재산 대문산 봉대산 서원동산 삼발랭산 구룡산 대항산 시루산 망덕산 임오산 무좌골산 장군산 장태산 송이산 양천산 봉화산 우등산 부용산 먹뱅이산 성산알랑산 망월산 황정산 가창산 참나무 골산 새바지산 마성산 사향산 진덕산 조산 무등산 삼봉산 군자산 태령산 용두산 생바위산 권지선 보타산 지등산 보름산 덕절산 사랑산 삼봉산 가덕산 작은덕산 태고산 돛대산 불당산 비봉산 노고산 갑산 이바위산 부릉산 하남산 장대산 대덕산 상승산 배미산 등곡산 소추산 인경산 덕가산 가늠산 말뫼산 노성산 호명산 백마산 상봉산 어래산 학무산 왕박산 뱀산 고련산 댄성산 말동산 흰봉산 빌미산 일봉산 팔봉산 철봉산 성미산 팔음산 성주산 자주봉산 용바위 산중미산 황곡산 마봉산 범동이산 중뫼산 노성산 삼등산 거명산 마미산 맹자산 선둔산 개바위산 구진산 화계산 다랑산 환희산 하설산 행덕산 매방채산 덕동뒷산 딱바위산 마당재산 어류산 가래산 묘막산 오청산 덤바우산 대곡산 백토산 주정산 구석산 학당산 물레산 탄항산 시그니산신산 망덕산 봉화산 부엉디미산 두껍바위산 살목산 성골산 마골산 실금산 대덕산 아미산 작은삼보산 매운제산 학곡산 슬음산 천금산 마성산 예덕산 도덕산 갈매실산 붕산 지장산 이성산 화개산 보현산 노고산 생이월산 사우양산 다홍산 학천산 만등산 대왕산 새작골산 섯제비산 줄절곡앞산 승대산 귀석산 큰말림산 범박산 염통산 육모산 여수울산 솔미산 산보산 이진산 산제당산 도락골산 수북산 치마산 두웅산 태령산 큰음달산 설우산 한건산 방아골산 응주산 대차리산 슬금산 왕래산 청룡머리산 덕곡산 분골산 바람붙이산 서동산 귀골문통이산 을관산 덤딤이산 왕복재산 매룬산 서밭산 강진후산 서당골산 들미산 재골산 속리산 낙골산 문둥굴산 수채음달산 오봉산 흑백산 갈구리산 동모산 통미산 묵봉산 외밑산 투구봉산 옹조리골산 양지말산 소시랑산 수름산 등구맥이산 가장골산 계미산 거먹앞산 수리들미산 대야리산 그방골산 마암산 대접산 야미산 중리뒷산 목방이산 봉화산 당무산 여시골산 병모산 옥답산 카페산 가리산 푸른산 묘막산 가래산 담바우산 대곡산 백토산 주정산 구석산 학당산 중미산 황곡산 뱀산 마봉산 성미산 팔음산 성주산 자주본산 일봉산 빌미산 흰봉산 말동산 고려산 왕박산 학무산 고련산 댄성산 상봉산 등골산 백마산 갑산 노성산 가늠산 덕기산 안경산 소추산 배미산 등곡산 삼승산 대덕산 장대산 한암산 이바위산 보름산 수름산 소시랑산 등구마이산 기장골산 대야리산 등구맥아산 부대산 청용머리산 왕래산 슬금산 응주산 선녀골산 시구산 뒷동산 당두산 소대기산 설운산 큰물산 마두산 풍류산 삼성산 국사산 어류숫산 수장산 들기산 갈매실산 산산 도덕산 예덕산 마성산 슬음산 학곡산 작은삼보산 아미산 대덕산 실금산 마골산 성골산 살목산 부엉디미산 시그니산 탄향산 물래산 학당산 주정산 백토산 담바우산 묘막산 하설산 행덕산 환희산 다랑산 화개산

2021년 2월 3일 경기도 425명
수리산 아차산 소요산 관악산 불곡산 청계산 북한산 원미산 광교산 천마산 검단산 축령산 사패산 주금산 감악산 석성산 문형산 도덕산 철마산 예봉산 구름산 운길산 모락산 칠보산 무갑산 계양산 남한산 호명산 용문산 화야산 팔달산 문수산 앵봉산 문학산 운악산 원적산 소래산 유명산 명지산 조비산 가현산 추읍산 태화산 도드림산 왕방산 연인산 화악산 설봉산 노고산 삼성산 서운산 학미산 무봉산 금대산 천보산 소리산 백운산 마니산 성주산 예빈산 청계산 하계산 대금산 고령산 광덕산 월릉산 황룡산 중미산 박달산 영장산 칠사산 황금산 법화산 중원산 해명산 칠봉산 파평산 태봉산 부용산 소리산 부개산 가학산 송라산 덕성산 백마산 갑산 월미산 가라산 수원산 범바위산 삼학산 호명산 철마산 고봉산 박달산 영장산 칠사산 황금산 법화산 해명산 중원산 칠봉산 파평산 장릉산 태봉산 운유산 부용산 봉서산 서리산 덕성산 가학산 백마산 송라산 월미산 망월산 구봉산 도락산 수리산 불곡산 호명산 팔봉산 춘의산 지향산 대지산 천마산 봉미산 은봉산 봉대산 석룡산 노고산 고려산 봉화산 멀미산 검단산 군월산 너구리산 장명산 비학산 성태산 망덕산 개명산 영장산 마차산 명봉산 대덕산 퇴뫼산 해룡산 칼봉산 소담산 태행산 문안산 태봉산 고래산 운흥산 형제산 해협산 인릉산 부용산 고장산 모봉산 보현산 양지산 청명산 죽엽산 매봉산 고동산 개명산 예진산 서독산 명학산 덕양산 노적산 장수산 운악산 바라산 태봉산 구봉산 오미산 봉성산 부왕산 봉매산 청량산 적갑산 군자산 영주산 본향산 범바위산 고불산 상주산 이성산 오두산 금봉산 장령산 백운산 향수산 용마산 용암산 오송산 소요산 금암산 마름 산 할미산 정암산 도리산 성지바위산 우암산 만장산 치마산 서둘산 승마산 대야산 대자산 향적산 숙지산 굴바위산 산황산 범배산 화봉산 문령산 삼태기산 왕배산 통미산 망재산 홍복산 바로건너산 노아산 수안산 성재산 매미산 응달산 금병산 전호산 천겸산 공릉산 건지산 세렬산 봉바위

산 사방산 우암산 벌안산 서봉산 셋말산 당산 운두산 가칠미산 매곡산 금남산 사명산 철마산 매조산 장작산 석포산 보납산 자웅산 충무동산 쇠말산 정광산 종자산 정족산 가랑산 보라산 선장산 봉두산 은석산 온굴안산 건달산 무봉산 금박산 원통산 벙거지산 배머루산 벅국산 천주산 호룡곡산 묘하니골산 큰명산 덕령산 건지산 개군산 고남산 태봉산 고시령산 거마산 황금산 양지갓산 진재산 아람산 사향산 건너산 마평동산 용두산 철마산 고금산 안살미산 점미산 학운산 태봉산 청우산 설경산 벌덕산 불기산 천등산 북성산 갈기산 부아산 능안산 용뫼산 방울산 구봉산 가리산 성황산 독바위산 쌍봉산 함박산 옛성산 천마산 보납산 금주산 미역산 부용산 태봉산 소구니산 각흘산 백족산 청량산 봉태산 태봉산 비양산 해룡산 구봉산 태봉산 운악산 오봉산 삼봉산 먹초산 약수산 달기산 마감산 보개산 파사산 불무산 우두산 송악산 배고막산 나봉산 봉배산 마둥산 할메산 곡달산 구봉산 아라산 청태산 정개산 효양산 여기산 청계산 노성산 새덕산 공작산 초록산 수봉산 봉선대산 은이산 수덕산 함박산 동학산 백운산 백학산 함산산 삼봉산 달본산 칠읍산 가감이산 문수산 사리산 오독산 만월산 중성산 함봉산 서당골산 마명산 관모산 민둥산 양지산 여계산 길마산 황학산 호암산 고래산 북악산 천석산 소당산 사방산 전월산 응달평산 도마산 어비산 원적산 함봉산 양각산 통방산 돌봉산 매봉산 터골산 약사산 천마산 구봉대산 달구덩이산 화성산 중촌산 안오름산 상마산 덕동산 무봉산 망당산 양평산 청성산 은행산 범배산 약대산 삼각산 지붕산 부락산 정발산 마안산

2021년 2월 4일 강원도 500명
태백산 삼악산 설악산 마적산 백운산 안마산 오음산 낙산산 황병산 계족산 민둥산 부용산 천마산 죽변산 마명산 청학산 지장산 바위산 응봉산 대룡산 치악산 응복산 노성산 울미산 운교산 한재산 사기막산 군의산 정족산 검봉산 태기산 매화산 오봉산 응골산 드미꼴산 된불대기산 만대산 와리산 새덕산 굴봉산 가리산 괘방산 새귀양지산 문래산 쉰바위산 취병산 용머리산 원통산 석두산 운봉산 가리왕산 개방산 응골산 대문달산 남전산 봉림산 하보산 태봉산 칠봉산 육백산 금병산 복계산 오목골산 용천리산 장깃산 능암덕산 양장산 부길산 망운산 드름산 백덕산 제왕산 잠두산 석동산 고봉산 국자산 왕재산 계명산 문암산 소황병산 계방산 운무산 무봉산 덕세산 밤개산 양야산 거무산 수불무산 종자산 삼방산 태화산 배부른산 망우리산 당치산 업피산 상광정지산 복두산 절개산 노고산 복주산 청대산 대성산 말곡동산 드릅산 칠운산 묵방산 대왕산 독묘산 사자산 칠성산 함백산 향노산 벌뱅이산 재차산 달팽이산 큰바람골산 천나산 송곡태산 구절산 노추산 명성산 아미산 배거른산 늑평산 봉우산 원석산 소막골산 목우산 장락산 대얌산 덕향산 금당산 만대산 의설피산 나팔재산 가랭이산 떡갈고댕이산 반론산 가덕산 두류산 팔봉산 금학산 야월산 봉화대산 장암산 좌방

산 오봉산 응봉산 두름산 봉래산 오대산 도솔산 덕가산 병방산 안암산 석화산 우두산 각희산 우두산 봉의산 발왕산 지각산 음봉산 백석산 창안산 소금강산 대덕산 고성산 대방산 소금산 사명산 주봉산 매봉산 오성산 방태산 적근산 연화산 대암산 몽덕산 공작산 광덕산 덕고산 덕봉산 북배산 개인산 검봉산 민둥산 보림산 건등산 박지산 감악산 석병산 마대산 석성산 가덕산 매봉산 봉화산 동대산 화부산 청태산 고루포기산 석화산 봉화산 두개비산 어답산 비봉산 만월산 죽도산 청옥산 청옥산 방태산 매봉산 백병산 한석산 명봉산 오학산 건봉산 소아산 월대산 조양산 응봉산 고성산 성재산 백석산 칠봉산 백암산 화악산 소불산 오음산 두타산 미륵산 용학산 금학산 매봉산 구봉대산 백우산 쉼움산 오봉산 봉화산 점봉산 비봉산 안개산 경운산 상원산 대미산 신선산 보리산 계관산 수리산 죽림산 비개산 복정산 만지산 덕구산 명우산 덕수산 사금산 유봉산 두치산 두백산 관모산 왕제산 아리산 갑봉산 석봉산 동두산 등골산 괴병산 기우산 약수산 흥정산 산머리곡산 한천산 만대산 송장산 번개바위산 배지리산 다래산 중앙산 고양산 소계방산 장군산 철마산 곰바위산 광대산 장송산 뇌암산 정금산 민둔산 덕가산 덤바우산 발교산 긴경산 자병산 장취산 신기산 석이암산 하향혈리산 죽염산 현리산 대학산 주봉산 솔미산 도름산 괴골산 배미산 장병산 평내등골산 불화산 태양산 철미산 구봉산 뱀째산 여우박골산 무봉산 중봉산 운골산 덕어산 장등산 호암산 명당산 덕령산 괘병산 대의산 우릉산 천마산 장리산 태봉산 지억산 소군산 완택산 송미산 설패산 석화산 대궁산 발본산 큰알미산 정근산 중동산 대양산 두타산 간대산 뱀재산 패명산 현계산 새덕산 보리산 정개산 덕우산 고양산 육향산 영태산 보림산 고고산 핏대봉산 병무산 오장산 돌개산 대태산 매봉산 만경대산 구봉산 소대산 중봉산 망영산 쌍수산 도화산 천치산 윳나래산 남병산 가래실산 금물산 메나산 복화산 배향산 달반니산 우보산 사남산 상경바위산 오봉산 새벽대기산 다래산 초당거리산 진새양지산 덕봉산 구만산 괴이산 관심산 삼청산 대덕산 망대암산 노루목이산 피래산 검각산 영광산 용림이산 예미산 구봉산 구치산 대우산 선바위산 딴동구리산 벽학산 보안산 하왕도리산 덕우산 갈매기산 사달산 거문산 연화산 구룡산 청학산 고양산 노목산 왕재산 두리봉산 작은성화산 심재산 응봉산 매화산 동매산 도화리산 선바위산 태봉산 장성산 재안산 병두산 소말미산 홍도산 송암산 설구산 내봉산 검은애산 회봉산 박월산 큰대산 반암산 시루산 대화실산 대덕산 응봉산 뱀용산 갈야산 내다리산 견불리산 풍취산 반지마산 동막산 건암산 고성산 번암산 먹방산 석벽산 청룡산 사부산 덕고산 아미산 성안산 벽암산 백이산 응봉산 옥갑산 감추산 매원산 사자산 내현리산 토보산 수정산 방아산 구룡산 백운산 구본산 속동산 솔미산 상월산 백적산 망덕산 성치산 대구산 병풍산 장미산 팔봉산 청멱산 연엽산 상봉산 단풍산 고성산 오룡산 중엽산 사화산 삼척산 봉복산 고양산 덕고산 노인산 잣방산 맹골산 배적산 계웅산 해망산